黑甲山的微光

中國恐怖資本主義統治下的新疆，從科技監控、流放青年與釘子戶一窺維吾爾族的苦難與其反抗

Terror Capitalism

Uyghur Dispossession and Masculinity in a Chinese City

Darren Byler

戴倫・拜勒——著

鄭煥昇——譯

目錄

目 錄

Contents

關於語言的一點說明

本書的寫成，是以維吾爾語跟中文為基礎所進行的民族誌。為求謹慎，我在全書中都盡量使用原始語言中的詞彙。我會用括號加註原文，並在原文前標上縮寫：Uy代表維吾爾語，Ch代表中文。一個詞彙如果兩次出現的間隔太遠，我會在其再次出現時重複這道手續。針對維吾爾語的部分，我選擇使用標準的拉丁化方案，而在中文的部分，我使用標準的拼音轉寫系統但不標註四聲。整體而言，源自中文的語彙只提供中文，源自維吾爾語的語彙只提供維吾爾語。偶爾我會同時提供同一個詞彙的維吾爾語與中文，這有可能是因為兩種說法直接來自彼此，或是我判斷同時由兩種語言去理解同一個詞彙對讀者有所裨益。

Uy這個音節在英文Uy-gh-ur（維吾爾）一字中的發音，應該參考法文裡的Oui（意思是是否的是；發音接近嗚伊的連音）的唸法，而其中的子音gh則應該唸得像德文姓氏Bach裡的ch（Bach是音樂家巴哈；ch發音接近赫）。新疆的新不應唸成Xin，而應該唸成tsin（接近雌因的連音）。若覺得tsin太難唸，shin（獅因的連音）也雖不中亦不遠。疆的部分應該唸成績央的連音。

關於假名的一點說明

全書自首至尾，大部分朋友與報導人的名字都經過掩飾來保護他們的身分。名字被我納入書中的只有下列的公眾人物：埃塞特·艾米特（Eset Emet）、帕爾哈提·吐爾遜（Perhat Tursun）與塔希爾·哈穆特（Tahir Hamut）。我提及這些名字的上下文，是我以他們公諸於世的著作為題，對他們進行的訪問。在本書也提及政府官員的名字，連同他們可供自由取得的出版品一起提到。

《黑甲山的微光》台灣出版序

二〇〇〇年代尾聲，剛開始以研究生之姿研究新疆的我，曾跟一名加州大學柏克萊分校名叫辛蒂・黃（Cindy Huang）的台裔美籍人類學家共度了幾週的時光，當時她正要把博士論文收尾。父母親出生於浙江，現在也還有親戚在那裡的辛蒂曾在二〇〇九年的群眾暴動不久前，在新疆住過一年多。在其研究中，她檢視了維吾爾女性移民在遇到中國城市烏魯木齊時，如何利用伊斯蘭虔信去尋得各種形式的權力與意義。

在我與她的對話中，也在她的博士論文裡，她描述維吾爾女性是如何歡迎她進入到她們的世界成為一個朋友，並與她們情同姊妹。在花了一年與她建立關係後，她兩名最親近的維吾爾友人艾舍（Ayshe）與努爾古（Nurgul）親自下廚，為她煮了一頓不一般的晚餐。她寫道：

一年多來，艾舍一直在幫我物色一個合適的維吾爾名字。她最終選定了祖赫拉（Zuhre），並解釋說這個名字源自阿拉伯，意思是光亮、美麗的星星。她取了一枝削尖的筷子，沾進墨水裡，然後用優雅的筆跡寫下了我新取的名字。我們享用了米飯跟羊肉炒青菜。品嘗了多汁的石榴種子為這頓晚餐劃下句點。艾舍用簡短的發言，表示她希望我有朝一日能成為一顆閃亮的明星，在黑暗的時代中帶領眾人前進。努爾古補充說我理應成為一盞明燈，指引那些對維吾爾族一無所知之人。這個場合的肅穆感讓我們都笑了，我比他們更加緊張。我很懷疑自己能有那麼大的本領，但艾舍相信我，願意將之傳達給我，還是讓我銘感於心。那晚之後，艾舍與努爾古就改口叫我祖赫拉。我們就地取材舉辦的典禮，正好呼應了我從訪客變成室友。按照維吾爾的習俗，三天內你是客人，超過三天就不是了。

雖然沒人忘記我是個外人，但艾舍的祝福並非毫無價值。我慶祝勝利是不分大小的。留疆早期的一日午後，我曾在烏魯木齊大巴扎（市集）附近的小館吃飯。餓壞了的我稀哩呼嚕吃下一整盤南瓜燴羊肉餃。事隔數週再訪，我跟老闆的太太還有幾名伙計聊天。等吃飽喝足要付帳時，沒有人肯收我的錢。最後一名外場跟我說那不是他們大方，而是我上次來被收了雙倍的錢。於此，我終於不用再付外國人稅了。

獲得了艾舍的祝福，並不代表我可以對她的批評免疫。在被維吾爾語的動詞變化整慘的一週後，我向她抱怨自己的進步沒有希望的快。前一週有很多人誇我，艾舍回覆，所以或許邪惡的眼睛盯上我。我明白她是在警告我切勿驕矜。朋友們有太多機會可以訓斥我，只因為我沒能明白與跟上他們認為的常識、道德或靈性的各種真理。即便我會因為羞赧而臉紅，甚至偶爾會叛逆地抗拒，那都不妨礙我視他們的督促與責備是一種吉兆：我不僅不是他們眼中的客人，更是個值得他們培養的對象（Huang 2009: iii）。

辛蒂一如我，深受一種女性主義跟反殖民的人類學所影響。任教於加州大學柏克萊分校的鄭明河（Trinh Minh-Ha）與薩巴・馬赫穆德（Saba Mahmood）等學者分別用教學與書寫，為她跟我演示了一種價值，那就是我們身為反殖民的人類學者，若想要放大哪些人的聲音，就要與那些人「比肩說話」*（Chen 1992; Mahmood 2011）。當我們在分析跟解釋關於穆斯林女性與男性的刻板印象，是如何成為他們對自身生活體驗的誇大描繪，我們不是在替他們發聲，而是在思想中與他們對話，以夥伴的身分對他們負責，要將關於他們生命的知識生產出來。

在華盛頓大學，我結識了另外一名華裔美國人類學家暨性別研究學者，薩莎・淑凌・魏蘭德教授（Sasha Su-Ling Welland），而她也成了我主要的恩師（Welland 2018）。薩莎教導我去與另外一名女性主義人類學家——莉拉・阿布—盧格霍德（Lila Abu-Lughod）——共同思考人類學的寫作如何明確地不去「支配」我們接觸的社區，而是要回應「底層研究」（Subaltern Studies）之意索的同時去逆轉殖民凝視，作法就是要針對我們邂逅的人群去支持他們的觀點、知識還有各種習俗（Abu-Lughod 2014; Spivak 1988）。

正是這種訓練，推著我去把「來自北美白人男性墾殖者」的立場拉到前景。也正是出於這個原因，我才嘗試在面對訪談主體，也在進行民族誌分析時盡可能說清楚一件事情：我透過寫作在做的事情既不能夠、也不應該被解讀為是在嘗試「拯救」受苦的被殖民者，而是如我在《黑甲山的微光》引言尾聲中所提到的，我是在嘗試支持那些不被聽見的觀點，好讓讀者可以與主人一起坐下來，如我所盼望地真正聽見跟認識到他們被訴說的人類經驗。我的主張是民族誌的執筆者應該拒絕「自由派白人之普世價值框架」的引誘，對這種可以被投射到被殖民者身上，好讓我們可以去「拯救他們」，讓被殖民者遵守白人自由派價值的框架說不。

人類學無法「拯救」人類學者在乎的那些人。人類學能做的是支持他們的觀點，不能擷取他們的知識然後代替他們喉舌，只能替他們把麥克風的音量調大，讓他們被聽見。人類學者若開口，他們應該要與那些聲音的主人並肩站在一塊兒，倡議廢除（殖民）與解放。令人難以接受的真相是，民族誌本身的能力極限就是為被殖民者提供緩解性的保護跟照顧，但我被迫坐在了這樣一種真相旁，讓再三失去朋友的憤怒成為我的燃料，推著我去努力翻譯跟記錄國家與企業的暴力。

出於類似的道理，我不想只因為自己是個外人，就宣稱自己有某種自封或讀者可能投射到我身上的中立性。這就是何以我會在《黑甲山的微光》的引言中明確表示，我致力於主張全球的去殖民化。對我而言那意味著點名全球史與權力迴路該負的責任，並在超乎民族國家形式的層次上支持被噤聲者的觀點。

我的另一個目標是不要讓故事變成我個人的。我直接被華裔美籍女性主義學者塑造的

* 即 speaking nearby，相對於 speaking about，亦即只是「在發言時提及」那些我們想要放大其觀點的人。

養成，教會我反殖民工作的重點在於榮耀被殖民的知識載體，而不在於把自我跟把人從小的立場放在中心，即使那意味著擒拿與利用我們自帶的歷史與特權。以殖民史受益者的身分去承諾進行這樣的工作，等同於要去從事我在寫作中所提及的「反殖民友誼」。對我而言，那意味我必須去與被殖民者建立一種能重塑殖民者的日常生活，且有朝一日能夠推動權力重分配的關係。那意味著尊重不同的歷史經驗，並努力跨越這些差異團結起來。那意味著即便在你保護不了他們的同時，你仍要去照顧他們。

但這話在實務上是什麼意思呢，又如何關係到辛蒂．黃所描述的，她與維吾爾女性部分關係中的訓斥與督促？在《黑甲山的微光》的第五章中，我寫到一名漢族移民藝術家採取一種殖民—叛徒的立場，投入了大部分的生活去記錄維吾爾鄰人面對什麼樣的暴力。由於這名我稱為「陳業」的漢族攝影師，如此直接且長時間地參與了維族的社區，因此維吾爾移民慢慢也叫他的維語名字——阿里．阿卡（Ali Aka）——意思是「哥哥」。一如維吾爾女性看待辛蒂．黃，他們也開始把陳業想成自身社區的一分子。

這很了不得，因為在大部分我認識於新疆的漢族裡，恐伊斯蘭都是無庸置疑的。許多人看到我是美國人，就想當然耳假設我會出於本能跟他們有志一同，覺得穆斯林天生「落後」，是一個需要用軍隊、警力跟教育去解決的問題。如我近期寫到，很多人以為美軍在阿富汗與伊拉克努力以毀滅去拯救的穆斯林，多多少少就是他們口中的新疆穆斯林，也就是維族（Byler 2023a）。

惟陳業是個例外。他能夠質疑自身的恐伊斯蘭。比方說，他曾在某個時間點問我，「伊斯蘭有什麼問題？為什麼伊斯蘭教會讓維族人做出他們所做的事情？」我們花了很長時間討論拆解是什麼理由，讓他覺得這些是他應該要問的問題。一個更好的問題會不會是為什麼人在提到伊斯蘭一詞會是那種態度？而這種態度又是如何關係到維族人體驗到的國家暴力？

但無論他多願意認同維族人，多不吝於質疑自身的假設，當我私下以會議形式跟他與第四章的主角阿比利金聚首時，陳業聊起他目擊的一切暴力跟他如何看到了維吾爾人內心的善良——「就跟所有的老百姓一樣」。在這瞬間，正當陳業指涉維吾爾人跟加起來有一百個姓氏的父老鄉親一樣時，一朵烏雲飄過了阿比利金的臉上。對阿比利金而言，「老百姓」——這個主要被用來指漢族農民工的詞——完全不等於維吾爾族所處的立場。新疆的老百姓是相對維族享有特權的漢族移民。後來陳業也提到維族的城市移民是所謂的「盲流」，亦即「盲目的流動者」，這是個被許多中國人拿來形容漢族移民的詞彙。陳業如同許多在烏魯木齊的漢族移民，都是這麼自稱。所以當他也用這個字來指涉維吾爾人，阿比利金的感覺就像陳業扁平化維吾爾所代表的差異性，忽視是哪些結構性的力量迫使維吾爾人離開他們的祖地，進入一個漢族占多數的城市。陳業是在把漢族移民的經驗跟維族移民受到的殖民剝奪，混為一談。

我們事後曾談論起這場會面，阿比利金表示事情的關鍵在於陳業把維族經驗跟漢族經驗等量齊觀，讓他感覺即便陳業為維吾爾人做了那麼多，還是未曾徹底明瞭做為一個被殖民的原住民跟貧困的中國人，兩者間究竟有何不同。這就是何以阿比利金會舉起他的手，用拇指跟食指比出一寸的差距，並說陳業「只差這麼一點點」就懂了。問題不在於陳業是漢族或中國公民，而在於他尚未完整理解維吾爾人如何看待這世界，又如何體驗了種族化創傷的歷史。陳業與辛蒂之間的差別，就在於他還沒有學會說維吾爾語，沒有確實思考過在維吾爾的知識體系之中棲居的社會位置意味著什麼。

這並不是說阿比利金覺得陳業在展演殖民政治。他認為陳業目擊維吾爾的掙扎所進行的反英雄工作，確實具有反殖民的屬性。他也確實視陳業為朋友。陳業是個很難得的人物，原因就在於他堅持做到了犧牲某些面向的自己，只為了與族裔—種族少數者同居跟學習。我眼中的他不論對我或對我的維吾爾朋友來說，都是個反殖民的友伴。正如我在引言中所言，「友誼，包括在維吾爾男性之間或跨越族裔屏障者，都承諾讓人相信世間存在一種形式更加遼闊的社會再製，經由故事的述說與積極主動的見證去分攤悲傷與憤怒的作為，會具有一種不假外求的價值。」（26-27；標註之強調為新增）。

反殖民的友誼存在多種形式。那當中可以包括來自安徽的漢族墾殖者，也可以來自美國俄亥俄州的白人墾殖者。他們不是完人，但他們所專注從事的是要強化被殖民者的觀點，謹慎地在他們身旁以「恢復」（restora）為目標發言。當阿比利金告訴我說他覺得陳業錯認了維族人的社會位置時，他將其理解為我會在下次見到陳業時，把這一點傳達給陳業。阿比利金的批判，是出自一種關懷的意索。他是在把我納入督促陳業變好的過程，讓陳業變成一個更好的反殖民朋友。

近期為了我的著作《新疆再教育營：中國的高科技流放地》（*In the Camps：China's High-Tech Penal Colony*：Byler 2021; Byler 2023b）一書的台灣版發行，去了趟台灣。而在討論書的過程中，我很訝異於在場的讀者或記者在好幾個場合問我，我的白人與美國人身分如何形塑了我在新疆被接納進維吾爾社區的過程。無可否認，我處於優勢外來者的定位，亦即做為傑．凱—舒特（Jay Ke-Schutte）所謂「英美世界場景」（Angloscene）代表的身分，意味著眾人會有興趣認識我。但這種興趣的本質往往是出於實用考量的功利主義——有人想練習英文，有人想得到能有助於他們拿到美簽的資訊——而不是出於無距離的信任（Ke-Schutte）。事實上，不下幾十回，維族人都逕自認定我跟當時絕大多數在烏魯木齊的北方世界*外國人一樣，也是基督教的傳教士——這種誤認，呼應了維吾爾人對陳業的誤認，他也曾被誤以為是韓國傳教士（MA and Byler 2022）。傳教士這種社會位置在像阿比利金這樣的維族人心中，並不具有中立或反殖民的特性。或許不如中國政府的代理人危險，但基督教傳教士往往會被認定為是一種前來榨取他們，甚至偶爾是冒犯他們的存在。

我跟辛蒂．黃與陳業一樣，都發現與維吾爾人發展更深刻的關係，並不能被簡化為族裔—種族身分與公民地位。以我的例子而言，那依靠的不是我的白人身分或美國國籍，而

* 在國際貧富差距的語境中，存在著指涉已開發國家的「北方世界」與指涉開發中國家的「南方世界」，惟兩種世界並無須嚴格遵守南北半球的地理分界。

是共同的經驗，透過檢視經驗的異同所建立起的信任感。我必須要在那過程中接受檢驗，看我與巴勒斯坦的奮鬥團不團結、與喀什米爾的奮鬥團不團結，乃至於我對伊斯蘭的傳統了不了解、尊不尊重。維吾爾人有興趣聽我說我如何慢慢理解自己相對於美洲原住民族的墾殖者位置，他們有興趣知道我對警察暴力跟廢除監獄運動的看法。他們喜聞我在他們的故事、詩歌、音樂與村里傳統中看到價值，樂見我向他們求助，且當他們是知識的承載者，是我的老師。

他們眼中的我不同於那些竊取他們神聖歌謠的漢族人類學者（Harris 2005）。他們這樣看我，不是因為我是美國白人，而是因為我在學習他們的語言與歷史，因為我們變成可以相互借錢，分享相同生活事件的友人。當他們看到我做了或說了一些不夠尊重或冒犯他們的事情，他們會告訴我。他們看待我，基本無異於辛蒂的維族朋友看待她。

二〇一七年，一名來自杭州的漢族研究生馮思雨，開始跟著維吾爾人類學家熱依拉・達吾提（Rahile Dawut）在新疆大學民俗研究中心做研究。做為一名漢語母語者，馮受過的維吾爾語訓練是一項重要資產，有助於她把維吾爾傳統知識傳達給中國公眾知曉。她的中國人身分，乃至於她對於理解維族掙扎的熱忱，正是維族學者願意與她合作研究的關鍵。但也就是她的研究工作，讓她在二〇一八年遭到逮捕。根據數位媒體《攔截》（*The Intercept*）所取得的內部警方文件，他們在她的OnePlus手機上查到了「不明外國軟體」（Grauer 2021）。雖然該軟體是手機預設的一部分套裝軟體，且無證據顯示馮用了可能是VPN（虛擬個人網路）的軟體來翻牆，但她還是遭到了羈押，且跟達吾提一樣，自此音訊杳然。

馮的消失，直指了中國國家力量對其自身公民所具備的威脅與勢力，也凸顯了美國公民身分所攜有的帝國主義力量。我可以做跟馮一樣的研究。事實上，她被捕的同一年我人也在烏魯木齊，而我需要忍受的不過是騷擾跟短暫的拘留。他們放過我，只因為我來自一個強大的國家，是一個外國人自帶的保護。

即便有上述風險，馮的研究仍指出中國公民在新疆從事符合倫理之反殖民研究的可能性。而馮並不孤獨，因為在過去的五年中，數十名漢族中國公民分享了他們實地觀察到的相關資訊（Byler 2021b）。他們想讓世界知道那不是他們理想中的中國，也承認自己能前往各地分享這些故事，代表一種相對的特權。

如同所有的社會科學以及「硬科學」，人類學背後也有一段殖民史。人類學，一如各門各派的科學，都是一個由偉大白人們集體創造出的故事。但人類學也提供了一種方法，可供人去邂逅世界、與世界同席，去對更好的東西提出要求。我行筆至此，美國人類學會（American Anthropological Association）有一整個世代的年輕成員將在這個月投票支持巴勒斯坦人，也支持對以色列各機關團體進行三合一的「杯葛、撤資、制裁」（Boycott, Divest, and Sanction；BDS）。若能（理應如此地）表決通過，這將代表學會的一萬名成員全體將再無法抬頭挺胸地與以色列的大學、企業或政府機構合作。這種杯葛／撤資／制裁的努力，是在二〇〇〇年代從種族隔離之南非撤資的類似行動基礎上，直接建立起來。引領這次努力的許多美國人類學會領袖——特別是直接影響也認可了本書的女性主義／反殖民學者莉莎．洛菲爾（Lisa Rofel）與劉大衛（David Palumbo-Liu）——不少人同時也是高聲疾呼要支持維吾爾人權的公共知識分子（Rofel and Feldman 2014; Kanji and Palumbo-Liu 2021）。

想要把一種去殖民的意索帶進當代中國的研究，我們可以去做跟應該去做的事情還很多。肇因於針對外國人的旅行限制，許多我與辛蒂．黃等台裔美籍學者過往從事過的研究，如今都已經無法成行了。退而求其次，我們必須隔著一段距離化身目擊者，去賦予力量給那些有辦法延續我們工作的人。正是出於這些理由，我深受激勵地看著中國籍的人類學者重新聚焦他們的人生志業轉而支持穆斯林，也支持中國其他遭到種族化的少數民族。因為一旦下定這種決心，代價就會跟著來臨，而承受這筆代價的將會是他們自己，也會是他們與仍在國內之親人的關係，所以要以何種方式揭露這種決心始終應該是他們的權利。為此，我在此對他們的稱呼只會是英文的字首：M. Q.、J. Q.，還有X. K.。他們在那兒，做著他們的工作——翻譯、觀察、去到我們外國人再也去不了的地方——而我的希望是他們能知道我看著他們。維吾爾的社群也看著他們。

參考書目

Abu-Lughod, Lila. (2014). "Writing against culture." Anthropology in theory: Issues in epistemology, 386-399.
Byler, Darren. (2021a). *In the Camps: China's High-Tech Penal Colony*. Columbia Global Reports.

Byler, Darren. (2021b). " 'Truth and reconciliation' : Excerpts from the Xinjiang Clubhouse." The China Project. March 3. https://thechinaproject.com/2021/03/03/truth-and-reconciliation-excerpts-from-the-xinjiang-clubhouse/

Byler, Darren. (2023a). "Digital Turban-Head: Racial Learning and Policing Muslims in Northwest China." *PoLAR: Political and Legal Anthropology Review,* 1-7. https://doi.org/10.1111/plar.12513.

Byler, Darren (2023b). 新疆再教育營：中國的高科技流放地。譯者：閻紀宇：春山出版.

Chen, Nancy N. (1992). "Speaking Nearby:" A Conversation with Trinh T. Minh–ha. Visual Anthropology Review, 8(1), 82-91.

Grauer, Yael. (2021). "Millions of Leaked Police Files Detail Suffocating Surveillance of China' s Uyghur Minority," *The Intercept.* January 29. https://theintercept.com/2021/01/29/china-uyghur-muslim-surveillance-police/

Harris, Rachel. (2005). Wang Luobin: Folk song king of the northwest or song thief? Copyright, representation, and Chinese folk songs. *Modern China*, 31(3), 381-408.

Huang, Cindy. (2009). "Muslim women at a crossroads: Gender and development in the Xinjiang Uyghur Autonomous Region, China" (Doctoral dissertation, UC Berkeley).

Kanji, Azeezah and David Palumbo-Liu. (2021. "The faux anti-imperialism of denying anti-Uighur atrocities." May 14. https://www.aljazeera.com/opinions/2021/5/14/the-faux-anti-imperialism-of-denying-anti-uighur

Ke-Schutte, Jay. (2023). *Angloscene: Compromised Personhood in Afro-Chinese Translations.* University of California Press.

MA and Byler, Darren. (2022). Alienation and Educational" Third Space" : English Learning and Uyghur Subject Formation in Xinjiang, China. *Anthropology & Education Quarterly*, 53(4), 396-415.

Mahmood, Saba. (2011). Politics of piety: The Islamic revival and the feminist subject. Princeton University Press.

Rofel, Lisa and Iliana Feldman. (2014). "Why Anthropologists Should Boycott Israeli Academic Institutions." *Anthropology News.* https://anthroboycott.wordpress.com/2014/11/04/why-anthropologists-should-boycott-israeli-academic-institutions/

Spivak Chakravorty, Gayatri. (1988). Can the subaltern speak?. in Nelson, C., & Grossberg, L. (Eds.) *Marxism and the Interpretation of Culture*, University of Illinois Press, 66-111.

Welland, Sasha Su-ling (2018). Experimental Beijing: Gender and Globalization in Chinese Contemporary Art. Duke University Press.

序文
Preface

在本書撰寫的過程中，推動烏魯木齊社會生活的動力出現了轉移，原本以觀念形態在全球範圍相互競爭的中國與伊斯蘭當代性，被替換成了一種投資，而這種投資的標的除了所謂的全球反恐戰爭之外，就是一種明顯圍繞著維吾爾的勞力與社會性，進行「族裔—種族化」盜竊建立起來的經濟體系。在二〇〇九到二〇二〇年之間，維吾爾人過著一種封閉的生活。由維吾爾城市移民所建立的社會性，還有社群媒體培育出來的各種自由、慾望、開口遭到了削減。維吾爾那盛放的普世伊斯蘭虔信與自我塑造，被當成一種藉口，為的是正當化國家出資的新式全球資本主義前線，而這種新式的政治經濟組態，就是我口中的「恐怖資本主義」。在與數十名維吾爾與漢族的年輕都市移民建立關係的過程中，我一步步意識到一個原本是要吸引維吾爾人進入多文化中華民族內的官方發展計畫，已然在一定程度上變質為一種用以牟利的安防計畫，其資金來源是國家資本，而其用途是當作一個空間，供人進行一場有著科技—政治兩種面向的監控實驗。隨著國家與民間體制在二〇一四年所謂的「反恐人民戰爭」期間，強化他們對再教育維吾爾人的努力[1]，我開始第一手見證常態性入侵民宅所引起的恐懼與焦慮，與大規模拘留疑似穆斯林改革分子的人。

可能會有讀者質疑資本主義是否是這個體系的正確框架，他們期待以中國的國家恐怖活動與極權統治為核心去分析。雖說恐怖活動與極權統治做為對國家力量的兩種表達，確實是維吾爾再教育中很重要的面向，但這本書說明了何以這兩種框架並不足以完整解釋跨國經濟與政治勢力的力量、科技公司與再教育工廠的自治，以及打造這個體系也從體系中獲利的墾殖者實際的生活體驗。[2]一如以國家為研究目標的人類學者告訴我們的（T. Mitchell 1999; Gupta 2012），國家會產生強大的效應，但它們沒有例外的，終究是一種或公或私的體制所組成的人為產物，而這些體制說到底，又是由個人所組成，並由各式各樣的論述與經濟利益動機驅使。雖說我所討論的資本主義系統肯定有國家資本的支持與中央級國家領導人——如習近平或陳全國*——的授權，但這個系統產出的不同形式的恐怖統治，大宗仍是由民間科技公司結合維持秩序的約聘技術人員、援疆計畫的志願者，還有其他的漢族墾殖者共同執行。這些被體制化的代理人會採取行動，既代表國家也代表他們自身的經濟利益，而他們的經濟利益又來自剝奪維吾爾族的財產，建立並維繫一套安防系統來限縮維吾爾人的遷徙與居住自由。不少在這個空間中的安防與情資工作者都是國營企業、民營科技或安防公司的員工，而驅動他們的動機很大一部分是經濟誘因，而不是直接的國家權

* 中共中央副國級政治人物，新疆的一把手。

力。雖然嚴格的忠誠與紀律透過迫害、降職、批判的威脅獲得貫徹，但新疆再教育體系中許多普里莫·萊維（Primo Levi 2015）可能會稱為是「一群公務員」（swarm of functionaries）的人，只是做著平庸的選擇，加入這場非人化跟剝奪維吾爾族的運動。如我在第二與第五章所探討的，這些國家代理人主要感興趣的，往往是為自己與家人創造更好的生活，而不是嚴格定義下的政治動機。維吾爾族與其他以基層員工身分加入安防陣營的穆斯林常面臨選擇要麼自保，要麼讓自己也失去自由的處境。

體制化的民營與公營企業「族裔—種族」歧視與墾殖者殖民主義，是邊疆資本累積的重要面向。把反恐主義加上政治框架，在很大程度上是做為一種取得資金、聲索資源，對維吾爾等穆斯林民族動手卻可以豁免責任的辦法。這並不等於否認由國家授權的各種政策，包括「應收盡收」（該抓的一個都不能放過）、動起手要「毫不留情」，以及要起訴所有不按這些政策行事的國家公務員，就不是這個系統能完整建立起來的中心指導因素。[3]這也不是在否認過往毛澤東時代各種重塑所謂階級敵人的運動，沒有啟發現今某些監控系統的戰術與組織形態（Grose 2019; Leibold 2019; Smith Finley 2019）。這只是表明了，除了一種對政治權力比較規範式的解讀，認為中國國家部門位於歷史變革的中心，現代的權力組態還同時受到全球性資本主義與其帶到邊疆的殖民關係所形塑。將殖民維吾爾人的政治與經濟投入框定為全球資本主義的邊疆，而非排外的北美政治人物慣常將之框定為暴政式國家共產主義或亞洲專制主義的體現，還有另外一個作用，那就是排斥冷戰式二元論的再起。這麼一來，我們就能看出全球反恐戰爭的論調跟全球資本主義的力量是如何在新的地點攜手，共同創造出各種形式的剝奪。

一個民族誌學者面對這樣的結構性暴力能做些什麼呢？我們可以訴說年輕維吾爾朋友的故事，讓人知道他們是如何自知會被捕，被認定為「極端主義者—分離主義者—恐怖分子」，如何遭國家藉協警（約聘的助理警力）之手被「消失」至再教育系統中，這樣一個任務讓我們能一面看著他們的社會生活開始崩解，一面仍勉力將之抓住。正如奧德拉・辛普森（Audra Simpson）在其以北美原住民主權為題的研究中所言，這意味著我們在努力，拒絕將他們的故事變成某種墾殖者—殖民壓迫的色情書刊或者被物化後的東西，也拒絕承認這種壓迫是一種總體化（只有整體而無個別差異）的存在。辛普森主張想避免參與殖民凝視*的暴力，有個辦法是針對政治與經濟進行民族誌的書寫。於我而言，這意味著專注在各種形式的剝奪是如何成為人的日常。就經濟事務進行民族誌的書寫，意味設身處地與維吾爾族，也與漢人墾民一起思考，嘗試去理解國家資本與民間由科技驅動的族裔—種族化過程是如何匯流，如何開始削減社會關係與社會性的本體。換言之，這意味著嘗試去理解情報的資本化（R. Benjamin 2019; Wark 2019; Zuboff 2019）是如何已經開始包圍民眾的生活。從這個制高

* 凝視（gaze）是心理學暨文化研究中的用語。拉岡對其的定義是「他人注視自己的眼光，變成了自己某種該有的形象」，如男人的凝視與期待會讓女人開始展現性感。傅柯把凝視視為某種「體制化」的過程，如醫療和監獄體系都屬於一種凝視。

點去思考事情，讓我得以去審視反恐是如何既餵養更為規範性的各類監控資本主義，也強化了「全球當下」所獨有之各種形式的侵占——遭到族裔—種族化的人口欠缺公民與人身保護的環境，使得土地與勞動力盜竊獲得合法化。恐怖資本主義，一個由國家資本、科技—政治監控與不自由勞動所共組的獨特組態，可以以維吾爾族等被針對的群體為起點開展，但也不是不可能以類似的方式，表現在喀什米爾的穆斯林人口之間，以及在德克薩斯州那些被列於觀察清單的拉丁裔庇護尋求者之間。[4]

身為一名以去殖民與女性主義思想去批判全球資本主義的學者，我聚焦在科技與安防工作者身上的篇幅較少，著墨在被系統剝奪與侵占的生命較多。在這個脈絡下，被監控者的人類數據，包括他們的文化產出或數位內容，乃至於維吾爾生活方式的存在本身，都變成了當代「科技—政治」資本主義系統中的一個主要驅動力。為了證明這一點，我專注討論了這個系統誘迫人產生的「使用者經驗」。維吾爾族已成為一種不自由的勞工階級，一種麥肯齊・沃克（Mackenzie Wark 2019）稱為「當代屬下階層」的位置，這樣的他們沒得選擇，只能產出數據被誘迫出經濟活動來餵養系統。維吾爾再教育營系統如今在自治區政府的描述中，是一種「經濟穩定的支柱」，而在民間科技產業的領導人口中，則是「市場潛力無限」的一個空間，堪比煤炭、石油與天然氣等形塑第一波維吾爾殖民的舊產業。[5]再教育系統的經濟價值來自於三方面，一來做為實驗空間可供預測性治安產品進行研發，二者它可以幾千個幾千個提供安防與教育的相關工作機會，三來它還可以讓數十萬不自由的維吾爾勞工受迫成為紡織業跟服務業的低薪勞動力。

維吾爾自治區（新疆）位於當代的中國西北邊陲（見地圖一）。[6]與其接壤的國家從蒙古到印度共有八個。在這片廣大如阿拉斯加的區域裡，最大的原生族群是維吾爾族，一支屬於突厥裔穆斯林的少數民族，總人數約有一千兩百萬，其使用的突厥語與一萬五千名烏茲別克族雙向可通，也跟一百五十萬名哈薩克族還有二十萬吉爾吉斯族部分可通，這三族也以維吾爾自治區的一部分為家。如同烏茲別克族，維吾爾族也在中亞的沙漠綠洲中從事小規模的灌溉農業。在中華人民共和國建政的一九四九年，該區漢族身分的居民占人口比重約百分之六，維吾爾族則占大約八成。時至今日，維吾爾族已經不到一半人口，而漢族比重則已突破四成。人口結構的這種消長開始於一九五〇年代，當時官方遷徙了數百萬老兵進入該區，在當時的新疆省北部擔任軍事屯駐的農民。這些墾民，做為新疆生產建設兵團（Ch: bingtuan）的一員，是經濟誘因跟意識形態的勸誘共同將他們拉進這塊邊疆。起初，這項計畫的主要目標並不是同化穆斯林人口，而是更側重把哈薩克牧地改造成灌溉的農業聚落，重新分配退役軍人人口，還有確保國家領土的完整性。

雖然維吾爾的生活方式深受此時期的毛式改革影響，但維吾爾族仍持續生活在他們占多數的南新疆。這一點開始改變，是在一九九〇年代，當時民間跟官方的投資帶著新的基礎建設進入維吾爾原鄉。從這些計畫開始之後，數以百萬計的漢族墾殖者遷入維吾爾的土地，把沙漠與農地轉變為油田與天然氣田，也把維吾爾的綠洲城市變成一個個跨國商貿中

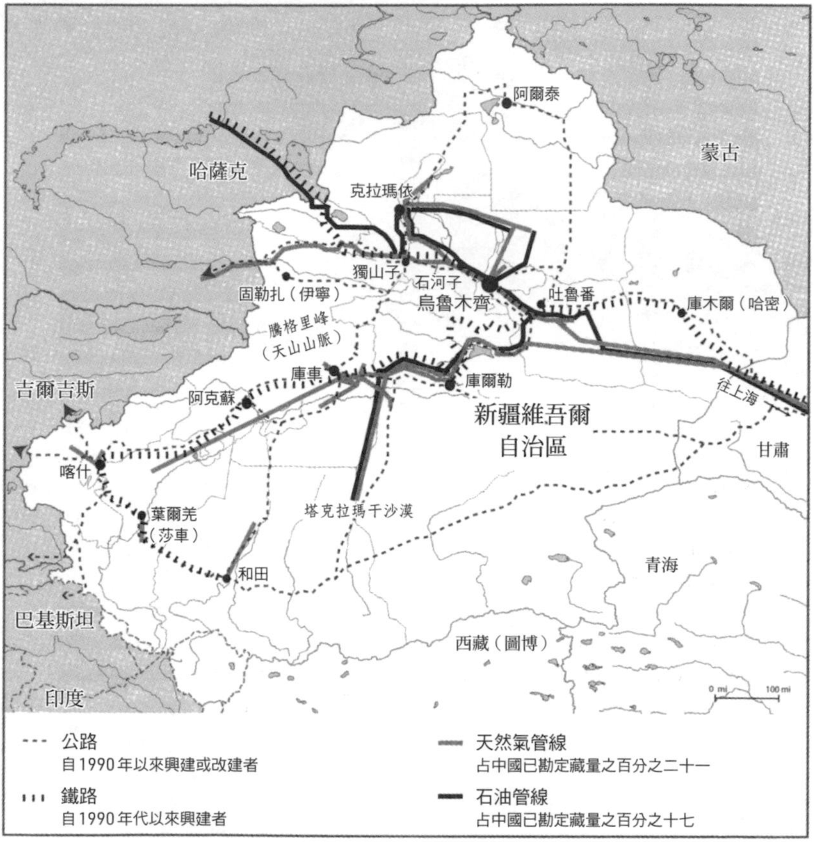

地圖一：2009年之前在中國中亞領土上的基礎建設開發計畫分布圖，上頭可以看到維吾爾在南新疆的原鄉已經變成國家資本打著「西部大開發」旗號，行資源掠奪之實的主要地點。從1990年代以來，該區域已經成為中國國產棉花將近百分之八十五的貨源。地圖由作者親繪。

數據來源：國家地理雜誌（2009）；農業分析公司Gro Intelligence（2019）。

心。這些對維吾爾公有地較為晚近的圈地行為，對在地的自治產生了強烈的影響，須知這過程一方面廣泛將維族排除在新的開發計畫之外，一方面卻又顯著墊高他們的生活成本。

在我試圖理解我觀察到的這段歷史與種族化暴力的過程中，我讀遍了關於歐美墾殖者與原住民他者關係的學術研究。其他的啟發還來自於以「種族化資本主義與墾殖者殖民主義如何共構為一體制化社會系統」為題的女性主義跟去殖民研究。以上這些學術文獻的閱讀，搭配我這些年在中國西北部進行田野調查所蒐集到的民族誌證據，讓我理解到在中國實施的各種系統是以何種方式連結到興起於歐洲、日本、印度、北美與蘇聯的近似計畫。我開始看懂了各國這些早期——且某些還在進行中的——過程間的連結，將維吾爾地區一種獨特的社會主義式「資本原初積累」接上後來的墾殖者資本主義擴張與新的種族化序列。雖然維吾爾地區這種種族化序列大體上並未涉及北美跟歐洲的奴隸制歷史，但它卻與西方的墾殖者殖民主義流程、西方的「伊斯蘭恐懼」新式種族歧視以及反恐戰爭，都有極其緊密的聯繫。通行證系統的實施、拘留營的建立，還有一種供警方進行控制用的格線化系統基礎建設，都可見於種族隔離時代的南非、以色列占領的巴勒斯坦、美國占領的伊拉克，還有印度占領的喀什米爾，反映了各種想要系統性控制受殖民人口的嘗試（Byler 2019; Kaul 2020）。在中國西北，一如在其他地方的墾殖者殖民脈絡下，這種過程的核心都是對「原生民族」——或用維吾爾語說就是「耶利克」（yerlik）——的系統性排除或取代。這個詞指的是出自維吾爾知識論，一種原住民性的實例化，如我將在本書後面解釋的，關係到跨國伊斯蘭與屬地性的身分認同。這種概念化耶利克的本意是「這片土地上的人」，攜帶著一種原住民性，一種生根在南疆神聖地景中的感受。[7]

在這個脈絡下，排除原生民族的前提是一種用墾殖者群體、體制或認知體系去進行取代的過程——這個過程被我在第六章形容為「減少」（Uy: kumeytish / kumeytti），期間社會生活會同時既在消失也在延續。一如在北美洲的脈絡下，這個過程能獲得正當化，是因為殖民者被定位成原生民族的善意解放者——殖民版本的「壓迫式協助」，如中國當局就是以此鎖定國內各地的「問題」（Ch: wenti）人口（Pan 2020）。在維吾爾地區，這種協助承諾的是把無法教化的維吾爾人送進大肆擴建的牢獄與營房系統中收容，另一方面令大多數維吾爾族以不自由的工人身分在生物識別的監控系統下勞動，並且侵占維吾爾族的土地來供中國化石燃料產業跟工業化農業使用。這種協助會使用各種話術來指涉這種結構性的暴力。首先，它被說成是一個「西部大開發」的過程，後來衍生出「人民反恐戰爭」，最後則變成一個「再教育」（Ch: zai jiaoyu）與「扶貧」（Ch: fupin）的過程，但這些名詞不過都是在掩蓋新形態的支配與控制。

本書發展出了一種理論模型方便理解維吾爾年輕男性是如何使用「同性友愛」的關係來保護自己不受傷害，而他們要防的就是這種新經濟形態的發展，以及其附加的性別化、族裔—種族暴力。這模型也顯示出一小群屬於少數的漢族都市移民如何積極地目睹了維吾爾族的苦難，進而發展出一款跨族裔的反殖民政治立場。惟最終，這模型主張由國家主導之資本主義剝奪是一種暴力，而且是與殖民性的支配關係共構的暴力合在一起，這些力量透過營區跟監控，共同削減了維吾爾社會再製的精神與活力，並同時將漢族的生命路徑連上這種形式的支配與侵占。因著物質與數位圍場的範圍之廣，以及體制性的直接反抗趨近於零，衝擊維吾爾族的剝奪或許比其他的殖民案例都還更加總體化且迅速。在此同時，媒體形式的擴散讓他們得以把故事帶進「全球當下」。《黑甲山的微光》一書的組成是各種暴力的故事。我希望閱讀這些故事可以讓讀者跟我的朋友們促膝而坐——即便只是一下子——分享他們的悲傷與怒火。

致謝 Acknowledgments

本書的撰寫，帶我走向各種意想不到的方向。在一切開始時，智慧型手機還是種新發明，再教育營也還很稀少。我在書寫的過程中學到了一件事情，那就是包括人類解放的種種理想是不能被壓迫摧毀的。一如娥蘇拉·勒瑰恩在科幻小說《一無所有》（*The Dispossessed*）中所寫，「你想碾碎（理想）只有一個辦法，那就是忽視它們。拒絕思考。」有群人教會了我對中國西北的數位與物質圈禁進行超越平庸的思考，他們是我維族跟漢族的朋友。這本書要獻給他們，也獻給他們化身的敘事角色：阿比利金、阿林姆、阿齊茲、巴圖爾、陳業（音譯）、埃米爾、哈桑、馬赫穆德與尤瑟普。這些人帶我了解性別化、族裔—種族暴力可以如何影響社會生活的方方面面。他們為我示範朋友是怎麼當的，作法就是明明知道這麼做會讓自己的日子更難過，卻還是歡迎我進入友誼的關係中。我深感榮幸，他們願意把自己的故事分享給我。雖然這本書探索的是全球社會體系裡的各種抽象觀念，但讓這些觀念活過來的仍舊是他們的生命故事與體驗。

我很幸運能在北美有一個來自烏魯木齊的維吾爾、哈薩克與漢族學者社群在身邊，重點是他們對去殖民的政治立場都很堅定。這些我後天選擇的家人——我不能在本文中點名的他們——對這本書跟我的生活產生了深刻的影響。他們是我最搶先也最親近的讀者。在我就讀於華盛頓大學研究所期間與之後，薩莎・淑凌・魏蘭德教授（Sasha Su-Ling Welland；漢名：魏淑凌）不間斷地鼓勵我、慨允替我看稿，溫柔地在背後督促我。我不知道該怎麼感謝她用無比的耐心靜待我思索男性特質如何形塑了維吾爾族的生活。史蒂芬・哈瑞爾教授（Stevan Harrell；漢名：郝瑞）不遺餘力給了我他既是學者也是朋友的閱讀心得與支持。我在華盛頓大學諸多智識上的恩師，安・阿納格諾斯特（Ann Anagnost）、丹尼爾・霍夫曼（Daniel Hoffman）、尤米・布雷斯特（Yomi Braester；漢名：柏右銘）、薩麗塔・阿姆魯特（Sareeta Amrute）、路克・柏格曼（Luke Bergmann）、吉恩・丹尼森（Jean Dennison）、拉德希卡・戈溫德拉揚（Radhika Govindrajan）、珍娜・格蘭特（Jenna Grant）、塔蘭特・莫卡努里（Talant Mawkanuli）、麥可・裴瑞茲（Michael Perez）、常丹・雷迪（Chandan Reddy），還有蘇珊・懷丁（Susan Whiting；漢名：白素珊）——教會了我以新的方式思考，讓我知道該如何不辜負我聽到的故事。我在華盛頓大學的寫作團體——羅妮瓦・基爾（Roneva Keel）、凱勒伯・納普（Caleb Knapp）、珊曼莎・賽門（Samantha Simon）、智媛・俞—李（音譯：Jiwoon Yu-Lee），還有凱瑟琳・齊斯科夫斯基（Kathryn Zyskowski）——多次試讀這些章節，並給了我珍貴的回饋，讓這本書的筆鋒與見解變得更加銳利。吾友史蒂芬妮・克魯茲（Stephanie Cruz）、約書亞・「格里夫」・格里芬（Joshua "Griff" Griffin）、奈森・洛金斯（Nathan Loggins）、羅娟（Juan Luo）、莎洛拉・

普圖瓦（Sarala Puthuval）、蕾拉・薩伏洛夫（Leyla Savloff）、莉莉・沙皮洛（Lily Shapiro）、亞歷克・舒加爾（Alec Sugar）、田伊宇（音譯：Yiyu Tian）、王穎怡（Yingyi Wang）、曾小順（Xiaoshun Zeng），還有周舒璇（Shuxuan Zhou）讓我有了個天地可以進行漫長的閱讀與寫作過程，進而發展我的想法。我的研究能在華盛頓大學獲得一個體制上的家，是透過凱瑟琳・伍沃德（Kathleen Woodward）與董玥（Madeleine Yue Dong）的支持。來自美國社會科學研究理事會（Social Science Research Council）、華盛頓大學中國研究學程、華盛頓大學辛普森人文學科中心學者協會（Society of Scholars at the Simpson Center for the Humanities），還有蔣經國基金的資助，都讓我有了不可或缺的時間跟空間去研究跟書寫。

在科羅拉多大學，我獲得的援助來自於「中國製造」（China Made）研究計畫與學者，也來自波德校區亞洲研究中心暨地理學系與人類學系的學人。提姆・歐克斯（Tim Oakes）讓我知道該如何審慎思考物質性在基礎建設系統中所扮演的角色，還有中國發展的特殊性。葉蓓教授（Emily Yeh）推著我以新的方式思索資本與邊疆經濟體。雪伊・費里登蘭德（Shae Frydenlund）、傅爾瓦・高隆（Phurwa Gurung）、卡洛・麥可格拉納漢（Carole McGrana-han）、莎拉・泰南（Sarah Tynen）、王熙（Xi Wang）等人幫著我在校園裡建起一個智識之家。威爾遜中心（The Wilson Center；伍德羅・威爾遜國際學者中心）、賓夕維尼亞大學當代中國研究中心，還有期刊《中國怎麼了》（*SupChina*）也都支持了這本書，並接納我投身「全球中國」研究的學者社群中。

二〇一七年，維吾爾與哈薩克族遭到大規模的拘留以來，來自世界各地的學者就極不吝於給予他們的關注與支持。這本書在各個層面上受到的提攜包括了各種會議、簡報的邀請，乃至於在全球數十所大學的一場場演講。為此我想特別致上謝忱給這些年所有與這本書的某部分初稿有過交集的讀者、與談者以及編輯：安妮・艾利森（Anne Allison）、艾歷克斯・布拉斯德（Alex Blasdel）、卡蘿里娜・桑契斯・波（Carolina Sanchez Boe）、「闖」集合體（Chuang Collective：以期刊與部落格形式書寫中國的資本主義發展、歷史根源、受壓迫者之反抗，對議題進行分析的寫作群體）、莉莉・查姆利（Lily Chumley）、伊凡・法蘭切斯齊尼（Ivan Franceschini）、阿克希爾・古普塔（Akhil Gupta）、瑞秋・哈里斯（Rachel Harris）、麥可・赫茲菲爾德（Michael Herzfeld）、布萊恩・喬登・傑佛森（Brian Jordan Jefferson）、拉爾弗・利欽格（Ralph Litzinger）、尼可拉斯・盧比爾（Nicholas Loubere）、大衛・蒙哥馬利（David Montgomery）、安德利雅・繆勒巴赫（Andrea Muehlebach）、蘿拉・墨菲（Laura Murphy）、提姆・普林哥（Tim Pringle）、阿列桑德洛・里帕（Alessandro Rippa）、路意莎・席恩（Louisa Schein）、艾瑞克・史略賽爾（Eric Schluessel：漢名：許臨君）、安東尼・陶（Anthony Tao）、瑞恩・圖姆（Rian Thum）、傑夫・瓦瑟史托洛姆（Jeff Wasserstrom：漢名：華志堅）與索菲亞・伍德曼（Sophia Woodman）。我同時還想要感謝下列曾邀請我參加會議、協助辦理演講，或是以其他方式支持過我進行研究的學者朋友（闕漏了誰還請海涵）：尼克・艾德穆森（Nick Admussen）、扎克・艾爾—維特里（Zack Al-Witri）、「艾美・安德森」（"Amy Anderson"）、艾莉絲・安德森

（Elise Anderson）、「麥可・安德森」（"Michael Anderson"）、山姆・貝斯（Sam Bass）、潔西卡・巴特克（Jessica Batke）、法蘭克・比列（Franck Billé）、嘉德納・波文頓（Gardner Bovingdon）、大衛・布羅菲（David Brophy）、金恩・布寧（Gene Bunin）、漢娜・布爾多夫（Hanna Burdorf）、珊德林・卡特里斯（Sandrine Catris）、提摩西・奇克（Timothy Cheek）、程揚揚（Yangyang Cheng）、珍妮・邱（Jenny Chio）、唐諾・克拉克（Donald Clarke）、麥可・克拉克（Michael Clarke）、莫拉・康寧漢（Maura Cunningham）、容恩・費奧・德拉夸（Jeanne Féaux de la Croix）、瓊恩・史密斯・芬利（Joanne Smith Finley）、麥格納斯・費斯克修（Magnus Fiskesjö，漢名：馬思中）、艾里森・佛瑪納克（Allison Formanack）、凡妮莎・法朗維爾（Vanessa Frangville，漢名：方文莎）、喬舒亞・費里曼（Joshua L. Freeman）、伊萊・弗里德曼（Eli Friedman）、朱利安・葛維茲（Julian Gewirtz）、提摩西・葛羅斯（Timothy Grose）、哈光甜（Guangtian Ha）、麥可・海瑟威（Michael Hathaway）、莉莉・伊拉尼（Lilly Irani）、蘇珊・傑克斯（Susan Jakes）、阿格涅什卡・尤尼亞克—露西（Agnieszka Joniak-Lüthi）、黑登・坎德（Hayden Kantor）、妮塔莎・考爾（Nitasha Kaul）、E・譚美・金（E. Tammy Kim）、安德烈・克萊梅（Ondřej Klimeš，漢名：林昂）、馬叟・拉弗拉姆（Marcel LaFlamme）、林東（Tong Lam）、譚妮雅・李（Tanya Lee）、詹姆斯・萊柏德（James Leibold，漢名：雷國俊）、山姆・廖（Sam Liao）、安德魯・B・劉（Andrew B. Liu）、尼桑・馬赫布（Neysun Mahboub，漢名：馬瑞欣）、夏琳・麥克利（Charlene Makley）、詹姆斯・米爾沃德（James Millward，漢名：米華健）、莎拉・紐蘭（Sara Newland，史諾蘭）、劉大衛（David Palumbo-Liu）、阿南德・潘迪安（Anand Pandian）、卡維塔・菲利普（Kavita Philip）、溫尼弗列德・波斯特（Winifred Poster）、雅密拉・帕塔科娃（Jarmila Ptackova）、艾德・普弗德（Ed Pulford）、瑪德琳・瑞夫斯（Madeleine Reeves）、蘿倫・雷斯特雷波（Lauren Restrepo）、莫莉・羅伯茨（Molly Roberts）、西恩・羅伯茨（Sean Roberts）、古爾達娜・沙里木江（Guldana Salimjan）、阿斯瑪・薩亞德（Asma Sayeed）、莎拉・施奈德曼（Sara Schneiderman）、彼得・沙平斯基（Peter Shapinsky）、珍妮・蕭（Jenny Shaw）、維克特・施（Victor Shih）、史考特・賽門（Scott Simon）、克里斯琛・索拉斯（Christian Sorace）、魯恩・史亭伯格（Rune Steenberg）、大衛・史特魯普（David Stroup）、大衛・托賓（David Tobin）、馬克・圖林（Mark Turin）、莫伊拉・韋格爾（Moira Weigel）、文森・王（Vincent Wong）、麥克斯・伍德渥斯（Max Woodworth）、拉斯蘭・尤瑟波夫（Ruslan Yusupov）與麗雅・扎尼（Leah Zani）。

我在杜克大學出版社的編輯伊莉莎白・奧爾特（Elizabeth Ault）是我在這本書裡摸索自己的聲音時一股很大的助力。我很感激她跟肯・維索克（Ken Wissoker）能慧眼識出這本書的潛力，也很謝謝他們牽線召募了兩名完全稱得上傑出的匿名審閱來經手書稿。讓我獲益良多的兩位審閱指點了我該如何讓這本書在行文上處處扣緊主題，對議題的介入上更加犀利，也在故事的述說上更加動之以情。他們促使我去釐清我在女性主義與去殖民理論上，以及在當代中國人類學研究上的立場。我提供的原稿經過他們懷抱著耐性與善意的閱讀，獲得了長足的進步。班傑明・柯薩克（Benjamin Kossak）用輕柔的提醒，讓出版的流程可以按照計畫推進。我的好朋友尼可拉・佐林（Nicola Zolin）為本書貢獻了他的影像紀錄作品。我的伴侶珍妮佛從頭陪我歷經了這本書的撰寫。她向來是我最後的編輯。她這些年的犧牲，讓我得以堅持至今。沒有她的日子我連想都不敢想。兩個還是嬰兒的小女孩，是本書的支柱，是她們幫著我完成了本作。西蒙與海柔的故事，也將永遠是這個故事的一部分。

歷經了在一樓天空的年輕歲月
那些無憂的樹木旁升起了一座悲傷的、不平的城市
那兒有名女嬰從一手傳給了另外一手。

——出自塔希爾・哈穆特的《樵夫》（*Lumberjacks*）
（喬書亞・費里曼〔Joshua L. Freeman〕譯）

二〇一八年三月三日，於西雅圖

ئانا يۇرتۇڭ ئامان بولسا,
رەڭگى روھىڭ سۇنغۇن بولماس.

你母親的家鄉若是平靜無波，
你的顏色與精神就無人能打破。

引言

什麼叫恐怖資本主義？
Introduction: What Is Terror Capitalism?

男人跟我們相隔三張桌子而坐。身穿黑色西裝外套與條紋馬球衫的他，看起來只是個普普通通的維吾爾中年人。他拿著手機，而且好像有重要的事情在講。配著用小玻璃杯喝的土耳其茶，陪我拿著一本叫《後街》（*The Backstreets*）的維吾爾小說邊讀邊討論的是一個朋友，他叫阿比利金。我們天天早上都這樣，已經好幾個禮拜了。問題是與我們相隔三張桌子而坐的男人，跟昨天是同一個。這種事情連著兩天，有點多了。

我壓低聲音，對背對著男人的阿比利金開口，「我在想那個人是不是在跟蹤我們。」我意有所指地頭一斜，讓他知道我說的是誰。「他昨天也在同一個位子。也可能是我太疑神疑鬼，但我覺得他好像假裝打電話其實是在拍照。」

阿比利金的臉變得慘白。他踉蹌站了起來。

我們離開，並分別朝不同的方向走去，想藉此測試有沒有人跟來。當時是二〇一四年，設有人臉辨識監視器的檢查哨還沒有遍布全城，所以在空間中找人仍得靠人類的智慧。我們刪除手機裡的微信，就怕萬一我們被拘留，會被迫讓中華人民共和國國家安全部（簡稱國安部）的幹員看到我們的聯絡人與聊天紀錄，但手機上的簡訊紀錄我們就刪不太掉了。我們知道騰訊與中國移動隨時可以跟國安部分享我們的情報。

幾個月後，我發了簡訊給阿比利金，看他有沒有察覺什麼異狀。一切正常。靜候了一天後，我們重新開始見面，鬆了口氣的我們想說之前肯定只是個巧合。我們抽著我們的窮人牌紅河菸，嘲笑自己的杞人憂天，然後重操起茶跟小說的舊業。阿比利金說：

> 你永遠不會知道誰在替警察辦事。而且要是聊起政治，話題免不了會在兩三分鐘內變成在討論壓迫。再過幾分鐘，就會有警察抵達現場，就會有人被抓。我還是小孩時，從來沒有人會無聲無息消失，然後過幾個月又突然出現。現在這種事稀鬆平常。一天到晚都有。

二〇一四年，由拘留營構成的再教育系統才剛起步，而其主要鎖定的是鄉村地區的維吾爾年輕男性。當時的阿比利金從來沒想到僅僅三年後，他與另外一百五十萬人會被認為不可信而被送進營區。

我們通常是茶館九點一開門的第一組客人。有時候遲到幾分鐘，我會隔著街看到阿比利金低聲咕噥，咒罵我浪費他時間。但即便如此，等到了桌前，我還是會看到他已經幫我買好了人民幣兩元的茶跟他知道我喜歡的中東芝麻醬卷。做為一名沒有充分就業的年輕人，他能做的事情其實不多，頂多就是應徵工作，不然就是見他最好的朋友巴圖爾或我，然後聊文學及政治。我們就這樣熟了起來。我要是一兩天沒跟他碰頭，他就會打來問我人去了哪裡。他很保護我們的友誼。不樂見我花太多時間在其他不在他朋友網絡中的維吾爾男性身上。

正午時分，巴圖爾跟另外一個朋友會來加入我們，然後我們會一起去吃手拉麵或當地一種叫做polu的手抓飯（中亞其他地方叫pilaf）。到了晚間，我們常精心計畫要去哪裡吃點什麼。爭論究竟要去公園嗑葵瓜子，還是去打撞球。我們會在外頭待到很晚，就為了聊哲學、聊浪漫的愛、聊到有人尋短，聊音樂。我們聊到鄉下有人失蹤，聊到抗議跟尋仇殺人，聊到警察無差別對群眾開槍，聊到監控系統，聊到政治教育營，還有國家政策如何讓漢族發財，但卻攔著維吾爾族不讓他們做生意當老闆、找工作，或甚至不給他們穩固的權利成為城市的一分子。我們聊到約聘的協警如何開始在臨檢中掃瞄維吾爾年輕人的手機跟通行證，聊到維吾爾族的公寓受到的常態性檢查，包括他們會掃瞄被貼在門口的二維碼，然後用可以勾選的數位檢查表去一一核對住戶成員。在黑夜中，在公園裡，有包塑膠袋裝的喀什口味白葵瓜子在手，加上有麻吉的朋友相伴，那感覺就像我們脫離了人民反恐戰爭，上述話題都可以暢所欲言似的。

二〇一五年二月，事情開始生變。在他南疆老家的村子裡，阿比利金的兄弟遭到羈押，事由是他的智慧型手機被掃瞄出宗教經文。阿比利金開始夜不成眠。他會哭著聽母親敘述弟弟是怎麼被抓。為了他為何不想回鄉下支撐家計的事情跟父親起口角。他說現在只要有不認識的號碼打來，他的心就會開始砰砰跳。有好幾個禮拜，他沒有跟我見面，只在他陽春到不能再陽春的鋼筋混凝土公寓裡踱步，想東想西，擔心著未來。再教育維吾爾族的運動，啃噬進他社會生活的基本質地中。為了讓阿比利金的兄弟能閃避掉罪名是「宗教極端主義」的五年徒刑，阿比利金的家人繳納了一萬元人民幣給警方。他兄弟因此被改送到再教育營。在非常短的時間內，監控系統就從幻影般的警察線人進化成鎖定身邊家人的智慧型手機掃瞄技術，再進化成再教育營與人臉辨識監視器。

即便有這種種監控，巴圖爾等友人還是硬要阿比利金離開公寓，出來走走。我們逼著他重新加入晚餐的聚會。雖然有監控系統、有親友開始消失，反殖民的友誼仍讓他們雖屢敗屢戰還是愈挫愈勇地繼續過著年輕男性孤身在城市裡獨立自主的日子。這本書要講的就是人如何無畏於圈禁、貶低與最終的剝奪系統，持續他們的生活。

這種緊縮的社會控制系統固然看似是中國西北所獨有，但其實匯集在阿比利金身上的種種力量，某個程度上，是由全球近期在資本主義邊疆創造上的發展所形塑。如當代資本主義理論家（Berardi 2015; R. Benjamin 2019; Wark 2019; Zuboff 2019）所告訴我們的，智慧型手機已經在二〇一〇到二〇二〇年間成為一種追蹤裝置，而這種追蹤裝置可以將生活經驗與行為蒐集成「剩餘數據」，然後將數據轉變成能塑造社會生活的預測產品。《黑甲山的微光》讓這批理論——也就是肖莎娜・祖博夫（Shoshana Zuboff 2019）所稱的「監控資本主義」，檢視了女性主義與去殖民思想近期對當代資本主義與殖民主義的共構——進行對話（Coulthard 2014; Bear et al. 2015; Byrd et al. 2018; Rofel and Yanagisako 2018）。這個過程讓《黑甲山的微光》探索了一個由國家出資、民間出力打造的監控系統如何在中國西北抓著含阿比利金在內的數百萬穆斯林，將他們變成恐怖資本主義的客體。

以二〇一一到二〇一八年在中國西北的維吾爾自治區，逾二十四個月的民族誌研究為素材，我檢視了當時從中國科技工作者處取得的政府文件與報告，還有中國警方的內部報告。根據這批證據，《黑甲山的微光》一書揭示了穆斯林的社會生活，尤其是維吾爾年輕男性的社會生活，已經在由中國科技工作者跟協警負責設計與實施的各種系統中出現了根本性的變化。整體而言，本書思考了中國國家主導之民間科技發展的崛起，並據此就「朝著資本累積的科技—政治系統而去的一場全球性轉向」做出了大格局的主張。至於在較為特定的討論上，本書思索了數位媒體監控在政治控制與經濟成長上所扮演的角色。這個監控系統呼應了政治體制變遷的過程，這點亦可見於其他反恐運動，但此例中比較特別的是這系統嘗試用監控與不自由的勞動來生成一種知識論上（即認知上）的轉變。知識的產出與其所支撐的社會生活，是當代資本主義與殖民計畫的終極目標。

這些討論的核心是我對科技政治系統——此處被視為國家出資的科技編程被對位到維吾爾的社會再製上——用來創造資本的時候會發生什麼事情的一次檢視，而我檢視的方式是去問三個互有關聯的問題：當有利可圖的國家合約被授予墾殖者企業，由企業來建立並部署科技，並藉此去監控管理維吾爾男性跟其他族群時，維吾爾族的生命價值會出現什麼變化？這種系統的實施是否能夠被視為一種放大版的剝奪過程？最後，恐怖資本主義如何使用物質與數位的圈禁系統去把他們的目標群體控制在一地，進而生成新形態的自律與勞動力供民間製造業利用？在探討這些問題時，我主張恐怖資本主義的體現是透過數位圈禁、族裔—種族化的貶低，也透過物質性的剝奪。我展示了城市的科技生活如何把維吾爾族拉進市場經濟，也拉進一場讓人在都會社會中易於辨識的任務中；另一方面，同一種科技生活也把維吾爾族拉向了新形態的伊斯蘭「正行」（orthopraxis；正確的作法）與身分認同中。這些剝奪與重新定位的力量，催生出各種形式不同且相互競逐的自我塑造，以及各種能讓自己被察覺的手段，而這些不同的形式與手段，又把他們拉往了相互競爭的方向。

我還主張有件事很重要，那就是我們要超越經濟主義的各種框架去理解資本主義，將資本主義視為一種從不停止擴張、體制化的全球社會系統。透過將我的分析拓展到與女性主義跟去殖民分析脫鉤的規範性經濟討論以外，我展示了維吾爾的社會再製本身——以各種形式支撐著市場活動的無償勞動與精神付出——即為這個系統的主要涵蓋範疇。維吾爾的家庭與同性友愛關係，原生的指導模式、宗教與文化活動，還有基於土地的人際關係，都是數位圈禁與價值貶低的目標，導致的結果是讓系統的受益者斬獲新形態的科技財產與資本累積。

透過用生命政治的角度去解讀當代安防系統，我證明了在這空間裡所被建造起的東西，並不光是拘留營那麼簡單——即便拘留營確實是大部分學術與媒體關注的焦點。事實上，該地區全體的穆斯林族群，包括不少哈薩克族與回族穆斯林，還有比哈薩克族跟回族大上許多的維吾爾族，都免不了受到諸多改造社會之科技的廣泛影響。讓再教育營區得以出現的系統究竟給人什麼樣的實際生活體驗，是我關注的重點，我藉此展示維吾爾的社會生活如何在通往穆斯林群體遭關押的那些年中，廣為受制於各種形式的剝奪。

這篇引言，首先把這本書定位在對種族化資本主義跟墾殖者殖民主義的整體性探討。本書首先主張的是恐怖主義一詞啟動了族裔—種族化的嶄新序列，並說明這一點如何推動了殖民剝奪的過程。透過把中國的國家形成置放在殖民論述中，本書先勾勒出了毛澤東式的多元文化主義如何讓位給科技—資本主義式的邊疆創造，然後又把這個系統中的「科技—政治」複合體，放進晚近以監控資本主義跟去殖民女性主義角度去分析經濟的學術研究裡。最後，引言會介紹本書的倡議，那就是從維吾爾年輕男性的立場與作法去檢視這些系統，可以讓我們進一步看清在新形態的種族化與反殖民求生過程中，性別所扮演的角色。本書認為積極的「跨種族見證」做為一種手段，可以催生出一支小型的「拒絕政治」。

將恐怖資本主義置入種族資本主義與墾殖者殖民主義的學術架構中

為了理解恐怖資本主義的運作，很重要的一點是我們首先要理解恐怖做為一個經過「操作化」來生成「族裔—種族」分類與國家資本部署的「連接性詞彙」，其意義究竟何在。如我稍後在第一章中的描述，在二〇一四年，習近平政府宣布發動人民反恐戰爭回應一系列的暴力事件，主要是這些事件牽涉到維吾爾族，也牽涉到興起於維吾爾人口中的伊斯蘭虔信。自二〇〇一年九月十一日之後，位於全球資本主義核心的各國政府就用「恐怖分子」跟「極端分子」這兩個詞來表示「族裔—種族化」的「壞穆斯林」他者，這些人只能被消滅或改變（Mamdani 2002; Asad 2007; M. Anderson 2017; Brophy 2019; Byler 2019）。在中國，全球化恐怖主義論述與數位監控的導入，觸發了族裔種族化的新序列，讓非漢族穆斯林的人身與財產暴露於各種加重的侵占行為中，譬如把人趕走再占人土地、大規模的羈押與「數據收割」（data harvesting），以及在自動化監控的形況下進行社會再製的重組。

對西德里克・羅賓遜（Cedric Robinson 1983）與一眾其他的去殖民化與反種族主義學者而言，[1] 族裔—種族資本主義在歐洲與北美是一個持續進行中的過程，期間資本累積歸化了差異、威脅與危險這三者的生產。這些學者主張綜觀資本主義的歷史沿革，族裔—種族上的差異一直被用來正當化對少數民族的剝奪、支配與消滅，其作法是透過形式各異且經過種族化的圈禁與控制，具體而言包括從財產法規、教育體系，再到刑事司法制度與戰爭的種種手段。也就是說，種族資本主義跟墾殖者殖民主義是透過由國家促成的剝奪形式被共同創造出來的產物（Coulthard 2014; Pasternak 2015; Day 2016）。種族資本主義與墾殖者殖民主義是侵占式資本累積的獨特邊疆，前者聚焦在被奴役或者無以自立的族裔—種族化他者，使用他們的勞動力；而後者則專注於圈禁，在剝奪族裔—種族化他者的土地與體制。惟在這兩種剝奪形式的核心，都存在一種族裔—種族性的階層體系，且這種階層體系直至今日，都還是歷史與當代經濟形式所共有的一個基礎。如艾里歐沙・葛斯汀（Alyosha Goldstein）所主張，「種族、殖民、性別化與世代財產創造與持有能力，都是歷史上特定的剝奪條件所衍生出的結果，如今也持續以新的方式在進行複製。」（2017, 42）

在本書中，我主張資本主義與殖民關係的共構應該不限於歐洲與北美的脈絡中。在此我的立論基礎是克里斯多福・陳（Christopher Chen 2013）等學者的主張，他們的設想是族裔—種族階層正在資本持續累積的過程中被不斷創造出來。[2]「『種族』並不能自外於資本主義，也非單純工業發展項目中的特定歷史結構。實際上，種族是透過南非種族隔離或美國吉姆克勞法（黑白種族隔離）等類種姓構建物在得到複製。同理，資本主義並非單純把種族支配納為一種隨機性的運作元件，而是從創始之初就有系統地在產出跟複製『種族』來做為全球剩餘人力。」（Chen 2013, 214）

經由「類種姓的構建物」產出免洗勞工的「全球剩餘人力」，讓資本主義社會秩序在市場達到飽和點時，仍得以繼續創造價值。[3]這也意味種族化並不限於「墾殖者／原生民族」與「白人／黑人」的二元性，而是資本主義—殖民發展會持續以族裔—種族的差異為核心，去生成嵌套的敵意。[4]隨著社會體制與市場力量建立起各種權力結構去控制生命，原本在非歐美脈絡下可以呈現為種族差異的東西，會開始表現出種族化的象徵性暴力與物質性暴力。

在恐怖主義的標誌下，將穆斯林人口種族化的過程被授予了嶄新而漸增的生命力。陳的主張是：

> 無上限的安防行動在整個穆斯林世界的持續進行，顯示出「種族」仍不僅繼續是相對經濟價值的隨機分派，而且還是面對國家暴力之脆弱程度的差別性指標。在此間運作的不僅是無薪、被迫且具有依附性的勞動力，而且還有——很關鍵的——對資本來說顯得冗餘的族群所進行的管理。這些族群明明是可有可無的消耗品，卻依舊受困在資本關係中，只因為他們的存在是由一廣義的商品經濟所定義，但這種商品經濟其實並不承認他們的勞動能力。(Chen 2013, 210, 212)

這也就是說，在眾多脈絡下，被標註為「恐怖分子」或「極端分子」的穆斯林身體單純只是被解讀為在「創造經濟價值」的能力上，屬於可棄或無價值的東西，也因此不值得獲得人權或民權的保障。很重要的一點是，在中國西北，維吾爾男性身體常被同時解讀為潛在可棄的「壞穆斯林」跟具有生產力的「好穆斯林」。若存在於「壞穆斯林」認同中的「弊病」可以被剷除（Roberts 2018; Grose 2019），那他們就可以經過改造，成為具有經濟生產力的依附性勞工，並能在數位圍場內被用來產生作用。總而言之，由國家授權並落實在媒體與日常言談中，對「落後」（Ch: luohou）穆斯林的妖魔化，容許了對這些穆斯林的土地竊占、對他們社會體制的侵蝕，乃至於最終，讓他們的人身暴露在國家代理人的暴力之下（見Dawson 2016）。在中國西北，國家資本授予了民間公司誘因跟義務，去開發新的安防產品與勞動形式，並同時清出空間讓新的投資，與某種程度的獲利得以發生。由恐怖資本主義正當化維吾爾原鄉的國家恐怖統治，是建立支配並透過財富累積去剝削這種支配的一部分過程。

恐怖資本主義「恐怖」的部分，讓中國當局有了甚大的正當性去投資上述發展，也投資國家代理人的執行手段。恐怖主義在九一一恐攻後的美國與中國脈絡下，意指一種普世存在但肉眼看不見，來自於穆斯林作亂的全球性威脅。在中國西北，這合理化了治安與安防基礎建設的投資，也正當化含維吾爾年輕男性在內幾十萬人的大規模「減少」。同一時間，立足於華東的國營與民間企業便能不間斷地，把維吾爾族定居的地理區域框定成剩餘產能的重要投資地點。

把發生在維吾爾原鄉的「剝削」與「剝奪」過程想成是恐怖資本主義，我們就看出在新疆的新種族化序列，是如何產生了與他地那些「舊有且持續中之種族化資本主義形式」不等價的意義。[5]放眼世界各地，全球反恐戰爭已經讓中國到印度、巴勒斯坦地區與美國等各個政府都得以將其內部公民中屬於宗教少數的人口標註為恐怖分子，並且有系統地迫使他們歷經包含糾察、列入觀察名單、遭到大規模拘留、接受觀念灌輸過程在內的各種實驗，且這些人往往得不到法律的保障（Kaul 2020）。重要的是在其他案例中，被鎖定的族群只會被放逐到監獄或貧民窟等人類倉庫（human warehousing）中，但新疆的國家資本似乎很執著於一種中國的文化同質性與經濟個體化所交織出的想像中的未來。透過全面監控系統、大規模羈押與家庭成員的拆散來啃噬維吾爾的社會再製，維吾爾女性與男性被推向了一種「流氓式」（lumpen，無業遊民）的無產階級化，其中心是一套被具體化的漢族文化價值觀，名曰「中國」。

維吾爾族與美國黑人遭到的大規模羈押有很顯著的可比之處，主要是這兩大監禁系統都在創造出獲利與工作機會的同時，也深深損毀了維吾爾人與美國黑人的社會再製。[6]而這些過程又會進一步把遠遠更大的壓力加諸在維吾爾與黑人女性——將她們推入廣大社會中只能卑躬屈膝的角色中，也在少數化民族的家庭中催生出更大的斷裂。美國黑人與維吾爾族在大規模監禁經驗上的一大差異，在於維族人是一面被經濟主義瞄準，要在檢查哨後與鏡頭與衛星監視下被改造的不自由勞工，一面也被鎖定要進行知識論的重新訓練。而美國自民權運動以來，黑人大量遭到監禁代表的是立法者與有利害關係的公民維繫種族階層與延續種族剝奪的辦法（Gilmore 2007）。就是以此做為動機的利益，催生出美國目前有利可圖的監獄產業。在中國，這個過程出現了衍生的變化。羈押系統本身已經不是一個目的而是一種工具，而這種工具的目的，是要把一個族裔上的他者改造成不自由但具有經濟生產力的一支勞動力。還有一點也很重要，在美國的脈絡下並存的各種系統，包含瑕疵叢生的程序正義、代表制的民主、享有新聞自由的媒體，還有公民抗議的權利，讓人有空間對體制化的種族主義進行正規的爭辯。在中國西北部的脈絡下，威權統治讓正式的去殖民與反種族主義運動難以成形。由此，維族只能公然被國家當局在日常的墾殖者論述中，也在「恐怖」的標誌下，被生成一種次等人類的存在。他們必須受到保護，免得他們會自己傷害自己，就像歐洲與北美墾殖者殖民主義中的「野蠻」原生民族一樣。

將恐怖資本主義置入中國的殖民傷痕中

世界各地的殖民語彙與手法被塑造出來，是因為有法國殖民者把俄羅斯帝國視為一種征服的樣板，而再往回推，是俄羅斯的帝國主義者看著美國人征服北美原生民族，也以此為樣板去殖民西伯利亞與中亞的草原與沙漠（Stoler and McGranahan 2007）。這種俄羅斯殖民思想的族譜之所以值得我們重視，是因為「西歐是否是殖民帝國與資本主義擴張的唯一始作俑者」這一點，很值得我們去質疑。相對於主流看法，我主張我們很有必要更仔細地檢視殖民思想與手法被創造出來的各種源流。[7]只要理解這些關係，我們就會發現殖民帝國是歐洲禁臠的想法，是有問題的。[8]

自中國人民共和國建政以來，中國過往受到的半殖民就扮演著一種殖民傷痕的基礎神話（Anand 2019）。這種心理創傷形塑了整個中國的雄圖。一如其他前殖民地，中國也立誓要回歸遭列強殖民前的文明純淨。這個誓言推著中國政府與他們的代理人去追逐一個「殖民傷痕只有一個辦法能徹底治癒的未來，那個辦法就是要在消費與生活方式上達到『一如西方』的水準」（Kaul 2019, 11）。在此同時，這種創傷也試圖要掩蓋中國人對維吾爾等各族的殖民，模糊掉恐怖主義的論調如何容許族裔差異被種族化，為此中國搬出的假象是一種反帝國主義的純淨。這種論調暗示因為過往的中國曾被部分殖民，因此中國未來不可能殖民別人。但其實類似日本曾設法正當化他們對一部分中國與台灣的殖民，中國也把對維族的殖民呈現為一種救苦救難之舉。[9]

這些基礎神話，是我們要理解結構性暴力是如何在西藏與新疆（被中國）、在車臣（被俄羅斯）、在巴勒斯坦（被以色列）等地奠定為內政或內部國策的關鍵所在。[10]《黑甲山的微光》認為把殖民過程框定成不涉及被殖民者觀點的內部糾紛或族裔衝突——這也是殖民過程常在整體中國研究或大眾媒體中被給予的框架——是在混淆視聽，並讓人看不清上述亞洲地點有什麼樣的權力結構在運作著。[11]這類描述往往忽視了的一種可能性是：在喀什米爾與新疆等地會出現各種並不直接源自西方列強，反倒是可比於南非種族隔離體制或巴勒斯坦暴力隔離的新資本主義族裔—種族化序列（Chen 2013; Kaul 2020）。由於漢族民眾本身也曾經是歐美種族歧視的標的，因此不少學者在描述維吾爾遭到的剝奪過程有點投鼠忌器，不太想將之形容成一種族裔—種族化的產物。但中國針對西方列強曾針對中國施以殖民羞辱這點所進行的論述，已經變為一門自抬身價的伎倆，跟一塊把國家資本主導的社會暴力加諸少數他者的遮羞布（Coulthard 2014; S. Shih 2016; Kaul 2020）。

從上述論點出發的內容建構中，《黑甲山的微光》呼應了派翠克・沃夫（Patrick Wolfe 2006）與塔克跟楊（Tuck and Yang 2012）的看法。他們不認為墾殖者殖民主義是以事件為基礎的過程，裡面有剝削、同化或涵化；而是將之重新框定成一種結構性關係，裡面有政治支配、占領與剝奪。本書認為體現在維吾爾原鄉的墾殖者殖民主義遵循一種文化與社會排除的邏輯，而這邏輯的中心就是族裔—種族差異。不同於印度等前特許殖民地，在殖民者永不離開的墾殖者殖民脈絡中，後殖民主義永遠不會是一種完整的可能性。[12]做為對照，在墾殖者殖民社會中，原生人口會被迫接受具有延續性的排除過程，且具體手段若不是透過物理性的根除計畫，就是透過遷移或再教育的過程。這些排除或取代的過程從來不會是完全或徹底的，而是一場知識論邊界的爭鬥。那當中會有原生的社會再製無視於殖民與資本主義體系如何貪得無厭地想從原生土地與居民身上竊取資本，奮力將自身延續下去。

以一種基本上並無二致的風格，中華人民共和國的中亞移居計畫也同樣看得到支配關係，看得到中國針對那些土地上的民族所進行的人類改造工程與排除計畫（見 Bovingdon

2010; Finley 2013; and McGranahan 2019）。自一九五〇年代以來，中國政府便使用漢族／維族的「恩庇—侍從」關係、社會體制的奪取，還有墾殖者的占領行為，三管齊下地建立以「消除反革命威脅」為幌子的社會文化再造過程。當然，反革命「地方民族主義」的罪名在許多案例中都只是一種話術，其真正指控的是有人繼續堅持族裔或原生民族的差異性（Bulag 2012; Brophy 2017）。一個墾殖者國度的總體目標是取得土地、資源，排除途中所有的障礙。而在中國西北，維族的事實存在就是這個計畫的主要障礙。這項挑戰生成了多重結果。一方面，國家積極地想掌握維吾爾社會的宗教與文化體制，同時在另一方面，國家也尋求在「耶利克」（原生民族）的土地上創造一個市場導向的新社會。

為了達成這些目標，墾殖者殖民計畫——包括在中國的少數族裔樣板——往往會在少數族裔與原生社會中生成各種「特許差異」（Schein 2000; McCarthy 2009）。如同其他學者曾就中國案例提出過的主張，這種形式的少數民族認可是在服務一個目的：要求少數與原生民族群體參與毛澤東式多元文化主義的再製（見Litzinger 2000; Schein 2000; and Makley 2007）。這種特許讓他們有些空間去發展自身的體制，但條件是他們得融入安排好的位子，助中國的解放敘事一臂之力，並在一個市場化的時代裡出賣他們傳統文化來吸引遊客的凝視，畢竟有人來定居，就會有人來觀光。在某些案例中，由國家透過資金與政策來支持的族裔傳統習俗會變成耶利克的驕傲與身價來源。比方說在過往，某些維吾爾藝術家會捍衛旅遊產業中的文化表演，說那些演出總強過去漢族地盤的工廠或服務業上班好。這兩者的重合——針對國定「特許差異」上對下的控制與少數民族支持的自治性在地就業——催生出的是各種形式的商品文化操作，讓部分維吾爾族人在某些時候覺得被賦予了力量，尤其是在一九九〇年代與二〇〇〇年代，但又在其他時候覺得被掏空，尤其是在二〇一〇年代（"You Shall Sing and Dance" 2021）。

然而更重要的是，對大部分維吾爾族而言，毛澤東式多元文化主義定義了什麼叫「不恰當」的差異，此舉也讓被殖民者暴露在更進一步的國家掌控中。[13]在二〇一〇與二〇二〇年間，多元文化論述的最新面貌，也就是以國家擁有的能力去定義誰是「壞少數民族」，已成為中國多元文化主義處理維吾爾族時的主流手段（M. Anderson 2017; Brophy 2019）。如本書的序文曾提到過，這段控制與排除的關係在面對維吾爾的年輕男性時，其整體的動機在於針對少數民族的個體進行「精神面的打破」（Uy: rohi sulghun），但保留他做為有生產力且順從之中國子民的能力。這種精神根植於基於土地的知識，而這些知識又預示了一名維吾爾人會嘗到的中國現代國家體驗。按照再教育營的邏輯，一旦這種代表認知差別的精神遭到打破，溫順的子民就會被迫接受主體化。通過這個過程，國家權力的效應（T. Mitchell 1999）與其所培育出的科技——安防產業崛起，成為一個聖經中利維坦海怪般的龐然大物——足以壓垮個體、家庭或整個社區，且可以全身而退。

這種國家權力在一件事後變得尤為明顯，那就是美國在二〇〇一年發動的反恐戰爭。從那開始，我們第一次看到幾乎不分形式的維吾爾族反抗皆被國家媒體、容許範圍內的庶民文化及監控系統，統一說成是恐怖主義。根據賈德納・波文登（Gardner Bovingdon 2010）的紀錄，維吾爾族對漢族公民或政府當局哪怕是再小的冒犯之舉，都可以被歸類成恐怖主義。葉蓓（2012）點出中國抓著後九一一的反恐行動當萬用招牌，把「任何被認定對國家領土主權有威脅的人事物，不論對人造成的傷害實際的手法或效應為何，」都歸類為恐怖主義。重點是，這種威脅只能是「被少數化」的群體，特別是穆斯林的男性群體所為，因為漢族平民就算是犯下大屠殺，也不會被認為威脅到中國的自決。自二〇〇〇年以來，維吾爾男性那感染了伊斯蘭意識形態病毒的「黑」（Ch: hei）色身體，就等同於「野性」（Ch: yexing）的陽剛之氣，甚至偶爾會被視為一種非人化的危險物品（M. Anderson 2017）。我訪問的許多官員與中國恐怖主義專家都肆無忌憚地用這些語彙形容維吾爾的年輕男性。

二〇一四年，中國當局在烏魯木齊的維吾爾區四處張貼海報，上頭描繪了出身鄉間並開始操持新式伊斯蘭虔信的維吾爾年輕男女外貌，然後把這外貌貼上標籤，說那就是恐怖主義的證據（見圖I.1）。這個系統規範了性別的表現，病理化年輕維吾爾男性的外貌，並將維吾爾女性的外貌設為國家父權與耶利克伊斯蘭父權相互較勁的理由。不論在中國國家還是耶利克伊斯蘭的父權體系中，維吾爾女性往往都會成為一種「有待拯救」的抽象客體。或許更值得注意的，是作用於維吾爾族身體上這種體制化的權力，是透過一種包山包海的種族化過程去定義維吾爾的男性特質與女性特質。在國家當局與遷入維吾爾占多數區域的漢族墾殖者心目中，維吾爾男性特質那種遭主觀認定的野性陽剛被想像成一種或許往往抽

圖I.1｜海報描繪的「好穆斯林」外觀在右上方，「壞穆斯林」在右下方。這種海報在2014年9月時廣泛張貼於烏魯木齊的維吾爾區。海報的左側表示告發操持非法伊斯蘭教信仰者可論功行賞。至於看似或被舉報為「壞穆斯林」者則可遭當場逮捕。此照片由拍攝者尼可拉．佐林(Nicola Zolin)授權使用。

象，但卻揮之不去的威脅，其威脅到的是國家與墾殖者對土地的權利聲張（Tynen 2020; see also Moreton-Robinson 2015）。

雖然對原生民族的報復確實心存恐懼，但快速發展與剝奪所代表的「有利可圖的混亂」（Cliff 2016a; see also Schumpeter 1942）產生的偌大機會蓋過了墾殖者心中的恐懼。不動產的投機炒作、天然資源，還有牽涉到開發計畫的國際貿易，都讓眾多漢族墾殖者為自己找到了水準更高的生活。他們還看到國家體系配合並保護他們的利益，也不管開發的過程讓維吾爾人債台高築。國家化的銀行以維族被認為具有的恐怖主義傾向為由，限制了對維族的授信，系統性地將維族阻絕在低利的信貸額度以外。維吾爾移民們告訴我漢族房東或銀行家不斷想辦法驅逐維吾爾企業主或屋主，然後用漢族的墾殖者／租客去取代他們（另見Tynen 2019b）。許多我訪問的維吾爾移民說他們在尋求貸款或買賣許可時，遭到歧視——這是一種在其他版本的種族化資本主義中常見的排斥（Dawson 2016）。同時間，銀行與地主往往相當熱中於放款給漢族墾殖者來購置不動產，或為漢族企業投資提供利率優惠（Cliff 2016a）。

維吾爾族不同於漢族墾殖者，往往在漢族放款者眼中不具備上班領薪所需要的紀律。按新疆國家經濟顧問唐立久（Tang Lijiu）所言，「有鑑於他們的生活方式，要他們（維吾爾族）進入大型工業生產，上到生產線：他們大抵不太適合。」[14]也就是說，在唐看來，維吾爾族還不夠自律，所以連進入工薪市場被剝削剩餘價值的資格都沒有。相對於此，大多數維族僅有的資格，是被用來從事被貶低的社會再製性行業，譬如餐飲業、廢棄物管理，或僅僅做為工作成果或個人數據可以無償被侵占的對象。[15]

對許多漢族經商者而言，跟維族人打交道實在太「麻煩」（Ch: mafan）。正是出於這個理由，維族才被告知他們可以省下去應徵高技術含量天然資源開發工作的力氣，須知那一行已經鋪天蓋地是漢族墾殖者的地盤。考量到維吾爾族被認定具有恐怖分子的潛在威脅性，國家同時拒絕了簽發法律文件給絕大多數的維族人，導致他們無法透過申請去國內外旅遊或做生意。這麼一來，即便身邊的漢族社會在成長中愈來愈富有，少數化的民族仍會頻繁地發現他們陷於向下沉淪的貧窮漩渦中。在安德魯・費雪（Andrew Fischer）發現於西藏（2013）之「消權發展」（disempowered development）的另一個版本裡，維族被排斥在資本主義系統之外，既當不成無產階級的一員，也當不成持有權利的公民階級，只能淪為被剝削的免洗服務業勞工，或被怪罪沒能在新經濟中找到自己的前途。

在維吾爾原鄉透過當代種族化過程被生成的族裔—種族歧視，是在這個特定的瞬間與地點才有的特產。但即便如此，我們仍十分有必要為其正名，稱之為一種族裔—種族化的過程，而非單純是族裔或文化的發展過程，因為這才能讓我們看出國家資本跟民間產業如何把差異積累在不同的群體中（Reddy 2011）。將之命名為一個族裔—種族化的過程，能讓我們聚焦資本主義邊疆與殖民主義支配是如何在被強化的差異中具體起來。個別勞工的內在屬性透過「他們的膚色、衣著、語言、體味、口音、髮型、走路方式、臉部表情，還有行為」，遭到了法律、經濟、教育體制的框定（Amrute 2016, 14）。雖然阿姆魯特（Amrute）這段話寫的是一種文化主義式的新種族主義，針對的是身在德國科技業的印度員工，但她關於印度員工體驗到的差異應該被解讀為具有種族化而非單純族裔發展的說明，是一個也適用維吾爾族的論點。維吾爾人的身體——包含他們的穿著、他們的親密關係、個人衛生、口音、飲食習慣、臉部表情、實體與虛擬的行為，還有語言使用——都是「面對面之人工族裔剖繪」與「科技—政治監控之偽科學呈現」的主要目標。在中國邊疆的脈絡下，他們的族裔與原生差異隨著時間過去，慢慢扮演起一種被種族化的差異：一種體制化的支配與排斥系統。事實上，如同在其他當代的殖民脈絡中（TallBear 2013），這個系統在科技—政治層面所代表的，是一種想要生成「後基因體」種族的科學嘗試。在人臉掃瞄檢查哨對恐怖分子身體所進行的演算法評估，以及在社群媒體的分析結果中，維吾爾的膚色、眼睛輪廓、鼻子結構，還有髮型，都已經成為「準犯罪性」的標誌物。[16]由此，維吾爾被迫接受一種特殊的種族化，其背後推動力是國家資本，是演算法評估工具的「黑箱」，也是受到殖民關係保護的漢族墾殖者。種族化提供了一種先驗的正當性給大規模的科技—政治控制系統，即使這些系統不間斷地產出並強化種族化的過程，且究其形式是對維吾爾人口一種族裔—種族性的直接支配。這種動態催生出一種圈禁的過程，而維吾爾人就在這個過程中被逼著去調整自己，把自己改造成可獲得接納的監控客體。

科技在中國「資本主義—殖民」邊疆創造上所扮演的角色

特定的科技向來在現代圈禁系統史中扮演著核心的角色，當中包括北美拘留營的鐵絲網與自動武器，也包括種族隔離時代南非跟巴勒斯坦的通行證與檢查哨。如安・史托勒（Ann Stoler 2010）所言，在當代殖民脈絡中，分類目標族群的個資細節與行為的技術，都飽含政治意涵。不是因為這些技術會透露人生活的內在真實面，而是因為它們嘗試要把社會文化資訊變成武器，並用以控制訊息的主人。隨著這些私密資料落入科技—政治力量的手中，其效力就會更強大，因為系統可以將這些資料規模化。中國計畫中用來圍堵、改造維吾爾人口的科技，將這些控制系統的強度帶到另一種高度上。監控網已經從實體牆面上的監視器，轉移到了維吾爾人口袋中的晶片，也轉移到他們想拿也拿不掉的相貌中。恐怖資本主義用人民反恐戰爭這個例外空間去切割出自己的隔間，產生一個資本主義侵占的新序列，恣意地從被標註為異類，因此可疑的群體中進行資料的擷取。這些科技—政治過程的起點是收割穆斯林的社會生活——從他們擁有的物件到他們的社會關係——然後將之轉變成數據。

在二〇一五年的一份女性主義宣言中，蘿拉・貝爾（Laura Bear）、何凱倫（Karen Ho）、安娜・羅文豪普特・秦（Anna Lowenhaupt Tsing）與希薇亞・柳迫（Sylvia Yanagisako；柳迫淳子）主張資本主義研究應該聚焦在日常生活產生的社會關係。相對於接受抽象的經濟邏輯與正式具有規範性的經濟模型，這些學者努力想理解的是生命政治與金融轉換裝置如何中介而不完全決定社會生活。這種切入法協助了女性主義與去殖民經濟學者理解了資本主義邊疆是如何建成，而它們對社會眾人的前途又會產生什麼效應（Bhattacharya 2017）。對於資本主義做為一種「體制化的全球性社會系統」的分析，必須考量到女性與少數化族群的勞動——那些往往在主流論述中被框定成「不具生產力」的勞動——其實對資本累積與社會分工本身如何形塑性別與族裔—種族角色一事，都發揮著關鍵的作用（Weeks 2011; Chen 2013; Dawson 2016; Fraser and Jaeggi 2018）。這意味著我們要去檢視兒童與老人的照顧重擔如何被轉嫁，也要去思考社會網絡與主體間的友誼在維繫與改造社會階級、族裔—種族階層，還有個人福祉上扮演了什麼樣的角色（Scott 1999; Federici 2004; Stoler 2010）。這種角度，可以讓我們看到暴力與資本主義權力關係的可能性是如何在社會中擴散，而國家機構、法律體系，科技—政治系統又是如何把這種暴力與潛力架構成一套流程。

在近期一次對歐美科技業進行的檢視中，理論學者肖莎娜·祖博夫（2019）使用了監控資本主義一詞來描述由社群媒體、智慧型手機、物聯網、資訊收割與數據分析所組成的數位經濟。這種由人工智慧促成的通訊工具環境已經開始把生活經驗跟行為當成「剩餘數據」取走，然後藉由機器學習將之轉變成預測產品。接著這些預測產品可以被出售給廣告主，或在某些案例中被賣給治安單位，做為預測或形塑目標族群的行為之用（Jefferson 2020）。這種資本累積的新邊疆，也就是沃克（2019）所稱的一種以資訊為核心的嶄新生產模式，正在培育一種可以操控人類經驗的新式權力。放眼全球，我們都能看到新興的隔閡或數位圍場（Andrejevic 2007）以「社會學習」為界隔開兩邊，科技官僚菁英由此被賦予了權力，打通他們從這個系統中獲利並控制這個系統的能力。同時在另一邊被綁縛住的，則是在服務這個系統的一群人，他們一方面從受系統保護者處得到了基於消費主義的默許，一方面成為民權被剝奪、在不情願中受到監控的對象。

祖博夫等人描述之物，可以被想成是一種以新式數位「轉換裝置」為核心的系統。這些數位轉換裝置可以利用數位圍場來生成新的價值體系，並竊取資料跟勞動（Bear et al. 2015）。在金融的資本主義裡，這類轉換裝置是經濟學模型或各種認證系統，其權力的來源是「將物體、人群與資源從其脈絡中抹消或切斷」的能力（Bear et al. 2015）。本書起始的假定是智慧型手機、搜尋引擎與演算法的數據評估也必須被認定是轉換裝置。對比在資本主義其他領域裡的裝置，這些數位轉換裝置能夠取得力量，靠的是把裝置使用者的特殊性與所處的社會脈絡記錄下來，以便進一步去進行量化跟剝削。只有如此，人的生活經驗才能被收割為數據，被分析，被做為能吸睛並推人一把的促銷工具送到使用者面前，或以預測產品的形式被送去給各式政府或企業買家。也就是說，智慧型手機與搜尋引擎之所以有力量，除了因為它們確切掌握使用者的特殊性，也是它們具有對大局的預測能力。一方面，這些轉換裝置能吸引使用者的注意力，是因為它們知道使用者想要什麼——就是這股推力，消費者才會同意讓這些裝置運行在自已生活中最私密的空間裡。然而另一方面，這些轉換裝置將人類行為轉變成數位代碼，用演算法將之破解，然後任之被科技工作者、雇主、國家警察與警察的協警當作武器使用。[17]

正因為從特殊性到整體性的轉換是這樣一把雙刃劍，基於演算法的監控系統才會有格外強大的威力能啃噬社會生活，重塑社會生活。沒有其他的轉換裝置能以這麼快的速度跟這麼貼近人的方式，在規模上一口氣從個人爬升到經濟與國家的層級。[18]行動電話與搜尋引擎的監控能力讓少數化、族裔—種族化，而且被認為不值得擁有公民保護的他者所歷經的資料盜竊，更上一層樓。這些不自由他者中較晚近的階級——那些連在自主選擇的勞動契約中以「自由」勞工或消費者的身分來遭受剝削都沒有資格的人——就是沃克（2017）所稱的當代屬下階層。中國西北這些少數化人口所遭到的圈禁，就是本書想要檢視的問題核心。

除了少數學者例外，監控資本主義的理論學者大都把他們的研究聚焦在歐洲與北美的脈絡，還有這些脈絡是如何衝擊那些其實往往有著中產階級、異性戀正典與白人外貌的無標記主體。[19]研究中國社會監控少數化穆斯林人口所扮演的角色，到底是什麼意思？這本書想探索的，是以女性主義人類學角度去面對在中國的性別化／原生民族社會關係中跟在各獨立歷史中，扮演前景的資本主義監控。從這個角度去切入討論，本書之探索的立論基礎是莉莎．洛菲爾（Lisa Rofel）與柳迫（2018）對中國與義大利成衣產業紀錄下的民族誌。本書將這兩人的手法搬移到了另一個產業、地點與族群身上。洛菲爾與柳迫在中國的當代經濟中，辨識出了一些關鍵的社會歷史過程運作，當中包括勞動價值的談判，以及「不平等」的外包（2018, 8）。

雖說類似的過程——特別是價值重估與社會重組——確實在中國西北監控社會的動態中占有核心地位，但在仍是引言的此處，我想強調的是公有製造業與服務業的私營化。在全球資本主義的發展中，經濟系統經常會啃噬政治機構並開始形塑這些機構的功能。益發可見的是在自由或不自由的政府系統裡，政治權力都被用來保護資本的累積。如南西．弗雷澤（Nancy Fraser）所言，這是資本主義做為一種社會系統另一處「邊界鬥爭」（boundary struggle）的現場（Fraser and Jaeggi 2018）。中國，做為當代全球資本主義的典範，當然在這一點上也不會是例外（Friedman 2020）。隨著中國當局開啟從毛澤東主義過渡到現行資本主義走向的過程以來，我們始終很難區分國營機構與私營企業之間的差異。事實上，就算是拿國營或私營機構的法律定義某家企業，我們都經常無法抽絲剝繭地區分出哪些方面是「公」，哪些部分又是「私」（Rofel and Yanagisako 2018, 9, 133）。但這種難題往往不是肇因於國家或企業的刻意阻礙，而是因為公與私的意義要視個體在這些產業或國家機構中的定位而定。然而洛菲爾主張把在公私辯證兩端的個體結合起來，不論這些個體代表的是個人、地方社群，還是更廣義的國家，他們都有一份對「逐利」的堅持（Rofel and Yanagisako 2018, 134）。這些堅持往往是複數的存在——建立國家權力、建立國家尊嚴、累積個人財富，還有保護家庭。公與私在堅持上的差別，往往不在於二選一，而只在於他們著重哪一邊多一點。

社會學者李靜君（Ching Kwan Lee 2018）也在她對中國投資尚比亞（Zombia）礦業與營建業的研究中檢視了公私資本的責任所在，為此她就國家資本本身的角色提出了一個理論。她告訴我們中國的國家資本獲得部署，常常是為了達成特定的戰略目的。她訴求私人資本不同於中國國家資本的地方在於前者主要是對股東負責，由股東的要求推動，而後者偏向以福特主義*的經濟發展模式行動——會展現較長的時間跨度，同時比較不仰賴立即性的獲利，而這就讓受雇者有了更多穩定性。這種由國家資本推動，利用基礎建設開發去卸載產能，也去建立更多產能在中國各特定區域，是某些學者所謂中國式「發展模式」（Oakes 2019）的核心。李（2018）的研究顯示在「全球中國」的脈絡下，國家資本的部署動力比較

* 工業化和標準化大量生產和大量消費的經濟和社會體系。

不是獲利，而是中國國內的市場飽和或產能過剩，還有在資源上與標準設定上的長期戰略利益（標準設定這一點在跨國的紡織品產業上，或許比較沒有操作的空間）。李針對礦業資本在中國跨國經濟裡的公私之別，其立論與洛菲爾與柳迫的看法形成了對比，後兩人認為中國的公私企業在紡織產業裡沒有明確的區別，且雙方是在逐利這一點上達成團結。

本書認為中國科技業與上述兩份研究在檢視中國經濟時針對的礦業與紡織業，狀況都不一樣。私營的中國科技公司不僅同時受到國家資本與各種投機性風險資本的推動——這是一種李、洛菲爾或柳迫都沒有講到的模式——而且也不太常把短期獲利當成動機。事實上，一如其他也屬於第四次工業革命一分子的歐美科技公司，中國業者也致力於加緊擴張，並把獲利再投資到三件事情上：一個是產品開發快速的原型設計，一個是智慧產權的積累，一個是市場擴張。惟即便有這些差別，整合私人產業中的國家利益仍提供了一種核心的相似性，並貫穿中國經濟由紡織業／礦業／科技業所代表的三種領域。中國前十五大私營科技公司，大部分都在新疆的反恐市場中有甚深的投資，並獲得了中國科技部（中華人民共和國科學技術部）頒授「國家隊」（Ch: guojiadui）的地位。這意味著他們有資格拿到國家的肥約，但也有義務達成國家交辦的特定目標。

二〇一〇年代，國家當局開始把中國的發展模式調整為達成習近平口中的「中國夢」，也就是國內一種欣欣向榮的都會生活，加上獲取國際上更高的地位沿著一條重新發想的「絲路」，拓展到東南亞、中東、中亞還有非洲。為了達成這些新目標，國家加速了把公共建設分包給私人公司的過程。這些「公私部門夥伴關係」（Private Public Partnerships，縮寫為PPP，即民間參與公共建設）被認為比自毛澤東主義傳承下來的國有企業（State Owned Enterprises，SOE）更靈活、反應更快，更有能力因應各種政經挑戰，而它們獲得中國中央與地方政府國家資本挹注的方式，可以說與李（2018）所描述發生在尚比亞的情形大同小異。截至二〇一七年，中國官方已經在中國各地撒出了逾二點六兆美元的PPP投資（Tan and Zhao 2019）。雖然這些落在二〇一〇與二〇二〇年之間的投資大多集中在道路、水壩、電網、管線、機場與都市住房的興建上，但其延伸的部分則透過數位基礎建設、監控與媒體系統、運輸平台與物流系統深入了社會生活。這種朝開發私有化移動的趨勢，正好與科技業的創投導向成長在時間上有所重疊。如我會在第一章詳細解釋的，另一樣與這趨勢在時間上重疊的，是關係到中國穆斯林少數族群的例外投資空間開放。

為了摘要這些由私部門建立的監控科技如何跟為何以一種轉換裝置的身分在發揮作用——把社會生活謄寫為數位的代碼，然後再由企業用演算法去分析代碼，將代碼貨幣化——我們可以以米歇爾·傅柯（Michel Foucault）為師，跟著他一起去思考生命政治安防的科技全貌（Foucault 2007）。這種科技對傅柯而言，同時有三種特性。其一是具有生產性，因為它生產出了各種新形態且具有依附性的主體；其二是具有象徵性，因為它生成了新的真相或評價體制；其三是它展現了力量性，因為它可以經由擴散去進行中介跟圈禁——惟不能完全決定——個體在人口中的行為與紀律（Samimian-Darash 2016）。在一種人類學的框

圖I.2｜2017年8月，一名年僅四歲的維吾爾小孩親吻了他父親在照片上的身影，此時這名父親已經被送進再教育營有半年之久，原因是他在南新疆鄉間一處地方上的清真寺禱告。影像使用已獲攝影者授權。

架中去思考這些特性，可以讓我們看出特定的科技活動是如何形塑社會再製本身。這種社會科技或科技—政治系統會生成特定的行動腳本給分屬於不同種族、階級、性別與性傾向分類的人去遵循（F. Bray 2007; R. Benjamin 2019; Wark 2019）。在監控系統的脈絡下，這些腳本形塑社會生活的手段包括針對人的行為去塑造、刺激與計算，藉此生成一個可操作的真理政權，但又同時嘗試將個體轉變成數據與勞動力的常設儲備來服務系統。如提摩西・米契爾（Timothy Mitchell）所言，科技—政治總是能生成一種「技術性的身體」（technical body），意思是科技政治可以用「一種獨特的製造手法，或一種特定的組織方式，可以將『人類／非人』的『物體／想法』融合成一個綜合體」（T. Mitchell 2002, 34）。科技—政治系統會保證他們的所有者與操作者面對被認為是社會弊病或經濟發展阻礙之來源所造成的威脅，能獲得一種控制感（Joyce 2003）。

他們努力的目標是讓社會生活產生可預測性，手段上則是隔著一個科技的距離去維繫一種權力關係。惟有個重點是在社會再製的層面上，微政治裝置的邊界已經不只是權力控制生活的力量輸送管；這些裝置已經可以也是一種政治爭辯跟反轉的場域（Von Schnitzler 2016）。在此，權力——其完整的定義在傅柯傳統裡，是去影響與被影響的能力——可以透過科技對話的中介效應獲得開啟（Foucault 2007）。

原生民族的男性特質，以及做為一種「方法」的少數政治

在他的研究中，西德里克・羅賓遜（1983）提出了一種劃世代的描述，說的是經濟成長如何與種族化間存在連結。與此同樣重要的，還有他駁斥了馬克思主義那種以白人男性工人做為有革命潛能的無標記主體來進行的表述——那等於抹消了女性與少數化他者的勞動。事實上在羅賓遜的啟發下，羅賓・D・G・凱利（Robin D. G. Kelley 2017，被引用在Goldstein 2017）提到：「種族與性別並不是全球資本主義秩序中的隨機或意外事件，它們是這個秩序的建構要素。資本主義是做為一種種族與性別化的政體而得以興起。資本主義的生存之道就是種族主義，也是基於種族跟父權的國家力量。資本主義過往的發展與當前的運作，都在一個種族系統或種族政體中進行。種族主義是資本主義生產與再製的根本，暴

力則是創造暨維繫資本主義的必備之物。」

資本主義系統的存活關鍵，是社會再製，是撐起具貨幣價值之生產形式的照護勞動，是資本主義與殖民主義對居家與主體間照護的暴力擴張。存在於殖民國家管轄與資本主義凝視範圍外的各種照護形式，就算只是一部分流落在外，都會成為這個系統在擴張時的摩擦力來源。

在本書研究的期間，我把注意力的焦點放在那些一方面為恐怖資本主義奠定了基礎，一方面也在進行反抗的日常照護形式。我在烏魯木齊的維吾爾地下聚落附近住過一段時間，期間深交了數十名分屬維族與漢族，由鄉村遷到都市的男性移民。我們會頻繁地碰面、聚餐、上清真寺，前往祈禱室、藝術工作室、茶館，還有咖啡店。我在那些場合中獲悉了他們的生命故事，也讓他們得知我的。我觀察到他們是如何在就業不足與被種族化糾察針對的不利因素下，仍懂得彼此照顧。此外，我蒐集了維吾爾語與中文的文化產品如電影與小說，內容關於烏魯木齊這座城市的當代發展，是控制系統的施行，還有驅使維吾爾移民遭到迫遷，使他們必須在城鄉間進進出出的經濟運作。許多這些文本，都成了我與不同處境的漢族或維族朋友們對談的話題。把諸如此類被公開「搬上舞台」的再現作品帶入我與不同人的對話中，讓我得以用個人在說故事的形式建構起這本著作。這也讓我認清了中介的效價與力量，以及這些文化物件是如何在性別化、族裔—種族化的國家論述中，在各種資本生產模式中，也在殖民關係裡的各種科技中，被形塑出來。

這種方法論取徑，推動我去思考維吾爾的年輕男性是如何透過自身的社會關係跟感官展演，去建構與具體表現出他們的男性特質。以眾多曾在穆斯林社會——且特別是維吾爾社會中——檢視過性別建構之人類學者研究為基礎，我致力於不將維吾爾男性的觀點跟經驗視為維吾爾身分的非性別化與規範性表達，而將之視為情感照護的場址。[20]縱觀全書的行文，我試圖凸顯把焦點只放在男性觀點上的風險。他們的觀點並不代表中國中亞社會體驗的整體，惟在本書所分析的剝奪與族裔—種族化序列中，他們確實扮演著要角。維吾爾年輕男性是人民反恐戰爭的主要假想敵，而漢族男性則被派去打造全球化城市，也去支撐恐怖資本主義的擴張。在烏魯木齊，漢族男性特質與國家權威的共構及價值提升——乃至於由此衍生出，維吾爾男性特質的可棄性——是新興種族化過程中的一個核心部分。因為這一點，也因為我身為「投身殖民鬥爭主題之男性研究者」的社會位置（positionality），男性的觀點崛起成了一種主流的敘事源頭。隨著維吾爾年輕男性在科技—政治監控系統的手中「被消失」，被送進無限期的羈押中，創造生命與社會再製的重擔，就落到了剩下的人肩上：那當中自然包括維吾爾青年的男性親友，但更大程度上指的是他們的母親、姊妹與女兒。[21]同樣地，隨著漢族男性移民在這座全球城市中找到新生活，他們也會把妻女拉進一個強占人土地、把維吾爾人的生活變成侵占對象的原生民族剝奪計畫中。維族與漢族男人的故事，並不只是只屬於他們的故事，他們的故事還牽涉到中國西北的整個社會。

維吾爾人的男性性別認同是歷史的產物，是由把意義與力量賦予給這些認同的社會力量塑造而成。如莉莎・洛菲爾（2007）在她討論性別在中國其他地方的社會構成所提及，在伊絲特・牛頓（Esther Newton 1979）等女性主義人類學者的領軍下，相關研究造就了一種廣泛的理解：性別認同是一種「展演」出來的東西。[22]性別認同並不單純是生物機制的產物，也不會隨著特定慣習（habitus）自然而然出現。實際上，性別認同是由歷史決定的規範跟權力結構所塑造。如茱蒂絲・巴特勒（Judith Butler 1997）所示，性別認同是通過司法與宗教傳統，並在「引用」這些傳統規範的日常慣例中，由論述建構起來的。性別慣例對理想化性別規範模型的指涉，與性別關係中根深蒂固的權力與從屬形式結合，便能把強制性、懲戒性的機制建立進性別慣例中，其結果就是被認為恰當的性別行為光譜遭到限縮（E. Y. Zhang 2015）。這些重複的規範化慣例，就是讓二元性別區別被歸化為自然的東西。一如在許多穆斯林社會中，維吾爾社會那源自社會歷史沿革的性別規範也導致了各式各樣的性別隔離。如其他學者曾提及（Dautcher 2009; Smith Finley 2015），這些隔離導致了分工，也導致在儀式跟宗教活動上的經驗差別。女性大抵被排除在公共宗教空間之外，並在壓力下不得不去從事育兒與持家等無償勞動，至於男性則通過務農或較晚近地靠領薪養家活口（Huang 2012）。隨著各種剝奪推著依地而生的維吾爾人進入市場經濟與都會環境，這些性別分工已經開始偏移，且往往導致女性額外扛起賺錢養家的擔子，但也得同時負責家務。

在此同時，再教育運動已經開始中介維吾爾的性別經驗。一如在其他的殖民脈絡中，維吾爾男性從國家當局與其代理人處體驗到了各式各樣的閹割（see Swarr 2012）。國家藉由其監控系統，往往視維吾爾男性如病菌般危險，並且當他們是永遠的潛在恐怖分子，此外國家還覺得自己將小孩從他們的家中拉走，或逼使他們的妻子或母親褪去面紗，是在將她們從維吾爾的伊斯蘭父權中解放出來。一如在別處的反恐戰爭（Abu-Lughod 2013），想這麼做的衝動可見於國家動員了一支帝國主義式，且從根本上即為謬誤的女性主義來再教育維吾爾的男性，要他們把妻子從伊斯蘭跟維吾爾的性別關係中拯救出來（Yi 2019）。比方說在二〇一八年三月八日，一場國際婦女節的慶祝活動上，維吾爾原鄉各鄉鎮的維族男人都應要求要給自家媳婦兒洗腳，以行動來表示他們在家庭生活中順從國家對於女性主義性別關係的定義。這種性別平等的表徵自然滿載著漢族文化的象徵意涵，且其實際根本與維吾爾習俗中的伊斯蘭純淨性悖反。在維吾爾的文化展演中，不用容器舀水而直接在盆子裡幫自己或別人洗腳，是極度不潔淨的行為。同時這也違反了伊斯蘭淨禮所要求的純淨，亦即穆斯林要先清洗手腳才能祈禱的規定。事實上國家當局就是擺明了要違反這項規定。維吾爾人不分男女，都深深在這個活動中體驗到了貶抑與羞辱。[23]

肇因於他們自身男性特質所遭受的攻擊，維吾爾男性往往會感覺他們有責任去保護維吾爾婦孺不受到圈禁與貶低的暴力，但在這麼做的過程中，他們也進一步剝奪了維吾爾女性，主要是他們未能承認自家女性的能動性（Huang 2012）。與維吾爾女性相關的暴力，首先會被他們理解為是在攻擊男性維護維吾爾尊嚴之能動性——一種家父長式衝動，往往被框定為模範「年輕男性領袖」（Uy: yigit beshi）的工作。偶爾，維吾爾男性會搬出這種傳統來正當化他們對違反維吾爾性別規範的女性進行撻伐的行為。比方說有名我相處過的年輕移民，就曾對他感覺衣著不得體的維吾爾女性腳邊吐口水。這名年輕人說哪怕他還有一丁點自由，他就有教導旁人之責。即便有些人對這種形式的厭女有不同的想法，他們也常覺得人夫或人父教訓妻女來導正她們的行為是天經地義，只有對陌生人才比較不妥。[24]不論在公或私領域中，這種行為都反映了維吾爾男性特質如何在伊斯蘭虔信與日益脆弱之維吾爾男性權威之間，被放在一個特定的交會點上。結果是舉措端莊與伊斯蘭外觀等議題，在虔信維吾爾人之間變得極為敏感。許多我的報導人都提到在物質性與數位性的圈禁之前，維吾爾男性並不常對他們在街上遇到的女性有這種舉措。

然而就在某些維吾爾年輕男性打著屬地傳統的名義，將不同形式的父權向外延伸的同時，另外一些維吾爾男性則在發展各種明擺著反殖民跟訴求自由解放的男性特質。本書認為維吾爾族在都市裡的年輕男性已經慢慢不太把男性特質定義為對女性的支配，或甚至不將之定義為男性之間的競爭，而比較將之定義為一種相互照應，使彼此免受警察暴力或普遍歧視的守望相助。如我將在第四章中所言，維吾爾男性間由此建立起的反殖民同性友愛友誼，類似於在其他脈絡下的原住民族戰術。身為都市移民，維吾爾年輕男性被孤立於他們鄉間的家庭之外，且被迫得晚婚；由此他們往往不得不為了生存相互扶持。取材自維吾爾耶利克傳統的寬宏包容，他們會相互傾訴來分攤痛苦，發展出以撫慰為形式的保護。在我與阿比利金等一眾年輕人培養出反殖民友誼的過程中，這些年輕人所展現出的相互照應關係也慢慢啟發了我在自身民族誌實務上的不同作法。這促成了我做出了在第四章會細談的一項主張，那就是在某些脈絡下，人類學的研究本身就應該被框定成反殖民的友誼關係。

隨著這本書繼續往下發展，我漸漸看清的一點是開創生命與保護自我的一個核心辦法，對不分漢族或維族的年輕人而言，都是故事的述說，都是自我的再現，都是要在媒體上再現他們的生活。他們不僅使用各種形式的媒體做為自我表達的模式，也將之做為他們廣泛理解社會生活經驗，並將之「搬上舞台」的辦法，同時我們的許多對話也聚焦在他們自身與媒體物件有關的故事上。為了忠於此書屬於民族誌的基底，也為了召喚出我朋友與報導人所挹注到書中的情感勞動，本書所使用的分析模式也以說故事的形式為核心。在許多章的內容中，我都展示了個別人物的故事與他們跟文化物件——攝影計畫、小說、數位媒體——的關係，讓三樣東西在張力中並陳的分析得以成立：資本主義—殖民經濟的政治、族裔—種族化的暴力，還有這款分析必備的少數去殖民政治。從代表性人物與代表性文化物件的制高點上去訴說這些故事，讓我們得以演示廣大的社會力量與身分認同如何為個人所生活、中介及拒絕。

藉由發展出這我稱之為「拒絕的少數政治」的東西，這本書認為由文化物件提供的張力建構起代表性人物的敘事肖像，可以讓本書在一個難以用單純的敘事去描繪的社會歷史流程中，達到一個前所未見的細緻程度。比方說，第五章主角陳業之所以與眾不同，不僅在於他偏離了新疆生活的規範，也在於他有意識地拓展了他的自我意識去納入多種敘事。

在新疆的社會紋理中身為一名漢族的移民藝術家，陳業的作用就像是國家資本的理想、公私合作的科技—政治、數位文化生產，以及墾殖者殖民暴力之物質性現實等四者的匯合點。在這層意義上，陳業這個人物成了一個地點。以他為出發點，我們可以在闡連（articulation，既對各個層面進行詮釋，也將各層面之間的關係進行連結與釐清）中檢視社會生活這些廣大系統的運作。用這種方式去思考陳業，而不把陳業只單純當成一個獨特的個人，可以處理的是由民族誌方法所掀起，個人與群體主張之間的張力。更重要的是，這麼去思考一個個體的自我，特別是像陳業這麼一個不尋常的人物，有助於我們探索去殖民跨族裔政治在行動中的可能性。

在許多案例中，再現於本書中個別人物——馬赫穆德、阿比利金、陳業、埃米爾、哈桑與尤瑟普——都是吸引我的人，理由包括他們在都市裡的剝奪與種族化過程中所處的社會位置，還有他們如何試圖把這些經驗再現出來。往往，我們的關係能昇華成一種深刻而長久的友誼，是因為我受到他們的政治與族裔立場所吸引。比方說，在烏魯木齊的脈絡下，稀有二字仍不足以形容有如陳業這樣的漢族墾殖者堅定犧牲自己某些面向的生活，只為了去與族裔—種族上的少數共同生活，並以他們為師。一如本書中大多其他的登場人物，吸引我的是他所實踐的生活，而不是其創作出的文化作品。但實情是他的攝影——一如我在其他篇章所描述的小說、短篇故事還有紀錄片——對本書的分析而言，真正能派上用場的地方在於能顯示出剝奪發生的過程，乃至於不同立場的移民男性如何嘗試相互扶持、逆風而活。在這層意義上，社會再製的勞動本身也成了新形態政治與倫理的源頭，可供審美的物件反而做不到這一點。即使做為一種工具想去衝擊或化解深層的結構性問題，藝術創作與自我展演並不能為他們帶來太多指望，但我發現藝術創作或自我展演為這些移民指出了一條明路，讓他們可以去弄明白自己身而為人的處境。友誼，包括在維吾爾男性之間或跨越族裔屏障者，都承諾讓人相信世間存在一種形式更加遼闊的社會再製，而在這種社會再製中，經由故事的述說與積極主動的見證去分攤悲傷與憤怒的作為，具有一種不假外求的價值。不論這些對殖民資本主義關係不成氣候的抗拒能不能以恆久的改變作收，它們都已經為一起待在西北中國的眾人提供了另一種可能的生活。

如布里古帕提・辛格（Bhrigupati Singh）所說，「很久很久以前在人類學當中，只書寫單一生命的研究課題根本是天方夜譚。」（B. Singh 2015, 222）他接著寫道，涂爾幹（Durkheim）與李維史陀（Levi-Strauss）教導人類學者去研究生命的「各種基本形式」，而紀爾茲（Geertz）則推著人類學者捨棄本體論，去檢視「在地文化」。在較近期的幾十年間，人類學者把研究聚焦在個別的主體性上，還有這種個別主體性與主權／控制、價值製造，還有與可棄性之間的互動（Crapanzano 1985; Behar 1993; Desjarlais 2003; Biehl 2005）。由於新疆的社會生活充滿了剝奪與種族化的感受，因此如馬赫穆德、阿比利金、陳業、埃米爾、哈桑與尤瑟普等友人提供了我各種辦法去勾勒出圈禁、貶低與剝奪等過程如何被施加在個別的生命上，還有這些過程可以如何被拒絕。花時間與我的朋友們相處，分擔他們的痛苦，吸引我朝他們愈靠愈近。一如辛格在印度拉賈斯坦邦（Rajasthan）對政治人物的研究（2015, 223），這並不是一個邏輯或社會事實的問題，而是個倫理的問題：讓我受到吸引的是哪一種生活？如娜芙蒂・塔蒂亞爾（Neferti Tadiar 2016）根據她在菲律賓研究國家核准之大屠殺，在我們現屬全球資本主義散播的歷史瞬間，我們得去思考一件要務是「有哪些維持生命所需的『人觀』（一個社會文化之中對於人的基本想像與假設）與社會性形式與實務……可以堅持下來」（151）。身為維吾爾人勉力求生過程中的朋友與共犯，我不能不注意到即使面對都會清洗的種種手段，即便會被消失在監獄系統中，即便面對死亡，被褫奪權利的群體仍找出了辦法生活，找出了辦法開創生命。這些倫理問題，這些友誼，還有他們所啟發的民族誌群像，進一步開啟了反種族主義、去殖民政治做為方法論的更多問題。我發現阿比利金、陳業、埃米爾，還有特別是哈桑，在呼喚我前往一種少數政治，一種去殖民的參與模式，那是一種能通往友誼與相互陪伴的倫理，也會從這種倫理再生出來的模式。

書的內容

本書的前三章分析了恐怖資本主義如何通過一種支配的殖民關係被表達出來。由先而後分別會從圈禁、價值貶低到最終的剝奪。第一章分析了科技—政治系統如何生成一種數位圈禁，進而帶出一種新式的原初積累。在這麼做的過程中，第一章呈現了一幅對系統當前布局與其演化簡史的綜觀。當中展示了新式數位媒體似乎對維吾爾年輕人承諾了各種形式的中國與伊斯蘭當代性，但其實這同一批自我塑造的工具也被用來圈禁他們的身體與行為。這一章展現在殖民的脈絡下，數位圈禁會將目標人口的社會性轉變成數據，並同時侵占他們的勞動力——生成一批永遠無法翻身，屬於依附性勞工的下層階級。

第二章使用一款對貶低的分析，來檢視分屬於維吾爾與漢族形式的特質與文化資本是如何在國家當局那兒，在科技系統中，也在不同的階級與族裔—種族隔閡之間，獲得不同的評價。此一分析展現了維吾爾的社會再製如何經常性地在中國城市中遭到排斥，因此無法在看似充滿希望的城市中有所出息。這一章顯示了被置於城市中的科技—政治監控系統如何一步步被架構在被視為有中國、國家資本與墾殖殖民主義屬性的特定文化價值周圍。這導致維吾爾移民從城市中被放逐與羈押的過程中，其做為自我塑造主體的生活—敘事出現了大範圍的中止。

第三章秉持前兩章關於數位圈禁與價值貶低的分析，將之套進了一個範圍更大，歷史更久的剝奪過程。這一章顯示了工業化農業與資源擷取在維吾爾原鄉的興起，加上人民反恐戰爭的結構性壓迫，還有新式媒體——電視廣告與社群媒體網絡——所煽動的普世伊斯蘭與西方慾望，是如何共同創造出莫大的環境壓力在維吾爾青年與他們的家庭身上。這一章說明了媒體基礎建設如何一面提供管道供人逃脫各種物質與社會性的剝奪，一面又煽動新式的剝奪，也就是逼迫維吾爾人成為新媒體基礎建設的用戶，讓他們的政治主體性留下紀錄。

本書的第二部分聚焦在對第一部分介紹的各種過程提出反殖民的回應。第四章檢視了反殖民情誼在維吾爾青年之間的崛起。我觀察了一名單身移民阿比利金的各種生活經驗，乃至於他的夢想是如何被強加在他身上的脆弱性給重創。與其僅專注在他從「族裔—種族糾察」中體驗到的創傷，我說明了他的故事可以讓我們以小窺大去了解維吾爾年輕男性移民間的新興友誼倫常。透過把他遭受剝奪的故事分享給他最親近的朋友，也就是維吾爾語中所謂的jan-jiger dost，意思是「如命如肝之摯友」，阿比利金找到了辦法可以繼續在城市的邊緣活著。這些故事與「以城市中的疏離為題」的新興維吾爾虛構小說拉鋸著，我主張維吾爾青年間的緊密友誼網絡培育出一種新崛起的社會再製模式，其回應的正是圈禁、貶低與剝奪的過程。

第五章探究了這股反殖民衝動是如何體現在族裔界線的另一端，為此我們會一起來看在新疆極具影響力的一名漢族墾殖者攝影師——陳業——的生活實踐。這一章我們看到陳業的人生志業牽涉到產出一種在維吾爾移民眼中「幾乎夠好了」的反殖民「少數政治」（Lionnet and Shih 2005）。在他做為「盲流」（Ch: mangliu）跟「老新疆」（Ch: lao Xinjiang），還兼為一名維吾爾「共犯」（egeshküchi）或「親族」（qarandash）的角色上，陳業證明了積極的跨族裔見證可以培育出一支對殖民關係說不的去殖民政治。

最後一章削減，把重點放到了維吾爾移民是如何沒能從恐怖資本主義的殖民計畫中獲得保護。透過聚焦於一個身為釘子戶（Ch: dingzihu）的維吾爾家庭與其生活中動盪的一年，還有一名在一個非正式維吾爾聚落中「被消失」（Uy: yok）的年輕男性，我展示了移民生活經常與革新派的伊斯蘭作法混合在一起。我檢視了他們是如何讓自己做好準備迎接不可避免的命運。不論是家被拆除，還是人「被消失」在再教育營裡，他們倚靠的都是維吾爾文化中一種叫作「行者」（musapir）的傳統。經由上述的分析，我認為他們被迫選擇了當一個法律與自我表現上的隱形人，藉此維持生存意義的穩定。透過檢視行者在維吾爾社會生活中的角色變遷，我思考了維吾爾的遊歷傳統跟伊斯蘭蘇菲派的宗教習俗是如何在連同性友誼跟拒絕政治都無法保護他們不受到削減的時候，變成了革新派伊斯蘭社會組織的源頭與一種脆弱且短暫的生存形式。

這本書的內容，圍繞著新形態科技—政治剝奪與新形態媒體在同步崛起過程中的互為滲透。這些新的形態都是世界性、當代性的東西：全球伊斯蘭、全球新媒體、全球電腦視覺。但同時它們也都在地方性的脈絡下，給予人各自相當獨特的體驗。對維吾爾族而言，這些全球性的新形態都纏繞在原生民族或「耶利克」的知識與習俗中，但也纏繞在中國、西方與伊斯蘭的系統中。它們也同時透過新的種族化與糾察序列，在地方上獲得表達，而這些序列並不單純只是關係上或精神上的負擔；它們的建立是在虛空中，但卻是在物質世界裡被體驗。後續的各章，將顯示出維吾爾族如今的居所，是全球資本主義一道新興的殖民邊疆。

1
圈禁
Enclosure

二〇一七年中，新疆維吾爾自治區一名二十來歲，姑且讓我們稱他阿林姆的維吾爾男性，去到了他的家鄉城市裡的一個賣場，他跟朋友約了要共進午餐。在入口處的檢查哨，阿林姆拿著政府製發的卡式身分證去掃描照片，然後站到一架搭載了人臉辨識軟體的安防攝影機前。一聲警報響起。安全警衛先讓他通過，但不到幾分鐘，在地「便民警務站」（Ch: bianmin jingwuzhan）的駐警湊近他身邊。總數逾七千個的便民警務站是一個快速反應警務站組織，在維吾爾自治區的突厥裔穆斯林區域每兩到三百公尺就設有一個。[1]協警將他羈押起來。[2]

阿林姆的心跳加速。幾週前，他才結束在海外的留學回到中國。而他人才一落地，就被收到全國通緝令的員警拉下飛機逮捕。他被告知他因為去了趟海外，所以已經列名在「不放心」（Ch: bufangxin）人員的可疑名單上。協警與醫療人員隨即對他實施了所謂的「全民體檢」（Ch: quanmin tijian），內容涉及蒐集好幾類生物辨識數據，包括DNA、血型、指紋、聲音簽名、人臉或虹膜掃描——這是新疆所有成年人的必經之路。警方接著將他轉送到了一間看守所（Ch: kanshousuo）。

從二〇一七年以來，多達一百五十萬名突厥裔穆斯林先後進入了遍布中國西北部的數百間看守所，他們的下一站要麼是漫長的監獄刑期，要麼是被拘留在一個持續擴大的再教育營網絡裡。這些巨大的再教育營按中國國營媒體的描述，是「教育轉化培訓」（Ch: jiaoyu zhuanhua peixun）的設施。這些要塞化「智慧」營區的成立宗旨，是要訓練維吾爾人與哈薩克人揚棄他們的伊斯蘭身分，擁抱對中國當局世俗化的忠貞（Zhu 2017）。這些營區禁止人使用突厥語，改以強制手段教授普通話，也就是現今所謂的國語（Ch: guoyu），以前的漢語（Ch: hanyu）（Smith Finley 2019）。這些目標的落實與推動，靠的是科技。不少這類訓練都是透過電視螢幕傳送到牢房或教室裡。收容這些被關押者的牢房會由攝影機跟錄音設備進行監視，目的在防止有人使用維吾爾語或出現任何其他形式的自主行為。不按規定的時間睡覺，擅自從小塑膠凳上起身，無故不出席語言課程，或是說維語等行為，都會遭到牢房牆上的廣播系統以口頭訓誡。若遭關押者有事相求，也只能朝著牆上的對講機跟攝影機表達。

阿林姆算是相對幸運：他僅僅在看守所待了兩週就被放了出來。他後來得知有名親戚介入了他的案子，所以他才沒被進一步送往再教育營。但他直到在賣場被協警逮捕後才知道的一件事是他已經被「一體化聯合作戰平台」（IJOP：Integrated Joint Operations Platform）列入黑名單，那是一個從自治區共計數萬個檢查哨進行資料蒐集的區域數據系統。試圖進入公共場所如醫院、銀行、公園或購物中心，或在他所屬的都會「格線」（Ch: gexian）系統分區中屬於協警轄區的幾十條街區裡穿越檢查哨，都可能觸發異常行為的微線索（Ch: wei xiansuo）。這個系統已經剖繪過他，並預測他是潛在的恐怖分子。協警告訴阿林姆說他要是不想再進看守所，就應該「好好待在家」。雖然他在法律上是自由的，但他的生物辨識特徵與數位歷史都暗地被用來讓他動彈不得。「我又氣又怕，」他跟我說。

阿林姆跟自治區裡其他將近一千五百萬名穆斯林，都面對著一個由圈禁交疊出的系統。這個圈禁系統的前提是各式各樣的貶低，而這些貶低也形塑了該系統的程式語言。該系統調動的數位資訊，取材自人造環境裡無所不在的數位互動與監控。合在一起，這個系統生成了一個「數位圍場」（Andrejevic 2007）去圈禁被少數化的民眾，藉此控制他們在再教育營與監獄系統內外的日常活動。在一定程度上，這種圈禁近似世界各地的監獄式都會主義，也形同一種針對族裔—種族少數進行的流放。中國西北的案例之所以特別，除了規模大以外，還在於針對維吾爾與哈薩克生活空間的數位圈禁，還額外動用了國家力量與民間的紡織業者，為的是把穆斯林控制在工廠裡——藉此生成一種由屬於族裔—種族少數的工人所組成，永久性的下層階級。相對於把人口放逐到邊緣的貧民窟或監牢等人類倉儲空間裡，在中國西北脈絡下的恐怖資本主義會光明正大地把這些人口再教育成工廠工人，然後施行一種強制性的勞動體系。在這個版本的數位圈禁中，國家當局與中國企業要的不只是突厥裔穆斯林的天然資源跟他們身體上的生物辨識數據，他們還要突厥裔穆斯林提供有紀律的身體勞動力。

本章使用一種數位圈禁的概念框架，去思索突厥裔穆斯林社會是如何被一個監控系統包覆起來。這讓我得以去思考新的圍場是如何被生產出來，而這些圍場又是如何去建構出資本主義的累積與國家力量的邊疆。[3] 這種系統始自3G蜂巢式無線通訊網路的建設，主要是這種網路產生了持續擴張的數位覆蓋，賦予了突厥裔穆斯林世界一種不囿於時間與空間的互動能力。如馬克·安德耶維克（Mark Andrejevic）所說，「這樣的網路或可被描述為一種物理性的圈禁，畢竟它們劃定了一個特定的空間，並有能力在所覆蓋的地理邊界範圍內一方面提供功能性，一方面蒐集資訊。」（Andrejevic 2007, 300）但，很重要的一點是，這個系統並不僅限於蜂巢式手機網路中有PING功能，可以確認手機在何處接收到訊息的信號塔。事實上，隨著GPS（全球定位系統）的追蹤能力被內建到智慧型手機裡，加上自動化生物辨識系統開始評估移動的模式，數位圍場已經成為一種多維度的存在。它們變成了一種由重疊的圈禁組成的繁複環境，具有廣泛的空間規模與資訊分析能力。只有有著多重子句的超長句子可以說明該系統是如何包覆且圍困突厥裔穆斯林社會。中國移動的蜂巢式網路與華為的Wi-Fi網路重疊；騰訊微信群組的社群網路可以跟QQ電子郵件的關鍵字評估相互比對；百度地圖定位系統的GPS移動分析，結合了轄區邊界的檢查哨人臉掃描與身分證檢查、中國電子科技集團（China Electronics Technology Group Corporatioin；簡稱中國電科）可實現媒體存取控制地址（MAC）確認的數據門；商湯科技（Sensetime）提供的即時車牌與人臉追蹤攝影機系統，還有依圖科技（Yitu）對從網路各處蒐集到的視訊流量進行的模式分析，共同讓個人的位置可以實時被搜尋（“China's Algorithms” 2019; Byler 2020a）。這些被動發生的互動式監控系統還有額外的補強來自：由協警利用美亞柏科（Meiya Pico）與烽火通信公司（Fiberhome）的外掛自動評估功能，對智慧型手機的軟體使用與瀏覽內容歷史進行了強制性的資料蒐集。在突厥裔穆斯林家中持金屬探測器進行手動掃描，搜尋未經授權的電子裝置，還有參照個人銀行來往史、就醫史、戶籍登記數據所進行的個人傳記式評估。林林總總加起來，以上各種形態的資訊產出的是一種規模與深度都達到空前水準的數位圈禁。

本章將見於「數位圍場」中的「原初積累」概念框定（Marx [1846] 1978; Byrd et al. 2018），導向一款對於殖民—資本主義邊疆建立的分析。[4]在這個過程中，一個原本主要用於理解歐美脈絡下多數制消費主義人口的框架，被轉而用來理解數位圍場在中國的少數化人口中產生的效應。此一分析，讓我們看到了圈地這種資本主義轉換裝置是如何產生出一種「真理政權」（regime of truth，由傅柯提出的概念），然後再用這種政權去改造現有的社會秩序。在後續的內容中，我首先把數位圍場定義成一種持續性的原初積累過程，然後我會介紹數位圍場是如何慢慢地在維吾爾自治區發展出來，再來以民族誌的方式講述數位圍場的實施與效應。最終，我認為數位圍場塑造了突厥裔穆斯林的社會生活環境，讓突厥裔穆斯林暴露在一個不自由的勞動體制下。

圈禁做為一個過程

圈地是資本主義發展史中的核心，因為那標註了人類是如何歷經了轉換，開始強加一種以合約為基礎，規範財產取得與勞動薪資之新式法律體制，藉此從遭到邊緣化且往往是原住民或族裔種族化的人口手中侵占土地與勞動力。在經典的馬克思主義敘述中，勞工被強迫與他們的土地跟自給自足能力拆散，被奪走了「生產資料」（means of production）的過程（Marx [1846] 1978）。這個「原初積累」的過程在馬克思的描述中，是歐美資本主義史上的（入門）門檻瞬間。惟如一眾學者所提及（Robinson 1983; D. Harvey 2005; Fraser and Jaeggi 2018），這種過程必須被視為是一種持續在擴張的邊疆。原初積累並沒有在殖民初始隨歷史瞬間的邊界停下腳步。相對於此，在自由合意的合約範圍之外，土地與勞動力的侵占是資本主義本身一個具有延續性的特色。做為一種體制化的社會秩序，這種侵占持續透過對族裔—種族化他者的剝奪在擴張，為的就是再製這種秩序（D. Harvey 2005; Fraser and Jaeggi 2018）。事實上，雖然歷史上不同的時刻與處境下有著不一而足的表現法，但殖民主義始終是資本主義社會秩序中的一個特點（Coulthard 2014; Byrd et al. 2018）。這意味著被少數化的族群，他們的生活方式，還有他們祖傳的土地，都持續且更加徹底地被圈禁起來，以便服務資源的擷取，跟新的勞動體制（Robinson 1983）。為了把事情做到這個地步，被少數化的民族必須要麼被移除，要麼被癱瘓，由此他們的土地與勞動力才能任人取用與管理。隨著他們的土地被拿去服務天然資源的擷取、工業化農業、不動產的投機炒作，還有其他模式的私有化，這類勞工被迫開始依附於工薪市場。循著這種方式，圈地生成了資本主義累積的邊疆。

有個重點是，圈地只不過是廣義「原初積累」的其中一個範例，而我們對於廣義的原初積累，可以將之理解為對「尚未被用在資本與帝國擴張上現有生命與物質資源」在主張擁有權利，並累積這種權利（Andrejevic 2007; Byrd et al. 2018）。這種侵占的過程可以入侵任何被認定具有潛在生產力的領域。只要一個投機炒作的凝視，就能在其圈起的領域中以形形色色的方式，將人與其從事自治生活的手段拆散。這種凝視所尋求的是透過經濟成長為核心的法律體制、國家權威或不透明的監控與預測系統，將這種「拆散」正常化。資本主義系統一直把一件事情做得很好，那就是其既得受益者始終有能力去把圈地正常化，也在圈地創造出財產、知識跟權利後，把這些東西的分配正常化（Andrejevic 2007, 303）。在中國西北的新興恐怖資本主義經濟裡，圈地行為可以說也呈現著與這種能力並無二致的意索（ethos；社會整體的精神與氣質，或云社會風氣或社會思潮）。為了服務反恐監控經濟而去收割突厥裔穆斯林的社會網絡跟生物辨識，讓國家協警與警察得以控制這群人的社會互動工具、個人資訊，乃至於控制其經濟生產力與社會再製。

恐怖資本主義動員了一種數位圈地的過程去服務「資本主義—殖民」式的侵占行為。數位監控的降臨，拓展了監獄、濟貧院（亦稱濟貧工廠）與一般工廠的邏輯「去包圍休閒、消費與居家等空間，又或者三者一起包圍」（Andrejevic 2007, 301）。對不受待見又無法充分就業的族群而言——在歐洲與北美的脈絡下以黑人與棕色皮膚之人為主——數位圈地導致的是一種將「被貼上異常者標籤的身體」數位化，並對其進行處罰的過程（Fassin 2013; Roy 2019; Jefferson 2020）。這個被阿南雅・羅伊（Ananya Roy 2019）形容為「種族放逐」的過程，會同時在被認為有價值、有經濟生產力且其生命值得國家保護的族群中生成一種「占有性投資」（possessive investment）（Lipsitz 1998, quoted in Roy 2019, 228）。羅伊接續寫道：「被放逐為流亡者，就是一種剝奪，而這樣的剝奪又會反過來確保主權式的侵占。（2019, 228）」內建於資本主義—殖民邊疆建立中的族裔—種族優越性系統，正是仰賴法律的保護來確保受保護族群能繼續占有，也確保被貶低的族群能繼續被侵占。這些形式的特權與放逐會生成殖民性的剝奪，而剝奪又會進一步為侵占與資本的積累打開方便之門。

在中國恐怖資本主義的脈絡下，屬於數位侵占的「二次圈地」運動——詹姆斯・波以耳（James Boyle）將之定義為「在無形心靈公有地上進行的圈地」（2003, 37）——會生成對少數化「壞穆斯林」人口進行的一種系統性擷取，目標是他們的社會數據，畢竟這些壞穆斯林已經被視為市民權保護上的化外之民。國家資本被用來動員一支協警大軍來擔任低階數據技師，負責替私人企業完成數據收割的任務。到這裡為止，圈地模型都還與世界各地——羅伊（2019）與傑弗森（2020）——「監獄式都會主義／族裔—種族少數被放逐」的模型大同小異。中國西北的案例之所以與眾不同，是在於圈地產生出了穆斯林人口的一種不自由無產階級化，並同時完成了一種新社會秩序的體制化。

數位圈地拉高了生命政治安防的目標，畢竟生命政治安防的核心就是要確保貨物、服務與生物辨識數據的流通，並擋下會破壞這種流通的物體、身體與數據，讓它們無法移動。以十七世紀一個法國城鎮為例，傅柯（2007）主張生命政治安防是嘗試在市場經濟中增加「好」東西的流通，並減少「壞」東西的流通，而後者就包括疾病、犯罪與無法同化的身體。這種科技的塑造力量被用來管制人口，希望能壓低恐懼的比率，提高經濟成長率，並讓受保護的人口被賦予更強大的實力。從控制國家機器者的角度觀之，安防是種具有正面意涵的計畫，其強調的是對必要生命過程的保護，而不是一種具有負面意涵的流程在排斥客體，在侵占被視為沒有資格享受民權者的勞動力。

在中國的脈絡下，龍頭級的科技公司接獲了國家資本的授權去控制社會環境，並同時在特定的科技與經濟發展領域獲致了全球性的優勢。但最重要的是，他們的任務是要建立一個無盲點的社會管理監控系統。他們要從能夠將世上的霧霾視覺化出發，變得能夠「雪亮」（Ch: xueliang）地看見社群世界，使社群世界變得「清朗」（Ch: qinglang）。說白了，他們要強化自身能力，讓自己更加能認出社群世界中的各種模式，為此他們會設法提升影像的傳真度與系統的深度學習能力（Yi Ou Intelligence 2017）。一如布萊恩・拉金（Brian Larkin）對相關系統的框定（2008），無法辨識的噪音必須成為被解碼的訊號。國家資本的授權、產品的快速原型化與科技—政治系統的發展，再加上一個臣屬的穆斯林族群，這些元素共同在中國生成了恐怖資本主義，來遂行對少數化穆斯林的侵占，而民間科技產業的轉換裝置就是其侵占的手段。

維吾爾的數位世界

維吾爾的數位世界體驗起來，並非一直都是個被圈禁的空間。二〇一一年我剛開始從事田野工作時，新疆地區才剛搭建起3G網路，社群媒體剛開始在都會區慢慢出現用戶。等我在二〇一四重返新疆進行第二年的研究時，成年人已經幾乎是人手一支智慧型手機。觀察維吾爾語app下載數量相關的數據，維吾爾族的一千兩百萬人口中有大約四成五的智慧型手機使用者（Byler 2016）。鄉村有許多人開始使用微信來分享錄製的語音訊息與視訊，以做為其日常與親友溝通的工具。他們還使用手機來買賣東西、閱讀世界時事，並與全國乃至於全球的維吾爾人建立起聯繫網絡。

社群媒體讓年輕的維吾爾移民得以在既緊密但又分散的社群網絡中發展出複雜的都會人格，也得以開始透過各種形式的大規模流通來影響周邊的世界。「我很喜歡微信，」一名叫馬赫穆德的維吾爾年輕人跟我這麼說，「你可以看到其他人的『朋友圈』（其生活中的片刻或瞬間），也可以群聊。你可以發視頻，或是跟在任何地方的任何人視訊聊天，只要是他們也在網上就行。」馬赫穆德被剝奪的故事會在本書的第三章登場，而此時我想說的是他開始花高達兩百元人民幣（三十美元）的月費在他的LG智慧型手機數據上網方案上——

這錢遠高於他吃穿的花費。一如許多維吾爾年輕人，他慢慢把微信視為了他身在維吾爾世界中，社交人設中不可或缺的一環。微信做為一種環境還創造了兩種可能性，一個是媒體瘋傳，一個是對觀看者的影響力。維吾爾的製片人如今想分享短片跟音樂錄影帶給數十萬人，只是一瞬間的事情。像卡辛姆．阿布杜勒欣姆（Kasim Abdurehim）這樣的維吾爾英語教師與像阿布拉揚（Ablajan）的流行明星，乃至於其他未受國家贊助而被貼上令人「不放心」之標籤的文化人，都可以一夕之間把追隨者發展成數百萬之眾。

從國家的角度出發最讓人如坐針氈的，是未經核准的維吾爾宗教導師從中國跟土耳其的根據地發展出深刻的影響力。伊斯蘭的信仰與維吾爾的語言向來在國家當局與部分漢族墾殖者的眼裡，是「落後」文明跟抗拒中國文化規範的來源，這點自現代中國殖民維吾爾自治區的十九跟二十世紀以來，就不曾改變過（Schluessel 2020）。確實，扎根於土地的傳統、伊斯蘭信仰，還有現代主義的突厥裔認同，共同奠定了獨立之東突厥斯坦共和國的基礎，而且這個東突厥共和國不但早於中華人民共和國的創立，也早於隨後幾十年的墾殖者殖民（Thum 2014; Brophy 2016）。東突厥共和國的這三項元素，結合根深蒂固對維吾爾文明之人造環境的依戀——合院、清真寺社區，與蘇菲派祠堂——創造出了各種知識體系，而這些知識體系又衍生出與一九四九年之後一波波到來的漢族涇渭分明、維吾爾族式的特色與差異。他們原本一直是穆斯林，但由於中國當局限縮了他們接觸伊斯蘭知識與其他穆斯林社群的管道，因此許多維吾爾年輕人已經少有機會能主動探索自身歷史與知識系統的這一部分。脫離國家控制的伊斯蘭學校幾乎不存在，未經國家認可的合法「伊瑪目」（伊斯蘭師尊）也少之又少。十八歲以下的孩子依規定不得進入清真寺。甚至連傳唱維吾爾起源故事的「達斯坦」（dastan，口述史詩）也日益受到國家管制（A. Anderson and Byler 2019）。

社群媒體開啟了虛擬的公共—私人空間來供人探索「具體表現出原生民族與穆斯林的當代性」是什麼意思（Harris and Isa 2019），也證實了他們身分的初始源頭一直是他們的信仰，是他們對於原生民族／耶利克（Uy: yerlik）生活方式的主張，其中native（原生性），算是英文裡最接近yerlik這個維吾爾常用自稱的翻譯。社群媒體給了維吾爾族一個以經濟學與非經濟學方式發展自身社會性的辦法。看似僅在一夜之間，在微信上，在其他網路論壇上，或是在市場與店鋪中促銷他們的商品，就成了城市移民的標配。二〇一四年走在街道的集市上，我常能看見用模板手工印出的招牌在打著蜂蜜、烹飪用油、米、麥等商品的廣告，上頭都能看到耶利克的字樣。透過耶利克一詞來宣示產品為「土產」，他們意圖傳達幾樣事情。第一，他們傳達了一種童叟無欺的特性，亦即產品確實是手工製成，而且遵循了手藝人代代相傳的傳統。其二，他們宣告了自己屬於並在打造一個特定原生社群與神聖地景的未來。譬如耶利克的藥品，就常常連結到和田地區（舊稱和闐）的特定產地，是與巴基斯坦接壤的知名藥鄉。維吾爾的原鄉非常廣大，覆蓋面積相當於加州、亞利桑那州、新墨西哥州、猶他州與內華達州的總和，所以各種原生認同之間也有多種區別。第三，耶利克貨品也是在想像廣大維吾爾社群與全球穆斯林社群中插旗占位的一種手段。商品冠上耶利克字樣就等於是一種「清真」（受真主許可之意）認證，因此能帶來一個額外的好處是能強化當代維吾爾民族性中的經濟表現與社會再製。

在與外在世界，也與百花齊放之網路文化的接觸中，數以百萬計的維吾爾人感覺受到召喚，由此他們想要以新的方式去思考他們伊斯蘭的虔誠信仰、原生傳統的未來，但也同時學習到自助的策略、創業的精神，以及新的音樂風格。他們開始想像逃脫壓迫性的糾察與經濟體系，想像不再被這體系以各種手段限制自己的基本自由，主要是這個體系會禁止他們公開討論與履行伊斯蘭跟維吾爾的傳統，限制他們取得護照，還會公開倡導系統性的就業歧視跟強徵他們的土地。社群媒體讓他們意識到他們也是全球伊斯蘭世界與廣大突厥社群的一員。做為染有蘇菲派色彩的遜尼派伊斯蘭信奉者，兼突厥語系其中一支維吾爾語的母語者，維吾爾人開始意識到自己在現代性上有別的選擇，在許多五臟俱全且有著豐富文化與審美史的突厥跟伊斯蘭社會裡，他們都被視為資格完備的成員。這些額外的當代性可以跟以「中國糾察與經濟系統物化後強加在他們身上的漢族文化價值形式」為中心的現代性形成對比。與其永無止盡地被視為漢族文化素養不足，長得也不像漢族之人，這些其他的價值系統讓他們得以被視為具有普世性與當代性的存在。他們可以擁抱穆斯林世界裡的清真標準，可以穿上來自伊斯坦堡（Istanbul）的最新時尚，可以與中國社會保持距離。屬於舶來品且來自土耳其跟杜拜的食物、電影、音樂與服飾，成為差異的標誌。女性開始戴上面紗。男性開始一天祈禱五回。他們戒酒戒菸。有人開始視音樂、舞蹈與國營電視台為避之惟恐不及的不良影響。

在二〇一五年的田野工作中，我遇到的漢族官員稱這種宗教虔信與族裔尊嚴的崛起為維吾爾族群的「塔利班化」。這些官員連同漢族的墾殖者，愈來愈覺得前往自治區中的維吾爾占多數的區域，或遇到虔信的突厥裔穆斯林是不安全的事情。他們舉出了第一件據稱是由維吾爾人主導，二〇一四年十月被通報發生在維吾爾自治區外的政治暴力行動為例，當時有一家三口的維吾爾族開著卡車，在北京天安門廣場上衝進人群，造成含他們全家跟兩名民眾在內的五人死亡，外加四十二傷。他們在這之後又用很露骨的語言，描述了一件發生在昆明火車站駭人聽聞的持刀攻擊事件，當時有一群維吾爾青年殺死了三十一個平民，並造成逾一百四十人傷。再者，二〇一四年四月的烏魯木齊自殺爆炸案造成三名犯案者死亡跟七十九名平民受傷。另外一起攻擊事件發生在一個月後，這次是有兩名維吾爾人駕著裝有土製爆裂物的運動休旅車，造成平民四十三死與逾九十傷的慘劇。這些官員們羅列出這些事件，還有維族跟警方或漢族平民間其他的地方性抗議跟衝突，為的是凸顯整個維吾爾族群都受到了恐怖主義意識形態的左右，而這些意識形態又被他們連結到宗教虔信與族裔尊嚴上。

數位圍場的興起

事實上，圈地行動的開端，還有其逼出的宗教虔信轉向，最早可以回推到二〇〇九年。那年夏天，維吾爾的大學生與高中生走上了烏魯木齊的街頭，訴求身為維吾爾裔中國人該有的公平正義。主要是在暴民煽動下，兩名維吾爾移工被動了私刑，另外還有六十名被送到華南工廠的維族工人負傷。引發私刑的所謂性騷擾案件之所以升溫得這麼快，至今成謎。或許是維族勞工在工廠就職可以領到補貼之事讓漢族移工們感覺矮一截。或許在漢人這次訴諸暴力之前已經有其他涉及種族衝突的事件在鋪墊。按照據稱受到騷擾而觸發暴力事件的「漢族女孩」黃翠蓮所說，「我迷了路，進錯了宿舍，然後一看到房間裡的維吾爾年輕人就尖叫起來……我只是覺得他們好像不太友善，所以我轉身就跑。」[5]她接著回想起其中一名維族年輕人是如何站起身來跺了腳，作勢要追她。「我後來意識到他只是想捉弄我一下。」

做為事件的回應，維吾爾高中與大學生以都會區的網咖為基地，使用臉書、人人網（renren.com，中國的大型社交網站）跟維吾爾語的博客（部落格）網站組織抗議，為的是替在華南被漢族同事私刑致死的維吾爾移工討個公道。暴民行兇的影片能看到群眾在訕笑聲中慫恿漢族工人殺死維族同事。為了要求國家針對這類私刑提供保護，維吾爾人一邊遊街一邊揮舞著中國國旗，訴求政府回應他們維吾爾同志的死。抗議者遭到了武裝警察的暴力壓制。數千名維族人也不甘示弱地翻倒了公交車，毆打路過的漢人。事情告一段落後，據報死亡的人數超過一百九十名，當中超過三分之二是漢人。在後續的幾週中，數百名也許數千名維族青年遭到警方「消失」（"Enforced Disappearances" 2019）。做為對事件的回應，維吾爾自治區被斷網了九個月以上。

時間久了，國家當局意識到維吾爾社群媒體的興起，固然是其組織社會生活的一把利器，但這些媒體也同樣可以為國家所用來當成控制的工具。於是在網路於二〇一〇年恢復後不久——但臉書、推特等境外社群媒體應用都已經消失無蹤——國家安全機關、研究機構與民間產業，聯手啟動了一系列計畫要打破維吾爾族的網路自治。網路體制一個最棘手的面向，從國家當局或從他們所資助的科技業者角度觀之，在於中國新app微信的音訊與影像分享功能。由於微信能做到口說錄音，還能做到讓訊息中的影像快速上傳並流通在社群網路間，因此直到二〇一四年之前，維吾爾人都把這種視覺社群空間當成一種半自治的公共領域，在當中討論伊斯蘭與政治話題——而這也讓國家當局憂心忡忡。

做為對這種憂慮的回應，國家當局授權了一個反恐計畫，該計畫授予眾多私人公司一種嶄新的空間，讓他們在當中除了遂行預測性糾察工具的快速原型化，還可以針對各種生物辨識監控系統進行實驗。比方說，人工智慧大廠科大訊飛（iFLYTEK）就開發出了能抄錄並翻譯維吾爾語音訊為中文的自動化工具，然後這些譯文就能被拿去分析有無「準犯罪性」或犯罪內容（Li and Cadell 2018）。電腦視覺分析業者商湯科技與其子公司深網視界科技

（SenseNet）以合資的方式，用人臉監控科技追蹤維吾爾自治區超過兩百五十萬居民的行蹤與一舉一動（Cimpanau 2018）。做為其對手的電腦視覺業者曠視科技（Megvii）發展出了支援監控視訊分析的工具「鳥瞰」（"Niaokan" 2017），至於另一家電腦視覺公司依圖科技則用一個叫「蜻蜓眼」的方案，搭配超過十五億張臉的數據集自動化偵測維族的臉孔。[6]此外還有一家人工智慧國家隊海康威視數字技術（HikVision）公司，做為國企軍火供應商中國電科的市場導向子公司，獲得了「公私部門夥伴關係」（PPP，民間參與公共建設）價值近三億美元的合約來開發「平安城市」系統，為的是以「零空白」的方式監控從清真寺到再教育營內部（Rollet 2018），維族占多數的區域。

依上述業者的領導人表示[7]在後九一一的世界中，用監控科技去對被認為有危險性的族群進行自動化的巡察，並不是中國科技業者獨有的作法。但由於從國家資本那兒收了錢，並隨著資金到位獲得了授權，新疆的各企業手握極大的空間可以實驗這些新科技而不用擔心法律上或來自民間的阻力。中國的反恐與網路資安法條規定，中國社群媒體與科技企業有義務提供治安機關完整的權限取用用戶數據，還有義務在內部設立共產黨委員會來監督公司。如萊恩等人（2019）所揭示，科技公司設有黨委的比例是中國私部門中最高。再者，中國經濟習於將公共服務以契約委外給私人公司，而這就產生了一種狀況是在科技業的市場結構中，大部分的獲利與企業成長都並不如祖博夫描述，亦即現行西方脈絡下來自於消費性產品與服務（2019），而是由國家推動來確保社會群體生產力的科技—政治項目。雖說許多歐洲與北美的科技業者也有他們來自於二戰後軍工複合體的起源，但時空換到後冷戰的脈絡下，大部分歐美科技業現都已私有化，且事實上在某些方面已經脫離了國家的全盤掌控（Masco 2014; Jefferson 2020）。這比較不是我們在中國看到的狀況。在中國，由國家管理的科技公司正益發被拿去服務國家權力。二〇一六年，中國有大約五百二十億美元的安防科技市場是圍繞著國家管理的項目建起，相比（非國家的）安防產品與警報系統的市場規模則分別只有三百二十億美元與六十八億美元（Yi Ou Intelligence 2017）。如學者馬丁・貝拉賈（Martin Beraja）、楊宇凡（David Y. Yang）與諾姆・余契特曼（Noam Yuchtman）在一項以私人科技應用於中國公共治安為題的大型研究中所示（2020），國家資本對於數據密集科技之投資是這些私人電腦視覺公司能成功之關鍵。這三名學者揭示了中國的公共治安系統，特別是在新疆的那些，創造出的數據量要遠大於封閉環境或民間環境中的類似系統。這就是為什麼其人工智慧國家隊可以在人臉辨識科技的發展上超前歐洲與北美的同業。在他們的研究中，貝拉賈、楊宇凡還有余契特曼（2000）證明了一種因果效應的存在，亦即政府提供的數據能夠帶動商用新軟體的生產，而商用新軟體的生產又可以帶動這種市場結構的經濟效應。最終，他們揭示了中國科技產業是由用於監控項目的國家資本所形塑。

實際上，烏魯木齊與維吾爾原鄉的其他地方，都已經成為了中國科技—安防產業與其所支持的威權治國之道的一個實驗空間。在二〇一六年與二〇一七年，中國針對新疆注入了估計達七十二億美元的投資到資訊安全產業裡，來做為成長了九成多的公共安全支出之一部分。[8]那些年間，中國國家當局授予了估計達六百五十億美元的資金給民間合約來興建基礎建設，外加一千六百億美元給在新疆自治區的各政府實體——總體增幅將近五成。這些營建支出的增幅有大部分集中在羈押設施與相關系統上。[9]如中國重要科技期刊《雷鋒》在一篇二〇一七年的報告中表示，「新疆目前的安防產業從市場商機的角度去看，可以說完全卡對了位子。」[10]又如一名新疆維安系統業者立昂技術的發言人所言，世界上有六成以穆斯林為主體的國家是中國招牌國際開發計畫「一帶一路」的參與者，因此他們開發的新疆人口控制科技有著「無窮的市場潛力」。[11]人民反恐戰爭提供了一個機會去實驗與開發電腦輔助維安與電腦視覺暨聲音辨識等技術。

做為這個科技—政治與經濟發展過程的一環，中國當局引入了廣義的反恐法律，將幾近所有的維吾爾犯罪——從偷了漢族鄰人的羊到抗議土地強徵——都變成某種形式的恐怖主義，並把宗教暴力跟被新法稱為「極端主義」的宗教虔信混為一談（Bovingdon 2010; Roberts 2020）。隨著這些法律的實施，原本只有寥寥少數私人公司的新疆安防行業，如雨後春筍般長成有破千家業者的大市場，從基層維吾爾保全到漢族監視器與電信技師，編碼人員、系統設計師與情資工作者的雇員也膨脹到幾十萬人。[12]直接參考美國在伊拉克戰爭中所受的教訓，並以矽谷公司在美國「反暴力集端主義」(Countering Violent Extremism) 計畫中監控穆斯林人口所扮演的角色為師，中國在維吾爾自治區的地方當局開始把他們的維安職責外包給民間跟國有科技公司，以便強化他們的監控能量（Byler 2020a）。比方說阿里巴巴跟科大訊飛這兩家中國科技業中的佼佼者，就挑起了新的角色來抗衡突厥裔穆斯林暴力的威脅，為此他們採行的手段包括去評估電話、交通、購物、約會、電郵、聊天紀錄、視頻、語言跟聲紋監測（Xinhua 2014）。維吾爾自治區獨占中國鰲頭的一個紀錄是私人科技公司獲得的監控與分析工具開發合約筆數。這些工具屬於平安城市計畫的一環，而平安計畫又是突厥裔穆斯林再教育系統的一股助力（Essence Securities 2017）。隨著這些基礎建設被設計出來並獲得實施，從蓄鬍到以面紗蒙臉等各種讓人聯想到伊斯蘭教的行為，再到在網路上的種種活動，一樣樣都成了指向潛伏叛亂傾向的證據。一種種族—族裔化的伊斯蘭恐懼症透過數位圈禁，得到了體制化。

在上述政經系統的動能日增之際，有件事情宛若讓人瞥見未來的序曲，那就是國家當局與科技公司合作推出了一個通行證系統，藉此迫使數十萬出身鄉村的維吾爾城市移民返回老家的鄉下。這種族裔—種族流放的數位化跟實例化（Roy 2019），或稱「都會清洗」（urban cleansing）（Appadurai 2000），使用了一種卡片系統，名為「便民卡」（Ch: bianminka）。這種新制規定維吾爾移民要向地方警力申請所謂的「綠卡」，然後員警只要掃瞄卡片上的二維條碼（QR code），就可以在臨檢時調出持卡人的個資。根據我對移民跟警察進行的報導人訪談，當時居住在烏魯木齊的三十萬維吾爾人只有十分之一有辦法取得便民卡。而拿不出便民卡，他們就過不了老家縣境內的檢查哨。若依某政府官員出具於二〇一三年的報告所言，新疆有總數約達四十一萬兩千名內部穆斯林移民，需要經由強制性的法律教育訓練（Wu 2013）

來加以「轉變」（Ch: zhuanbian）。[13]維吾爾鄉間成為許多人口中的「露天」監獄。做為「轉變」手段的一個面向，國家當局從返鄉移民跟原本就沒離開的人口中羈押了數以千計信仰最虔誠的維吾爾族，把他們送進了新成立的再教育營。他們還派遣了數十萬警力與官員去監視被羈押者的家人，並定期進行居家檢查來尋找宗教狂熱的跡象（Byler 2018b）。

二〇一七年，國家當局與科技公司強化了他們的這種戰略。相較於只進一步貫徹安防、流放與選擇性羈押等作法——也就是所謂的「嚴打」（Ch: yanda）政策——一名新任的新疆自治區黨委書記陳全國將「再教育」（Ch: zai jiaoyu）維吾爾族心靈的作法加以主流化。如同中國的維安理論文件所示（Byler 2019），這種手法部分參考了美軍將領大衛・斐卓斯（Petraeus, Amos, and McClure 2009）* 形容要在毀滅一個社會後「贏得民心」的版本。要達成這種轉變，其作法包括把人口中令人「不放心」的部分羈押起來，用中國的政治意識形態加以訓練，並同步且強制指派剩餘的人口去從事低薪的工廠工作。在一種也被使用於中國其他地方的族裔—種族化／殖民式「壓迫式協助」中（Pan 2020），這些「去極端化」（Ch: qu jiduanhua）的作法與「扶貧」（Ch: fupin）項目所嘗試達成的，是要圈禁維吾爾的人口，消除其社會生活中不受官方待見的宗教與文化元素。在此同時，中國當局的系統引入了各種形式的依附性，手段包括逼迫維吾爾族在簽署工作合約跟面對營區拘留之間二選一。在斐卓

* David Petraeus，歷任美國陸軍四星上將與中央情報局局長，曾在二〇一〇年七月到二〇一一年七月擔任美軍駐阿富汗的總指揮官。

斯飽受批評的野戰手冊中，反叛亂被框定成一種以政治變革，或政權更迭為主軸的任務，伴隨於其中的會是全光譜的情蒐與系統性的羈押，乃至於偶爾的暗殺。對陳全國而言，斐卓斯式方案的推行難度因為一件事實而大大降低，那就是在設定的叛亂者，也就是維吾爾族之中，並不存在具有顯著統計意義的武裝叛亂力量，而他手中卻有常備的幾百萬漢族墾殖者與維族人可以供國家與國家的企業代理人動員來擔任情報員與再教育者。

有個重點是在中國國家當局與維安理論家的想像中，反叛亂工作可以在這樣的脈絡下被帶得更遠（Brophy 2019; Byler 2019）。這種反叛亂工作可以生成不光是政治忠誠上的改變，更能達成維吾爾社會性本身一種認知的轉變。國家當局與其協警持續把維吾爾族稱為「分離分子、極端分子、恐怖分子」，並要求國家雇員與社區成員就他們遇上的維族人提供「敵人情報」（Ch: diren qingbao）。惟不同於美國的反恐戰爭，中國的這些敵人沒有武器，也沒有正式組織，甚至沒有多少國際社會支持。整體而言，維族人之所以是敵人，只是因為他們懷有無法同化的差異——他們對伊斯蘭教的忠誠、對屬地突厥認同的依戀、面相上的他者特性——乃至於這些差異所激發的恐懼。

在新疆，官員使用公衛的話術去嘗試遂行他們的「轉變」目的。地方當局開始把分離主義、極端主義與恐怖主義描述為三種互有關係而需要治療的意識形態疾病（Roberts 2018）。為了偵測疾病的擴散，將癌細胞切除，官員說他們需要外科手術般的精準性（Grose 2019）。由於突厥伊斯蘭信仰的病毒擴散是如此地根深蒂固，官員們意識到他們需要一個專用的數位圍場系統去偵測伊斯蘭信仰與政治認同在維吾爾族之間的成長，也去診斷出所需的療法強度，看是要監禁，還是送再教育營。相較於只是監視跟預防潛在的恐怖主義活動，國家當局嘗試轉變維吾爾人本身，為此他們會通過一種再訓練與再教育的過程去切除政府雇員口中那些「腫瘤」，也就是維族身上那些令人「不放心」（Ch: bu fangxin）的元素。[14]

在官方朝著「轉變」在轉向的同時，中國在人工智慧輔助的電腦視覺系統上也浮現了科技上的突破。靠著國家支持的研究，中國新創美亞柏科開始行銷能夠偵測嵌於影像中的維吾爾語文字跟伊斯蘭標誌，給地方與自治區政府方便的程式與設備產品。此外他們還開發出了可以自動謄寫並翻譯維吾爾語言訊息的程式。其他公司——像是大華科技、海康威視、依圖科技、商湯科技與雲從科技——也都對想依據生理表型來自動辨認維吾爾臉孔的政府跟安防公司打起廣告，推銷自家的軟體程式跟硬體設備。推出於二〇一七年的人工智慧輔助科技瞄準著雙重目標。一個目標是要強化數位圈禁系統，另一則是要釋放維安勞動力去從事其他任務：轉變的工作。據立昂技術的一名發言人表示，這類人工智慧系統可以「在幾秒鐘內」自動標示出如身著非法伊斯蘭服飾的可疑行為，也可以標出被列在特別監控觀察清單上的個人。[15]這些系統讓人可以搜尋維吾爾人的網路紀錄，從中尋找被標示出的資料，像是「阿拉」這個詞，或是有人在禱告的圖像，或是收件者在國外有家人的訊息。他們會將這種個人行為數據去與銀行與學校記錄、工作史、病歷還有家庭計畫史進行比對，然後尋找異常行為的指標，包括生育數過多，或是進出自家都走後門（"China's

Algorithms” 2019）。去尋找不尋常的用電模式，或是看誰在駕駛登記於他人名下的車輛。此種平台的「主食」是個人行為，是個別生命的資料庫，而被吞下的行為與生命會被平台消化成生物辨識數據與數位代碼，以便系統進一步習得維吾爾生活的模式與變化，由此進化為更加堅實可靠，可以作用在整群人口社會生活上的泛用安防系統。

協警做為「數據管理員」

如民族誌學者莉莉・伊拉尼（Lilly Irani 2015, 2019）所言，世界各地但凡屬於尖端科技的系統，其訓練幾乎都是出自低薪的技師之手。在歐洲與北美的脈絡下，多數這類工作都是由像亞馬遜之群眾外包網「土耳其機器人」（Mechanical Turk）這類的平台所完成。許多這些伊拉尼所稱的「數據管理員」，其肩負的任務都是訓練人工智慧的演算法去辨認與數位化有形的物體、行為與人物。往往這些數據管理員都是受迫於階級、種族、性別貶低，還有公民地位，才會做起這類工作（Amrute 2016）。一旦進入這一行，往往就很難選擇退出或要求提升工作條件。如同在西方脈絡下研究維安與監獄的人類學家所示（Rhodes 2004; Fassin 2013），低階的監獄與維安工作也大抵就是這樣的情形。執行國家暴力的那些人，往往都出身族裔—種族的少數民族跟中低階級的社會地位。他們事實上是被安排去服務常丹・雷迪（2011）所述的「主體化」或「主體製造」等作法，在族裔—種族上帶有異質性的工作者會在與自身利益脫離認同的過程中，被動員去建立資本累積跟國家權力的新邊疆。在中國西北，突厥裔穆斯林的年輕男性做為在再教育計畫前最弱勢的族群，在經濟與維安的雙重壓力下被逼著去「自願」跟監控系統雇主簽約，而這些雇主所實施的整體圈禁系統，就是作用在這些年輕人自己的社會身上。

這些不同平台的整合工作，是由躋身《財富》雜誌世界五百強的國有企業中國電科集團所擔綱，負責從旁支援的則是領頭的許多中國科技業者。建立數據集跟設定其參數的工作，需要大量的勞動力投入跟技術訓練（"China's Algorithms" 2019）。為此受雇的協警與其他國家雇員有將近九萬人（Greitens et al. 2019）。最基層的協警（Ch: xiejing），也就是主要從穆斯林少數族群本身募集的那群約聘人員，會負責執行臨檢，而臨檢工作的主要內容是主動剖繪路人、攔下符合條件的突厥裔年輕人，然後要求他們出示國家製發的身分證明，打開手機接受間諜程式與外部掃描裝置的自動化檢查（Byler 2020b）。協警還會負責在固定的檢查哨監看人臉掃描器與金屬探測器。突厥裔穆斯林若曾登記過ＳＩＭ卡，便須按規定攜帶智慧型手機出門。遇到檢查哨，他們的手機會被比對出電信公司那邊的身分，讓系統能每日數次以即時的方式硬性重置個體在真實空間中的移動。這所有的活動都確保了維吾爾族會持續數據集的建立，好讓針對極端主義的評估演算法能愈來愈精準。

有個執行這類臨檢的協警是哈薩克族的年輕人，名叫拜姆拉特。他是頭幾批在自治區各地召募到的協警之一。他在一次訪談中說因著大學畢業的身分，他「被認為非常合格」。

而這也讓他被授予了協警中最高的薪級，具體大約是六千元人民幣一個月（約一千美元），遠高於大約一千八百元人民幣的基本薪資。跟他一夥兒的其他人，因為教育背景差些，就職的資格也差些，所以大概領兩千五百元人民幣上下。對過往一直高不成低不就的拜姆拉特而言，他不覺得自己有條件拒絕這份工作。這份工作讓他不僅有錢養家活口，還讓他面對再教育營能夠保護家人。「我們領到了制服，」他說。「然後展開了各式各樣的訓練。過程非常嚴格，嚴格到像我們要去打仗似的。」他說大概就在這段時間前後，地方政府開始建起「便民警務站」這種讓本章框架故事的主角阿林姆遭到盤查的監控中心。接著，雇用他們的縣級官員將協警分派到縣內共計九十二處警務站。他說：

> 站內有一個個螢幕。我們面對那些螢幕坐著，你可以看到攝影機對著的地方。我們必須時時刻刻坐在螢幕前監視。要是漏看了警示或沒有一直盯著螢幕，我們可是會被罵的。但即便如此我們還是覺得能坐在那兒就好的工作是份好工作。

時間久了，他們做的這種監控勞動開始有所變動。首先，協警會根據他們的中文能力與其他忠誠度的證明，乃至於對再教育系統中極端主義參數的知識多寡分類。拜姆拉特說：

> 他們會讓我們做其他的練習，包括背誦關於參與營地系統的規則。我們必須背誦

與法律相關的事項。站內的牆上會有習近平說過的話。我們必須將之牢記在心。我們沒把習近平的金句記好，就不准外出巡邏。

這裡頭有個要注意的重點是雖然他們看上去是民間的受雇保全，但像拜姆拉特這樣的數據管理員有義務要把習近平跟國家的用語背得滾瓜爛熟、張口就來，這樣才能貫徹他們身為警方技術人員的職責。有趣的是當被問起拜姆拉特在系統中所扮演的角色，一名國家的發言人形容拜姆拉特是某家購物中心雇用的保全，而不是什麼國家的警察。[16]這種在公私定位之間轉換的彈性，會讓人想起洛菲爾與柳迫（2018）描述過的一種投機作法是「國家常被清楚標註在乍看是民間產業的名稱上」。拜姆拉特的約聘身分意味著他的公權力可以隨時被收回。惟在此同時，他又沒有想離職就離職的自由。「要是我們累了想辭職，他們會說你累了可以休息，休息完你得再回來當差。敢辭職，你也會淪落到『再教育營』。」我另行訪問過一名穆斯林少數民族協警，也訪問過其他我在二〇一八年訪談過之自治區協警的親戚，他們都證實了中國官方有這樣的政策。

大約在二〇一七年中，協警們開始主動用評估工具掃瞄藏身於穆斯林智慧型手機裡的各個檔案，然後再根據掃瞄的結果微調系統的程式設定。拜姆拉特接續說道：

我在那兒工作了六個月。然後他們發放了裝置，讓我們去檢查行人與汽車駕駛。

拿著裝置去掃瞄他們的身分證（與手機），相關資訊就會告訴我們這人有沒有戴過面紗，有沒有安裝過微信，去沒去過哈薩克，諸如此類的種種事情。在街上我們想攔哪部車，想檢查哪輛車，都看我們高興。攔下車子之後我們會讓裡頭的人出示他們的手機與身分證。要是有我前述的可疑之處，我們就需要通報（上級領導）。

以漢族為主的中高階官員與「老兄弟姊妹志願者」會被委以重任，去對穆斯林整體進行質性評估。將較複雜的訪談基礎調查數據提供給整合平台的深度學習系統（Byler 2018b）。鄰里的員警、協警與「相關」助理會評估穆斯林少數民族的成員，判斷他們應該被給予「放心」、「普通」或「不放心」的評比（Smith Finley 2019）。他們做此判定，靠的是用十種起跳的分項將人分門別類：這人是不是當兵的年紀，他們是不是維族人，是否為失業中，是否有祈禱的習慣，是否持有未經授權的宗教知識，是否持有護照，是否曾出境前往二十六個穆斯林主體國家，是否曾經護照過期，是否有近親住在國外，或是否在家中把伊斯蘭的信仰傳授給下一代。被判定讓人「不放心」的個體會逕行被送入看守所接受訊問，被要求承認違反屬於預警犯罪的行為規定，像是把伊斯蘭教義教給孩子或教導其他維族人怎麼祈禱或讀古蘭經。此外他們還會被要求把其他「不放心」的人給供出來。靠著這種手法，再加上由科技促成的網路違規偵測，科技—政治系統的參數便得以判定哪些個體應該被放進「透過教育去促成轉變」的拘留營。

這些評估是一種會不斷更新的迭代過程。許多穆斯林在通過初次評估後仍遭到羈押，是因為後來有人在被羈押後點名他們讓人「不放心」，或是因為自動化的系統或協警偵測到他們有偏差行為的微線索出現。政府機關信手拈來的長年微信使用紀錄，被當成了證據去證明維吾爾嫌犯有被轉變的需要。逾百萬的漢族與維族「志願者」在降職與迫害的威脅下，被逼著去選取了鄉間的維吾爾與哈薩克家庭，以不速之客的身分在這些人家中實施一系列長達整週之久的評估工作（Byler 2018b）。為了執行這種「毫不留情」的政策，中國當局在二〇一七年「針對新疆黨員開啟了違規行為的調查，以便『與分離主義對抗』，且件數超過一萬兩千筆，數目是前一年的二十倍以上」。[17]在評估進行的這幾週中，國家雇員會測試還在營區系統之外的突厥裔穆斯林人口中的可放心程度，為此他們會強迫穆斯林從事屬於「哈拉姆」（haram，非清真的，違反教律的）的活動，像是喝酒、抽菸跟跳舞。做為一個測試，他們會給這些維吾爾人家帶上些食物，但不告訴他們菜裡用的肉是符合還是不符合清真認證。這些「大哥大姊」會特別鎖定那些在近十年內曾被警察開過槍或帶走過的家庭。他們會留意對方有沒有懷恨在心，或是會不會對中國的愛國活動不夠熱情。他們會給小孩子糖果，讓他們說出父母親真正的心思。他們這般攢集的質性資料會被加入生物辨識的剖繪中，成為自治區整合資料庫裡的一部分。

有了這些資料跟數據，情資人員與監控系統就有辦法去追蹤、通報，並分析維吾爾族在再教育上的進度。以削減他們為目的去掃瞄維吾爾族的人臉與手機，成為一場以數字為基礎的算計。數據量愈多，削減的效果就愈好。比方說在二〇一九年初烏魯木齊的一處鄰里，ＩＪＯＰ（一體化聯合作戰平台）就通報說截至當時，在總計六百六十九名被羈押者中有六十名「具野性的伊瑪目」（Byler 2021; Grauer 2021）。在這些被羈押者當中，三百四十八人被扣押在審問中心，一百八十四人被送去了營區。有一週的時間，「第三類」遭羈押者*的親族共一千五百八十五人遭到情資工作者天天上門訪視，另外有三百二十六名家長被羈押的小學生受到學校老師的監視。再者，情資工作者與協警通報說在同一個禮拜中，兩百五十六人的身分已經以手動方式用「調查工具」完成了掃瞄，三百六十七支智慧型手機被用名為「反恐利劍」的軟體進行了掃瞄（Byler 2020b）。這些調查搭配他們從ＩＪＯＰ處收到的微線索，結果是有四人遭到羈押，理由是他們在二〇一七年加入了一個叫「古蘭經字母」（古蘭經裡的特殊字母）的微信群組。數千份來自其他鄰近社區的ＩＪＯＰ警方報告——我替數位媒體《攔截》（*The Intercept*）檢視過這些報告——也揭露了關於恐怖資本主義在新疆地區的成長與實施，類似的逐週評估結果。在整個監控系統裡，工作人員會反覆被告知要達成情資量的配額目標。

受困於數位圍場中

在他被送去的看守所中，阿林姆——本章開宗明義的那位故事主角——被剝奪了睡眠與食物，被強迫歷經數小時的審問還有言語糟蹋。「我被這個過程弄得之孱弱，以至於在審訊中的某個點上，我開始歇斯底里地笑，」他在我們交談的時候說。其他被羈押者回報說他們被置於高壓的處境下，遭到電擊折磨，且長時間遭到孤立。在沒有被審訊的時候，阿林姆跟另外二十名維吾爾男性一起被控制在一個十四平方公尺的囚房中，但這還是比某些看守所中讓六十人同房好些。有過被羈押經驗的人說他們睡覺必須輪流，因為空間不足以讓所有人同時伸展開來。「他們從來不關燈，」米里古爾·圖爾桑（Mihrigul Tursun）這名在看守所裡待了數月的維吾爾女性告訴我。

這些被羈押者在宗教與政治上的違規行為，很常是經由他們智慧型手機上的社群媒體app被發現。那也許是他們的聯絡號碼出現在了其他被羈押者的手機微信追蹤者清單中；也許是他們在自身的微信牆上張貼了穆斯林在祈禱的影像。那可能是在許多年前，他們曾

* 中國國務院新聞辦公室發表的「新疆的職業技能教育培訓工作」白皮書中，將新疆「職業技能教育培訓中心」的成立宗旨定義為：開展職業技能教育培訓工作，著力消除恐怖主義、宗教極端主義滋生蔓延的土壤和條件。並提及進入「教培中心」的學員有三類：

第一類是「被教唆、脅迫、引誘參與恐怖活動、極端主義活動，或者參與恐怖活動、極端主義活動情節輕微，尚不構成犯罪的人員」。

第二類是「被教唆、脅迫、引誘參與恐怖活動、極端主義活動，或者參與恐怖活動、極端主義活動，有現實危險性，尚未造成實際危害後果，主觀惡性不深，能夠認罪悔罪，依法不需要判處刑罰或者免除刑罰，自願接受培訓的人員」。

第三類則是「因恐怖活動犯罪、極端主義犯罪被定罪處刑，刑滿釋放前經評估仍有社會危險性，人民法院依法決定在刑滿釋放後進行安置教育的人員」。

經收／發過的伊斯蘭教誨影音，而當中某個片段被演算法認定與多達五萬三千種象徵特定極端主義的指標相吻合（Byler 2020b）；也許他們有某個親戚遷居到了土耳其或其他穆斯林占多數的國家，然後又用外國電話號碼把他們加入了自己的微信帳戶中。光是有親族住在海外，或是像阿林姆那樣曾親身離開過中國，往往就足以讓他們身陷囹圄。

另外一名有過看守所經歷的維吾爾裔是一名出身哈薩克的女商人，名叫古爾巴哈・傑利洛佤（Gulbahar Jelilova）。在邊境兩邊跑單幫的她在一系列訪談中說道她在維吾爾自治區首府烏魯木齊被關押的囚房中，女性的年齡落在十四歲到七十八歲之間（Byler 2018c）。據說包括她在內，中年女性的主要問題是微信號碼出現在其他遭羈押者的手機聯絡名單裡。相對於此，年紀較輕的女性則據說較常犯在社群媒體上分享伊斯蘭信仰影像／古蘭經篇章的禁忌。一名年輕女性告訴古爾巴哈說她之所以被關，是因為她發了一張某人在祈禱的照片。這名女性告訴古爾巴哈說，「我只是喜歡這張照片，把它放到我的微信上。」一名二十五歲的女子說她的審問者讓她知道他們在她的微信帳號上，找出了四禎極端主義的圖像。她告訴古爾巴哈，「我老早就把那些圖給刪了，沒想到他們有辦法將之復原。那些不過是女子蒙著面紗的照片。其中一張是個小女孩在拱手禱告。」於是這名女性進了看守所，只因為她涉及一些她以為自己幾年前已經刪掉，沒想到人工智慧有本事鎖定宗教主題並將之撈出來的圖像。

古爾巴哈自身被關，則跟她的數位社群網絡與數位支付紀錄有關。有時候光是擁有不該擁有的人際關係，或是有過出國旅行的經歷，就足以讓調查取得合理性。她解釋說：

早上八點，警察敲我的家們。他們給我看了警徽，然後說他們想問我幾個問題。我以為他們真的只是要問幾個問題，所以我就配合了他們（沒有試圖進行任何抗拒）。一到警察局他們就檢查我的手機。等發現找不到什麼東西後，他們就讓我看了我朋友的照片，然後問我認識不認識她。我這才意會到他們已經抓了我的朋友。他們在她的手機裡找到我的電話號碼，然後逼著她女兒打給我。接著他們就指控我匯了一萬七千元人民幣到土耳其。我說，我幹麼做這種事？他們說，不急，你仔細想想。

接下來的一年中，古爾巴哈的審問者們想方設法，就是要逼著她找一條罪來認。她說她清楚自己被認為有罪只是受到推定跟株連，所以她拒絕了「對號入座」。雖然靠數位跟人力監控復原的系統參數似乎顯示極端主義存在一定可能性，但由於她堅持不認罪，且她畢竟有國際人脈可恃，圈禁於是出現了鬆動。最終透過她在哈薩克的親戚對中國當局施壓，古爾巴哈獲得了釋放。

光是捨棄智慧型手機與社群媒體不用，也會讓人在檢查哨的評估中被盯上。其他的可疑之舉還包括試圖毀滅SIM卡，或身上刻意不帶手機。被逼急了，有些維吾爾人把手機埋在了沙漠裡；也有人把用過的手機SIM卡放進小袋子綁在高高的樹上，或把裡頭有伊斯蘭經文或教誨的SD記憶卡包進餃子裡凍著，盼望有朝一日卡片還可以被復原使用。還有人放棄了對伊斯蘭知識的保存，私底下用火把各種數據卡焚毀。光是把數位裝置丟掉並不是個選項。東西不無可能會被找到，並會被追查回使用者身上。

被羈押者常被迫從手機聯絡清單中點名極端主義者，然後供出SD記憶卡或智慧型手機被藏在哪裡。如同美國反恐戰爭中的「引渡」過程（在境外逮捕目標人物，再轉介到第三國的黑獄逼供），這道流程的主要目的不在於判定被羈押者有罪，而是要孤立其個人，切斷其剩餘的所有支持體系，然後盡可能從被羈押者的社群網絡中獲取情報。在這道流程裡很多人會直接人間蒸發，或被弄到心理崩潰。兵役年齡的年輕男性是被消失的高危險群。根據營區中內建的性別化隔離，很清楚的一點是被抓進去的人有三分之二是男性。以「米里古爾、古爾巴哈、阿林姆與許多他們在看守所中所認識的所謂恐怖主義嫌犯」為目標的圈禁行為，將這些被羈押者與實行這個羈押體系的穆斯林協警，一起從自由選擇的社會關係形式中抽離出來。

數位圍場與資本累積

為了理解這些監控科技是如何運作成一種數位圍場——將社會生活轉錄為一種數位

編碼供企業貨幣化，我們可以跟著傅柯的思路去思考生命政治安防的整體科技（Foucault 2007）。如我在引言中所提過，這樣一種科技對傅柯而言具有生產性，主要是它能生成自我約束的新主體；有象徵性，因為它能生成新的真理政權；還有力量性，因為經由散播，它能夠去中介但不完全決定個體在人口之中的行為與紀律（Samimian-Darash 2016）。打著再教育的旗號，圈禁計畫嘗試讓維吾爾人在生活的全方位上受制，或被綁縛在一個中國的控制系統上，但又同時要繼續讓漢族居民有能力走專屬的「綠道」通過檢查哨。這系統一個很強大的地方在於從安防工作者的角度觀之，它打通了資訊的任督二脈，讓這些安防工作者幹起活事半功倍。換言之這系統管用。這些系統也會追蹤漢族的行動，但在這種脈絡下，漢族被追蹤的體驗大致是光滑無痕的。至多，非穆斯林在檢查哨會微微被拖緩，感覺有點麻煩。非穆斯林走的是預先審核過的通道，他們的臉孔就是解鎖門禁的金鑰，他們做為受保護之公民的身分，藉助於科技獲得了延伸。相互精準交疊的系統程式設計，搭配上人類監控技師的剖繪凝視，其整體的目標是要確保其想要的數據可以順利取得，同時又讓系統認為其生命有價值者能暢行無阻且安全無虞。

在廣大的科技社群裡，人工智慧輔助之電腦視覺科技也在中國受到一部分關於其可行性的質疑。某些專家指出了一篇標題為「波坦金人工智慧」（Potemkin AI）的文章（Sadowski 2018），該文章點名中國安防科技並不具備能力不靠人類輔助就給出其承諾的成果。這些質疑者常舉的一個例子，是深圳有個系統的宗旨是要辨識出違規行人的臉部，然後將之放映在繁忙路口處的大螢幕上，但該系統其實跟不上一張張人臉的熙來攘往，以至於「公眾羞辱」所需的資料必須時不時靠手動輸入。這些專家稱許多看似是人工智慧輔助的即時糾察，其實可能有人力在後台輔助。他們指出中國科技業者與政府機構雇用了數十萬廉價協警去充當「數據管理員」，而他們的工作就包含觀看海量的錄影監視器（Irani 2015）。IJOP有著在某些方面相當粗糙的運作，且主要是由手動的數據輸入來推動（Leibold 2020）。一如可見於美國機場的「維安劇場」（security theater：提供心理安全感的作用大於實質意義的維安措施），某種程度上讓人去調整自身行為的不是監控系統本身，而是監控系統散發的威脅感。

即便有人工在系統安裝與除錯上扮演一定角色，整體而言數位圍場仍發揮著作用，在將突厥裔穆斯林族群轉化成解析過的數據流，並將之供做評估、加以削減，與創造進一步的依附之用。數位圍場會讓維吾爾與哈薩克人內部彼此反目，讓他們化身為通譯跟管理員的角色、會走路的情資，然後將力量貢獻給一個訊號情資系統去轉變自家人，也侵占自家人。肇因於其社會地位所遭到的族裔—種族性貶低，拜姆拉特感覺他不得不服務這個甚至不斷在阻斷他生涯其他出路的圍場體系。再者，整體科技發展的創投取向創造出一種市場環境，讓科技業者在當中會頻繁地吹噓他們的業務量能。這一點往往再搭配上先進科技的「黑箱」效應，主要是各種具有技術門檻的流程與程式設計遮蔽了演算法的謬誤與機率性，創造出一種看似無比精準的滑順介面（Albro 2018）。在中國的脈絡中，由於科技公司在接受國家資本挹注之餘即擔任起國家干預的代理人，因此這種吹噓與黑箱的意索便在受監視者身上轉化成了一種強大的自我糾察。

一名來自和田，容我姑且稱之達吾特的中年維吾爾商人告訴我說，這個新系統已經把維吾爾社區淘空成檢查哨、監視器鏡頭，還有手機軟體背後的一個個空洞。在再教育維安系統當中，維吾爾人的一舉一動都會留下紀錄，所以也都會受到管控。在這個系統中，只有一種被國家當局與協警認可的維吾爾生活，那就是電腦看得到的生活。政府官員、公僕、協警做為慢慢建立、實施與監視起系統的一方，並不認為維吾爾人真正擁有存在於系統容許範圍外的獨立自治身分。這讓像達吾特的維吾爾人感覺他們的生命只有做為數據的價值——螢幕上的程式碼、營區裡的數字——由此他們也開始調整自己的行為乃至於思想，去適應系統。「維吾爾人活著是活著，」達吾特輕聲細語說著，露出了一絲悲哀的笑意。「但他們活得像恍如隔世的鬼魂。」雖然圍場系統並沒有完全確定或控制他們的生活，但其確實啃噬著那些構成維吾爾屬地社會生活的基本社會照護。貶低與剝奪系統已經經過編碼，遍布數位圍場的各個角落。

二〇一八年十一月三日，爾湛・庫爾班（Erzhan Qurban）這名哈薩克族中年男性在歷經了九個月的關押後，從再教育營中被放了出來。他出身新疆與哈薩克接壤處附近，距離伊寧（Ghulja；別名固勒扎）五十公里的一個小村莊。他以莫須有的罪名被關，身分是展現出宗教極端主義跡象的「預備犯」。在二〇一九年發言時，爾湛說他依舊不知道自己被抓是為什麼。[18]一如被羈押在伊寧的其他人，爾湛身懷「恐怖主義前導」的微線索多半是他持有護照且曾旅行到哈薩克，而哈薩克也是中國觀察名單上的二十六個穆斯林國家之一（見"China's Algorithms" 2019）。獲釋之後他以為自己終於可以自由地回歸舊有的日子，重返哈薩克當個移民。但沒想到當週稍晚，他就被送回伊寧市一處工業園區裡，在那裡的手套工廠幹起了活。接下來的五十三天，他體驗到了再教育成衣工廠中的生活，也體驗到什麼叫作讓突厥裔穆斯林少數民族奴工「提高素質」（Ch: tigao suzhi），因為那正是那間工廠成立的要旨。

爾湛被押起來，是在他二〇一八年初返回中國後不久，而他那趟回來，一是為了給女兒求醫，二是為了照顧生病的老母親。在二〇一九年接受德國《時代週報》（*Die Zeit*）採訪時，他說：

> 二〇一八年二月八日晚間，他們在一台小巴上抓捕了我。那時天色已暗，他們套了個黑色塑膠袋在我們頭上，還給我們上了手銬。小巴上跟我一起的，還有五個村裡的年輕小伙子。我在接下來的九個月所必須待著的房間有五公尺見方大小，並位於三樓。門上有一個標誌寫著「十二號」。光我們那層就住了兩百六十人。在我那個房間裡，我們一共十二個人。後來我聽說我們那個營關押了不下一萬人。[19]

爾湛不太確定營區確切的位置。那兒有可能是建在市郊平野上，距離工業園區不過七公里。一如前獄友常見的通報狀況，營地的生活條件糟糕到令人髮指。在形容其羈押環境的時候，爾湛如是說：

所謂的馬桶是窗邊的一個水桶，沒有自來水。白天我們成排坐在塑膠凳子上。伙食是從門的一個開口處遞給我們。早上七點，我們必須唱中國國歌，接著我們有三分鐘吃早餐。那之後我們會學中文學到晚上九點。我們的老師是哈薩克或維吾爾族。在房間裡四台攝影機的監視下，我們無法彼此交談。硬要聊天的人會被銬上手銬叫到牆邊罰站。「你們沒有權利交談，因為你們不是人。」一名警衛說，「是人的話，你們就不會在這裡了。」[20]

時間久了，令人苦不堪言的作息開始影響他的精神狀態。他說：「頭兩個月，我掛念的是我的妻子梅努爾與三個孩子。一段時間後，我想的只剩下食物。」[21]

二〇一八年五月，大約在爾湛開始與社會關係脫節，滿腦子只剩下如何存活的時候，伊犁地區前沿指揮官兼黨委書記潘道金，前來視察新建於鄉中另一側的一座工業園區。[22]他帶來的江蘇「援疆」代表團身負一項任務，那就是要提供工作給接受再教育的工人。本身也是出身江蘇的潘是在二〇一六年十二月分被指派到現職，當時正好是再教育系統展開大規模羈押的時候。在視察新工業園區的期間，他「全盤認可了」江蘇南通市商界領袖資助這座工業園區的「成就」。代表團展示了江蘇在地三潤服裝集團的新工廠——三潤是一家與快時尚大廠Forever 21等國際品牌合作的成衣廠商。他們也順道參訪了爾湛最終會被派去的高生產力手套工廠。管理這家工廠的是綠葉碩子島商貿有限公司，總部在河北省保定市的廠商員工。

根據手套工廠的總經理王興華（音譯）在二〇一八年十二月的國營電視台訪談中表示，「在政府的支持下，我們已經『召募』了六百多人」（Ili Television 2018）。而這六百多人裡的其中一人，就是爾湛，他在不到一個月前從營區來到了手套工廠。王姓總經理接續提到自從新工廠在二〇一七年創立以來，「我們已經創造了超過六百萬美元的營收。我們計畫要在今年底成長到一千名作業員的規模。我們計畫在二〇一九年底前提供崗位給一千五百名就業者。」事實上，伊寧手套工廠如今的規模已經遠超其母廠。在河北，其母公司雇用的（蠡縣華偉手套工廠）員工人數不足兩百（"Lixian Huawei Gloves Factory" 2019）。對有百分之九十六的皮手套外銷俄羅斯與東歐的綠葉碩子島而言，將產線遷到新疆是合理的決定。但這種指數型的成長還有其他原因。自二〇一八年起，國家就針對建廠與新疆產品的外運提供了補貼。新疆工廠的興建往往背後有華東地方政府的資金投入，正式名稱叫作「配對協助計畫」。新工廠最高可以拿到相當於其營收百分之四的補貼，來抵銷貨物從新廠址出發的運輸費用。[23]有項國家方案是再教育營每訓練一名受迫勞動的員工，其雇主就能按人頭領到人民幣五千元。最重要的是一如在新疆的其他縣治，伊寧這裡也有數萬名身心受創而不知該怎麼好的犯人被關在近郊的營區，就跟爾湛一樣。如新疆發展和改革委員會發布的一份文件所授權，地方政府要去「建立一個發展機制來連結起『工業管理下的鄉村集體經濟組織』與『自成一個產業的教育跟培訓中心』——說穿了就是工業園區與再教育營（Yuan 2019；楷體為我個人的強調）。

自二〇一七年起，工廠就一窩蜂跑到新疆去享用屬於再教育營系統的新建工業園區，也享用那兒的廉價勞動力跟政策補貼。事實上，如我在序文中所描述，新疆發改委做為自治區主要的發展部會，在二〇一八年底就流通了一紙聲明表示這些營區，或云「職業技能教育培訓中心」，已經成為經濟穩定性的一個載體（Ch: zaiti）（Xinjiang Reform and Development Commission 2018）。藉由這個系統，新疆已經吸引了「中國沿海企業顯著的投資與硬體建設」。這一點尤其可以在中國的紡織與成衣相關產業上看到，主要是中國所需的棉花有八成取自新疆（Gro Intelligence 2019）。起碼在華東沿海漢族移工薪資上漲的部分促成下，中國計畫在二〇二三年前把超過一百萬紡織與成衣產業的崗位移到新疆。[24]要能成功，那就代表中國每十一個紡織與成衣產業的工作機會，就有一個會落腳在新疆（"Wages and Working Hours" 2014）。在綠葉碩子島商貿有限公司的新疆衛星工廠內，由再教育營的被羈押者所生出的幾乎每一雙手套，都被賣到了國外。該公司的阿里巴巴分銷網上賣這些手套，批發價是每雙一點五到二十四美元。有一部分手套的經銷是透過香港的高檔精品店業者Bread n Butter，他們在整個東亞地區都有通路，售價也高得多。但不論怎麼說，這些手套的市場售價都起碼比奴工每雙能賺到的薪資高十倍以上。在一篇給這些工廠園區唱讚歌的文章中，一名伊寧縣的官員寫說當這些突厥裔穆斯林農夫與牧民來到工廠時，他們「脫下了草鞋，換上了皮鞋，成為了工人的一員」（Yining County Zero Distance 2018）。「落後」（Ch: luohou）之少數民族通過圈禁而獲得了工廠紀律這份「贈禮」，是一種與事實不符的形象。這形象背後正好就是工人被奪走生產資料，讓其淪為完全得依附監獄工廠生存的過程。

在替國營電視台製作的一段影片中，一名記者反覆提到突厥裔穆斯林工人甚至沒有在拍攝過程中抬頭看鏡頭（Ili Television 2018）。該記者解讀那代表他們身為新訓練出來的「高素質」（Ch: suzhi gao）工人，有著極佳的工作倫理。透過從再教育過的工人身上，以廉價商品與技術勞工的形式榨出更多的剩餘價值，廠方其實也是在投資突厥裔穆斯林工人的價值。爾湛表示他的經理會強調他們做的手套是要外銷用，所以縫紉的品質一定要愈高愈好。他們在「素質」上所獲得的訓練，必須要反映在他們量產的手套品質上。

我在二〇二〇年一月訪問的另外一名哈薩克工人古孜拉・阿瓦爾汗（Gulzira Auehlkhan）告訴我說她在從營區獲釋之後，也在自家村幹部的強迫下進了跟爾湛同樣的工廠工作。晚間她被關在一處有圍牆的宿舍中不准離開。宿舍跟工廠門口都有檢查哨，那裡會掃瞄她的身分證跟臉。她說，「我們白天到達時會被檢查身體跟手機，等晚上要離開工廠回到宿舍時，又會再被檢查一次，主要是她擔心我們會把針帶走。等跟他們（協警）熟了之後，我們會問，『你們怎麼還在這裡監視我們？』」她說她知道這個問題的答案是他們在監視工人在接受過再教育後是否表現得像溫順的工人。這代表如古孜拉與爾湛的穆斯林必須採行無產階級式的行為與基本「素質」(Ch: suzhi)。這暗示的承諾是累積這樣的價值，或可以讓他們換得具有更大交換價值的位置與工作。然而如我會在下一章所揭示的，這種承諾中的成功往往會被阻斷，而且阻斷他們更上層樓的東西，常常就是讓他們一開始被困在圍場中的族裔—種族定位。

實際上，我們會感覺再教育工業園區與整體數位圈禁系統的目標，就是把哈薩克與維吾爾族轉變成受到深度控制的無產階級，一種溫順但又具生產力的不自由階級——一群跟獲得正式承認且具有權利的工薪階級不一樣，與社會福利無緣之人。另外一名叫作厄巴齊特·歐塔爾拜（Erbaqyt Otarbai）的被羈押者兼工人告訴我說在經理的眼裡，他們「宛若寵物」，經過訓練就能聽命行事。透過把一群不被認為有資格獲得法律保護之人改造成有生產力之工人，國家當局與民間實業家就能同步把中國紡織產業與科技發展的市場擴張延伸出去。這種「受控勞動力」系統是由再教育系統扛著往前走。一個複雜的數位圍場在限制工人行動並監視其生產力的同時，也確保了這個受監禁的嶄新勞工階級會一路往下都是族裔—種族式的底層階級。事實上，正因為有這種凌駕於法律上的系統，所以僅存能保護突厥裔穆斯林工人不受剝削、暴力與拘留所害的屏障，只剩下其漢族經理的善意。一如手套工廠管理層的行為所顯示，工人享有的保護往往看似一種與其他資本主義—殖民邊疆脈絡類似的意索——突厥裔工人的生產力品質是他們的投資，而他們關心自己的投資，至於工人的身體、社會關係與社會再製則屬於用完即丟、可有可無之物。二〇一八年十二月，工廠的經理們命令古孜拉簽署一份一年期的工作契約。她被告知，「不簽就把妳送回營區。」

結論

把數位圈禁／圍場想成一種資本主義—殖民擴張的新邊疆，是我們的起點。從這個起點往前走，我們就能去理解形式更廣泛的貶低與剝奪是如何在中國西北運作。理解「透過數據收割與族裔—種族式的人口控制去進行數位剝奪」，可以把布萊恩・喬登・傑弗森（Brian Jordan Jefferson）所提的數位化「監獄地理」（Jefferson 2020）跟「數位圍場」（Andrejevic 2007）概念延伸到北美的脈絡之外，適用其他地方的少數化人口如何只因為他們屬地的種種依戀，就遭到編碼與罪犯化的狀況。這種理解還能把對「種族放逐」的分析延伸到剝奪以外，主要是這理解還關係到土地與都市的歸屬，關係到持續中的認知剝奪，也關係到在當代中國西北的資本主義—殖民脈絡下的嶄新奴工體制。再進一步，這種框定還能開啟一種更大格局的分析，去討論圈禁是如何扭曲少數化人口的未來去服務資本積累，服務國家力量，也服務墾殖者人口的安全。透過數位圈禁對維吾爾自治區進行的管理，以一種侵占式凝視的形式在前行，一路上把突厥裔穆斯林的「恐怖分子」身體轉化為數據點，然後依據聽話的程度跟生產力的高低去加以分類並指派價值。最終，這種圈禁會嘗試透過「數位化與懲罰」去進行剝奪（Jefferson 2020），並經由這種流程去收割數據、去削減、再教育從地景中被移除的反抗群體，讓他們成為既有生產力，但又是遭到剝奪、不自由且必須依附外力存在的勞工。這麼一來，與維吾爾自治區重疊的數位圈禁就會把一種種族化的新序列延伸在地理空間與數位擷取的雙重維度上。

人民反恐戰爭與其所激起的科技—政治恐怖資本主義，已經創造出其自身的真理政權與經濟目標。[25]那些身體，首先是維吾爾男性，後來也包括婦孺，已經成為國家資本與創投資金在數據收割跟社會轉變投資上的目標。穆斯林男性身體做為恐怖主義的所在地，已經成為千百萬人在求職的首選是中文老師、員警、獄卒、營建工人、服務業員工、公衛工作者、協警、電腦工程師、人工智慧開發者的原因。維吾爾的身體與生產性勞動力成為國家資本投資的場域。反恐數位圈禁在全球資本主義的一處邊疆，成為一種具有成長性的產業。如我將於後續幾章中揭示，這種當代殖民系統是建立在更古老、更廣大的貶低跟剝奪系統之上。

2 貶低 Devaluation

二〇一四年，在烏魯木齊南緣的一處聚落中心，有間餐廳上掛著大大的紅色招牌。六呎高的上頭用中文寫著兩字「大肉」(Ch: da rou)，也就是豬肉。這招牌是一道反伊斯蘭的政經聲明；它對街坊的鄉親父老昭告漢族移民—墾殖者到了，而且他們並不打算尊重穆斯林的知識跟價值，即使在這塊穆斯林稱為原鄉之地。這塊維吾爾占多數的鄰里大灣(Dawan)，是二〇〇九年七月五日的抗議釀成暴力事件的其中一個中心點。眾多死傷於事件中的漢族墾殖者都來自這個聚落。在後續的年月中，許多漢族墾殖者都從這處鄰里北遷到了由漢族主導的其他市區(Tynen 2019b)。至於留下來的人則往往反維吾爾之心甚烈。他們用漢族的標記劃定了自身的領域，宣告著他們要在此落地生根。那六呎高的招牌就是一道宣言，表明覆蓋在這座城市的監控系統中，受到保護的「素質」(Ch: suzhi; Uy: sapa)或「文化資本」是哪一種類型。在烏魯木齊，從鄉村遷到城市的漢族移民所接獲的體系性扶持，甚至大過富裕且受過高等教育的維族城市居民。隨著恐怖資本主義的評估程序開始動作，國家當局與監控公司開始支持低收入漢族移民的生產與再製，而其手段則是透過對維族移民施加更全面性的物質與數位圈禁。

在這個聚落中，如果維吾爾人進到漢族的店舖，他們往往被視若無睹，不然就是被喝斥離開。偶爾，漢族的老闆會舉起他們的右手，掌心朝下，手指指著地上，然後向上甩動手腕，嘴裡喊著斷續爆出口的「去！去！」（Ch: Chu! Chu!）[1]。又或者他們會直接跳過維族，不回答他們的問題，也不收他們的錢。社區裡的一名維吾爾居民記得他跟一名在地的漢族加油站店員發生過口角。就在他等著讓人檢查身分證，好把車開進加油站的時候，一名漢族計程車司機插隊到他的前面。他提出了抗議，但漢族的加油站店員卻威脅要通報不遠處的協警。他告訴這名維吾爾人說，「我不怕你。你才應該怕我！我只要想，隨時能讓你被抓。」在這名從鄉間到都會的維吾爾移民心中，這場遭遇讓他再也不懷疑在這座城市裡，漢族的命才是命。一切都以漢族想要的東西優先。警方、學校、醫院、銀行、店家，全都服務的是漢人的慾望與需求。

在此同時，在人民反恐戰爭的過程裡，同樣的科技—政治系統也讓維吾爾人無法宣傳他們的產品為清真可用。系統使用數位媒體的監控參數與線人，去防止維族兒童學習他們的母語。以羈押手段做為威脅，他們對維族實施了家庭計畫規定，並同時鼓勵漢族人口成長（Cliff 2016a）。做為反恐戰略的一環，他們不讓維吾爾人販賣產自穆斯林國家的舶來品，而去拔高中國的國產品。這些體制確保了豬肉在當地可以放心食用不用擔心後果，也保障了低收入的漢族移民可以靠臉跟社會連結通過做為社群與機構門禁的檢查哨，而未經授權的維吾爾族則無法比照辦理。人民反恐戰爭成為一種話術，其真正的意思是把漢族納為發動「戰爭」的「人民」，而維族則被排斥為被反的那個「恐怖」。戰爭，加上針對維吾爾族的圈禁與剝奪過程，生成的是一種強大的「國家效應」(T. Mitchell 1999; Yeh 2013)，其間國家權力會被讓渡給漢族墾殖者，然後透過支持他們的私人與公家機構去實施。在再教育的過程中，低收入漢族移民可以以國家之名去勞動並累積出價值，而維族移民則被評價為預備犯。

在這一章的前半段，我檢視了低收入漢族男性與女性移民是如何在城市中培育價值。在後半段，我思索了維吾爾男性移民是如何嘗試履行類似的社會再製與經濟勞動。將近期的漢維兩族移民拿來進行比較有其重要性，因為這種比較可以顯示出社會再製是如何經由評價與種族化，去產出圈禁與開放這兩條截然不同的發展。這兩個群體的經驗與視角——其戶籍登記都是在城外——可以以「一小群少數的富裕維族官僚／一個由國家部會跟大型公司雇用的新興漢族階級／在一九六〇與七〇年代來到當地的漢族『新疆本地人』(其視角會在第五章有所反映)」為背景，如浮雕一般凸顯出來。較之低收入的維吾爾族常發現自己遭到都市社會的圈禁與削減，新進的低收入漢族移民則常常形容他們的人生之路在朝新的方向開啟。中文與漢文化式的個人素質受到科技政治系統的高度肯定，而屬地的維吾爾式素質則動輒被框定成「落後」(Ch: luohou)或「危險」(Ch: weixian)。本章揭示了漢族與中國式價值的特權化往往被國家混淆視聽，進而在晚近漢族移民間促成了體制化的偏見與族裔間同理心的從缺，殊不知老一輩的漢族移民都將跨族裔同理心看得甚重。這個過程會進一步加速，是由於社會在監控科技的深度滲透下，持續深陷進一種恐怖資本主義的模式中。漢族價值與慾望的特權化還推了另外一件事一把，那就是讓維吾爾的社會再製廣泛受到破壞。

雖然到了二〇一〇年代中期，維吾爾族的自治性規模已經大不如前，但他們的生命仍在某種條件下有其價值，那就是維族可以被用來服務城市中漢族之慾望與安全的時候。維吾爾族的軀體在滿足一種慾望的時候是很好用的，那就是觀光客的凝視會想要看到在漢族持有的維吾爾地區大型宴會廳中，有充滿異國風情的他者在開開心心地跳著舞。甚至於在漢族持有的觀光客市集空間中，維吾爾族也是很好用，很方便拿來剝削的低薪員工，他們此時扮演的就是由再教育系統所創造出來，有著從屬關係的「民族和諧」(Ch: minzu hexie)樣板。他們可以被用做為實體的數據來源，供市內國家資本支持的監控與安防企業利用；他們的存在提供了工作機會給協警、政治教師、營建工人，還有各式官僚。他們提供了合理性給建在城市四周的大型拘留營。雖然整體而言，維吾爾族，特別是那些低所得且出身鄉間的維吾爾男性移民，在城市裡是不受待見的一群，這樣的他們唯二的用處，就是被當成恐怖資本主義的客體，或是擔任基層維安協警與線人。

經由這種評價過程，再製原生民族飲食文化、商品與風格的工作也會被城市當局、上層階級的維族、漢族移民共同貶低為低技術性或落後的工作形式。一如本書後面會談到的，透過參與宗教經濟活動去履行伊斯蘭現代性的工作，是被國家禁止的非法行為。相對於此，不少移民被強迫回到他們鄉下老家的村子或小鎮，在國家出資的基礎建設跟工業性農業計畫裡擔任臨時工，因為這樣才能逃脫以流浪維族年輕人為目標的拘留營系統。但教育程度相仿的漢族移民卻可以有各種辦法留在城市中尋求發展。

維吾爾族面對這種族裔—種族性的排斥，有著各式各樣的反應。他們看在眼裡，漢族墾殖者占據了一種顯而易見但往往嘴巴上不說破的社會特權。在他們的心目中，漢族墾殖者扮演的就是一個殖民政府的代理人，想要從維吾爾人身上強取豪奪；他們看待維族人永遠帶著懷疑的眼光。維吾爾族的感受是他們無時無刻需要向國家表忠，而這一點落實在生活中，就是要對他們的漢族鄰居卑躬屈膝。就算是受過中文學校的訓練而能在政府機構中就職，因此手頭比較寬裕的維族人，也不無壓力要向國家輸誠，並在維族移民之「落後」成為一個話題時公開附和他們的漢族同事。然而，不論他們在跟漢族鄰居的相處上心胸多麼「開放」（Ch: kaifang）或極盡諂媚之能事，他們也鮮少能被當成榮譽漢人。

另一方面，晚近的漢族移民常說做為愛國者，他們有責任通報他們認為可疑的維吾爾人。他們將所享有的特權歸化為自身外貌、語言能力與社會連結的產物。特權成為了他們在中華國度中之漢族公民身分的規範性表現。藉由參與對他們認為「素質低」（Ch: suzhi di）之維族人的社會圈禁，他們將自己定位成「素質高」（Ch: suzhi gao）、受器重的社會成員。

不同於在華東城市的狀況，晚近出身鄉村的漢族都市移民在他們所進占的城市裡，相對原生的維族享有一種尊爵不凡的優越感。

如學者臧小偉（Zang Xiaowei 2011, 155）表示，漢族在烏魯木齊的非國家雇員比起同城的維吾爾族所得要高出百分之五十二。放眼整個自治區，收入上的貧富差距大約是百分之二十八（Liu and Peters 2017, 270）。這所產生的是「更甚於中華人民共和國任何一地」的整體貧富差距（Millward 2021, 366），甚至把同樣族裔多元與極度貧窮的中國各隅都比了下去——這指的是西藏、雲南、貴州、青海與甘肅——這些地方的漢族移入率都不及新疆。在新疆，以維族為主的鄉村人口對比以漢族占多數的都市人口，兩者的所得差距比中國全國平均高出驚人的三十個百分點（Cao 2010, 968）。你在中國找不到其他地方的貧富差距與族裔—種族差異如此亦步亦趨。

不過話說到底，即便並無可能達成「高素質」都會公民的價值，許多維吾爾移民仍會在這種評價過程的初期想方設法，就是要表現出他們的當代性。一如他們的漢族鄰居，他們也追求達成一種能從剝奪過程中，與被勾引出來的慾望產生共鳴的生活品質。想達成當代性之各種品質的慾望，賦予了這一切結構跟推進力。這些他們在維吾爾語中稱為「薩帕」（sapa）的各種生活品質，在某種程度上呼應了他們對現代主義式跟後天培養的一種獨特性的各種理解，也就是都會漢族口中的「素質」。一如第三章會講到，維族人也會嘗試購得各種形式的獨特性，這包括他們會以特定的方式打扮自己，會採行溫文爾雅的都會風格。

我談過話的幾乎每一個人，都想要找到一條生命路徑可以帶他們通往更高的生活品質，意思是他們想要一種揮別貧窮的日子，或是能讓他們相信有朝一日可以自治的日子。他們懷著的夢想是培育自己成為成功的典範。即便對生活品質的追求有著跨越族裔—種族隔閡的共鳴，什麼可以算是素質的想法仍往往南轅北轍——維族有一部分人認為素質是一種「原生民族」（Uy: yerlik）與伊斯蘭信仰的當代性，另一部分人則認為素質就是中式的當代性。正因著這種想法的差異，他們各自認定的素質也在國家當局跟移民之間被賦予了不同的價值。這兩種素質最主要的殊異，在於低所得維吾爾年輕移民認為「他們的傳統知識極具價值」的程度高低；同時間在漢族那邊，移民們則認為非都會與維吾爾式的知識幾乎無價值可言。

當代中國的各種素質論述

如同其他區域的中國城市，二〇一四年的烏魯木齊也出現了新興的中產階級。城市中的許多財富都集中在政府與企業的漢族雇員身上，外加一小撮受過中文訓練的民考漢（Ch: minkaohan；民族考漢語），也就是學習漢語並考進政府的維吾爾人——占不到總人口一成的這群人從事著自然資源開發，或是維吾爾社會安全化的工作（Smith Finley 2007, 2018; Grose 2014; Tobin 2015）。在這種中國式對中產階級美好生活的內建追求中，是對建設這種生活所需之數百萬漢族移工後備大軍一種工業化的剝削。人類學者潘毅（Pun Ngai 2005）主張由打工妹與打工仔組成的「流動人口」（Ch: liudong renkou）所勾勒出的，正是從中國經濟改革中冒出頭來但尚未成形的打工階級。在烏魯木齊，這些勞動的漢族身體就是用其生猛的能量在建設中國的新絲路，而他們的身分就是從鄉村遷到都市的年輕移民—墾殖者。

這種新的勞動主體誕生在潘毅（2005）所稱的「三重置換」（triple displacement）中：（一）社會主義階級論述遭到抹除。（二）引入領薪勞工來配合不斷擴大中的勞動力「逐底競爭」*，也配合伴隨全球資本主義現身的成本效率考量，以及（三）父權系統的維繫。這種置換生成了一種「邊界鬥爭」，邊界的兩邊一邊是中國女性／男性的社會再製工作，另一邊則是將他們以個別工人之身分圈禁於家庭之外的市場力量（見 Fraser and Jaeggi 2018）。這些社會分層與毛澤東式中國的遺產，包括舊有的社會階級結構、體制與基礎建設，兩者間存在一種動態關係，而就在這種動態關係的作用下，這些社會分層深刻地改變了都會中國之社會地景上的間距。這個過程的操作性功能，結合毛式遺產冥頑不靈的鄉村—都會種族隔離，以及遭到抹除的社會主義階級論述，產生的效果是家庭與社區生活遭到啃食——迫使年輕的鄉村漢族遷移到都市中打零工。

新疆的安全化引入了一種額外的新元素進入這個負向評價、剝削與侵占的等式中：來自鄉村的突厥裔穆斯林身體做為貶低與控制的客體，落在了漢族移民—墾殖者與國家機關的手中。在烏魯木齊，新的社會分層，像是新興的中產階級與一種彈性的移民漢族工薪階級，實際上就是以維吾爾族受到的圈禁為中心慢慢形成。在歸化了這種族裔—種族敵意的各種轉換裝置中，其中一種是做為個別達成的文化資本，漢族素質的生命敘事。

如安德魯．基普尼斯（Andrew Kipnis 2011）所揭示，「素質」（自行達成的品質）一詞的首次登場是在一九八〇年代，被國家在評估人口時用做為「質量」（受到賦予的品質）二字的代用品。這種裝置在學校、醫療機構與雇主的使用下，將人轉化成了一群個體化的「人類資源投資標的」（2011, 65）。[2] 如安．阿納格諾斯特所主張，這種朝著素質論述而去的轉向「標示了從早先的主體性形式進行的一種顯著的脫離，過往的主體性是將勞工理解為一種企業家，而其投資的標的正是他或她自身的自我發展」（2013, 26n11）。這暗示個人必須採用被承認含有價值的工作內容，而這些價值又能在後續被拿來交換在市場經濟中具有更大交換價值的位置與工作內容（另見 Yan 2008）。[3]

如章莉（Li Zhang）所指出的，自從鄉村到城市的大規模遷徙在一九八〇年代初期展開後，漢族移民就常常被拒絕給予正式的政治認可，由此他們只是「不定形人流裡無從區分也沒有過往的勞工」（2001, 31）。對比早期一波波從都市下鄉的移民在中國建政的前三十年被國家指示前往戰略位置，市場導向的移民在中國國家媒體的重現中往往「不是有著自身慾望、夢想與意圖，活生生的個體，而是一群群招之即來揮之即去的生鮮勞動力」（31）。

* 逐底競爭，也叫向下沉淪，指的是在全球化的過程中，資本為了尋找最高的報酬率而在世界各地流竄，導致政府在有關福利體系、環境標準和勞工保障的政策上不斷放水。

但如阿納格諾斯特所解釋的，將移民的身體、觀感與情感評價為「低素質」一方面「合理化了剩餘價值的擷取」，一方面也正當化了「社會分化的新體制」（2004, 193）。由此，年輕移民追逐著各種生命計畫，希望能透過對資本主義經濟之生產與消費的參與來累積素質與相關的社會價值。再者，如嚴海蓉（Yan Hairong 2008）所示，移民與都市居民間的關係看似十分穩固，但其實只要突然來一個沒有客觀標準的「低素質」標籤貼到移民者的身體上，這種關係就可以瞬間被拋棄。比方說，在北京低收入的漢族移民保母就常感覺她們與富裕的雇主家庭親如家人，但一點小差錯都可能導致深刻的主僕關係說斷就斷。由於移工被認為素質不高，因此在主流的中國脈絡中，他們可以被視為說丟就丟的免洗勞工。然而在烏魯木齊的脈絡中，漢族移民的地位就要穩固得多，主要是如前面的章節提到過，漢族的身體與生物特徵需要被用來「清理社會氣氛」，那是對維吾爾人進行科技—政治剝奪時的一部分工作。

在對中國與義大利跨國成衣產業進行研究時，莉莎・洛菲爾與希薇亞・柳迫（2018）發現透過女性主義分析去研究跨國資本主義可以揭露一種「重新評價」的動態。她們取材的個案是摻有義大利色彩的中國商品製造，參考當中由義大利與漢族進行的勞工權力與價值談判，兩人的研究顯示資本主義的價值創造「永遠是一種談判的過程」（2018, 15）。在國家的殖民邊疆，這個過程會在受到承認的勞動市場中一種非對稱但「不穩定的權力場域中」（2018, 38）偏離評價的動態，朝著由國家資本、國家權力與族裔—種族化形塑出的支配與侵占形式而去。不同於中國多數勞動價值研究所針對的各個漢族多數區域，[4]在維吾爾自治區裡，最極端的剝削形式都不涉及漢族移民，而是關係到出身鄉村的維吾爾族。在這資本主義積累的族裔—種族邊疆，權力的場域在一個持續進行中的評價過程中硬化，而這個評價過程又歸化了漢文化價值與國家權威。這個經濟與社會再製構形的重心比較不在於某個多位置權力關係，在談判中被當成槓桿利用的動態再評價過程，而在於一個維吾爾社會品質與勞動力量被貶低，而漢族移民—墾殖者的勞動與社會再製價值在增值的過程。

素質或曰品質引發的觀感與情感只能相對於其他人在權力場域中的位置來進行測量。在某個村中政治框架裡的素質，跟一個都會場景設定中的素質，並不是同一件事情。在四川省鄉下的素質體驗跟一個四川人住在西藏時的素質體驗，也不是同一件事情。如葉蓓在她對漢族移民菜農如何在拉薩郊外建立起「小四川」的描述中所展示，我們「必須認定地位與價值並不只決定於族裔跟城鄉的空間區隔，也決定於民族國家中某個疆域涉及發展程度的素質編碼」(2013, 116)。繼嚴海蓉在二〇〇八年主張了以索引的形式將發展對應到素質是同義反覆（低素質是低度發展的結果／低度發展是低素質的結果），葉蓓揭示了中國價值的民族地貌導向是以華東沿海板塊做為高雅的所在地，而西部邊疆則被評價為欠缺基礎建設、風格與獨特的現代性。在烏魯木齊的漢族移民—墾殖者同樣認同華東城市的高雅，但他們也認同他們在烏魯木齊過上好日子的難度相對較低。

在移民時捨東部而取西部之舉可循著不同的資本積累路線前進。葉說得很清楚，四川移民在西藏的感覺，就像他們「累積不到」可以帶回到老家村子場景中的「素質」（2013, 117）。事實上，他們感覺在低度發展與少數民族生活的區域「吃苦」太久有其本質性的危險。那就好像是素質的極度欠缺會沾染到他們身上：他們的皮膚會變黑、影響他人的能力會受損。在此例中，素質與貨幣價值之間存在銳利的斷點，主要是朝西藏邊疆進行的移民行為可以透過匯款，為四川鄉間帶來大量的財富。不同於前往華東城市的移民，西行的移民有賺到錢的成功率很高。在新疆跟西藏，這種移民事實上受到派人過去的社區跟國家對西部邊境發展補貼的共同鼓勵。[5]如葉蓓所言，「物質力量與國家平等與發展論述的效果，意味著移民們『邊際與不確定的法律地位』並沒有在拉薩產生如同在其他省分的效果（2013, 120）。」前往邊疆的移民反而得以自視為開發的代理人，或是在新疆的例子中是國家的「建設者」（Ch: jianshezhe）（Cliff 2016b）。如他們所告訴葉蓓，「我們在那裡的所做所為，對西藏大有助益（Yeh 2013, 122）。」他們的工作看在自己的眼中，是同時在實現政府用論述跟經濟誘因告知他們的國家願景。透過將素質與發展帶入到一個國家進步、愛國之責與在低素質少數民族間進行犧牲式生命計畫的框架中，邊疆移民得以自認他們積累的利益是合理的，即便他們一開始對於將他們從家鄉吸引到低素質邊疆聚落的資源「錯置」十分不滿（Yeh 2013, 118）。他們感覺國家的資源拿去改善華東鄉村的生活條件，才是真正把錢花在刀口上。固然對國家辦事的輕重緩急有這種又愛又恨的雙重評價，他們許多人仍十分自豪於自己為國家做出的犧牲。被成塊捆好的「國家效應」經由銀行到警方等公私體系進行輸送，但其體現卻是透過他們這些移民的勞動與意索（T. Mitchell 1999; Fischer 2013; Yeh 2013）。

如湯姆・克里夫（Tom Cliff 2016b）根據庫爾勒（梨城）這個新疆產油小城的田野工作所主張，現行新疆當局的主要施政目標有二：一是要將邊疆與中國其他地方整合起來，二是要安撫新疆的漢族人口。不同於西藏，新疆漢族大多都是做為毛澤東時期遺產「人民生產建設兵團」中，長期的墾殖者或接受國家創業補貼的中小企業主。從一九九〇年代以來，數百萬額外的菜農、棉花採集工、煤礦礦工與修路工抵達新疆，且由於新疆資源擷取產業與基礎建設的規模之大，他們許多人也都成為了長期的墾殖者。這兩種人口——在一九五〇與六〇年代抵疆的兵團，以及在一九九〇與二〇〇〇年代赴疆的經濟移民——構成了新疆漢族人口的雙核心。隨著漢族移民持續其在整個新疆範圍內的末梢擴散，貶低維吾爾族的過程已經導致漢族獲致了顯著的影響力，特別是對第二波的市場導向墾殖者而言。這一點在已經於烏魯木齊取得一席之地的漢族墾殖者來說，格外符合實情。在一個將大批維族人口視為眼中釘並積極進行清理的新興城市裡，工作機會遍地都是。事實上，對都會移民——墾殖者而言，如克里夫與葉蓓所提到，在庫爾勒等邊疆小城與拉薩之漢族移民間，那些犧牲自我或建設國家的論調，似乎一轉眼已經看不見了。國家權力在現實裡的實質建構消失在了視野中。惟對維族而言，他們看到的就是一個建構在私人合約上，一頭宛若聖經中利維坦的殖民巨獸。

低收入漢族移民的素質與社會再製

要說有誰能代表低所得漢族移民—墾殖者之素質的典型，莫過於四川移民歌手羅林。經由他亡命之徒式的民謠搖滾人設，加上他所取的藝名「刀郎」是維吾爾族在喀什附近一個伊斯蘭蘇菲派傳統跟社區的中文音譯，他傳輸出了一種可以在眾多中國西北移工身上看到，志在出人頭地的先驅者意索（見Smith Finley 2015）。做為一名才華橫溢的表演者，他證明了自己嫻熟於評價一個被剝奪之民眾所居住的異地環境。由於他的粉絲主體一如他本人，都是來自其他地方努力工作的移民——安徽、甘肅、四川、陝西、山西、河南、河北與山東，這幾個是最常見的老家——羅林的歌曲創作主題聚焦在刻寫新疆大地上辛苦賺錢致富的故事上。油田裡、煤礦坑中、房子蓋得如火如荼的營建業內的一個個移工，都被重現為這個國家的「建設者」（Cliff 2016b）。羅林的歌曲，常常會從漢族男性的角度去生成對這種建設者之工作的評價：工作提供了移工條條大路，讓他們得以在新疆占得一片天，並同時累積更大的社會價值。他有首「發現並昭告天下」的新疆移民「主題曲」叫《北方的天空下》（Ch: beifang de tiankong xia），在這首歌的音樂錄影帶裡，他站在烏魯木齊南部一處屬於「西部大開發」的巨大風場前唱著：「我站在北方的天空下／思念的你遠在天涯／不知道這個世界到底有多大／但這裡是我們永遠的家。」[6]刀郎為自己建構的人設在晚近的漢族移民間不分富裕或貧困的經濟階級，都廣泛被視為愛國文化創業者的英雄典範，他們都很欽佩刀郎可以把社會領域調查清楚，然後將之轉變為一種清晰易懂的封閉客體。在過去二十年，他以偶像之姿崛起於新疆的期間，你會在滿溢於他歌詞中的形象裡看到滿滿的資源、滿滿帶有異國風情的穆斯林女性，以及滿滿被馴服的維吾爾男性。

我訪問的許多低收入漢族移民—墾殖者，都表現出做為愛國漢族主體一種類似的政治與文化影響力。能夠利用這種影響力的能力——利用一種屬地的漢族特權、中文能力、社會人脈去找出經濟上的發展機遇——常被經驗為一種生活上的便利。只要單純站出來，他們就能以自我塑造的主體身分去參與城市的經濟活動。一名漢族移民杜潔（音譯）是前述大灣社區那家「大肉」招牌附近一家鋪子的老闆，他告訴我：

我完全可以想像自己在這裡過完下半輩子，至於老家只三不五時回去一次即可。工作在這裡好找多了，而且待遇也不是安徽可以比擬。我搬來的時候也不怎麼需要調整適應。我同時在做的生意有好幾樣。要是回到安徽根本做不到這樣。

她跟著丈夫來到烏魯木齊，是因為丈夫跟老家安徽村子裡的其他人一起受雇於這裡的一處工地。在工地契約到期後，工人們用賺到的錢待了下來，開了一家店，專門服務在附近的住宅與維安基礎建設計畫中打工的漢族移工。店鋪上軌道之後，雇用其他移民來顧店並非難事。然後這些受雇移民很快也會自立門戶。由於那是個以維族為主體的聚落，因此杜潔說警察跟守望相助的社區（Ch: shequ）都很支持他們，讓他們在租用空間上沒遇到什麼困難。杜潔承認安防系統的要求讓他們略感不便，這包括新電話或身分需要登記，或者會有政治教育會議需要出席。但她也說，「那一切都不是為我們而設，那是為了他們（維吾爾族）而設。社區請我們通報所有可疑的活動，以便他們可以用監視攝影機來追蹤。要是維族把我們怎麼了，警察會立馬有所回應。其他大多數時候警察都不會招惹我們，也不會當街跟我討身分證或手機來檢查，那是他們對維族人才會做的事情。」

雖然在我訪問的幾十名漢族中，大部分人都還有親友故舊留在出生的省分，但他們說就某些方面而言，烏魯木齊比起老家的村子更方便他們展現出區域間的漢族差異性。在烏魯木齊，他們比較有錢，來自其他省分的移民群體間也比較沒那麼多階級區隔。比方說按杜潔跟她的同事所說，在烏魯木齊的安徽人往往挺樂於拉一把其他安徽人，幫他們找尋工作或資源，即便大家素昧平生。光是同為安徽老鄉這一點，就足以讓他們同心同德，有一個共同的目標。按他們所說，這種同志般的革命情誼，在安徽本地相當罕有。在邊疆城市，許多他們展現身分所需的東西都唾手可及，同時他們在家鄉會體驗到的地位差距也都會被抹平。他們還發現自己會暴露在新的漢族吃食與風格差異中，而他們的品味會開始反映這種多元性。大部分漢人都來自別的地方，所以他們彼此間比較不會有太多成見。當然，通常心照不宣的是他們會團結起來對抗維族對他們擁有一切的憎恨（Tynen 2019b）。一如在其他地方的殖民實驗，邊疆也是在共有民族主義信念之內的社會流動空間。[7]

另外一個來自河南的女性，林敏白（音譯），也讓我們看到典型的漢族移民生活在一個支持漢族移民的城市裡，日子有多輕鬆、多愜意。在她的經驗裡，當她與丈夫偕村裡其他人一起在二〇〇〇年代初期來到新疆，適逢基礎建設乘著「西部大開發」運動而掀起興建熱潮之際，這裡的日子要比河南好過得多。她說：

> 我來自河南。我來到這裡是在十五年前。在河南時我們有不到五畝地（二點五英畝）。我們在那兒種麥，但只能勉強餬口。河南人太多了。[8]在那裡我們很難找到真正的發展機會。所以我們才來到這裡。但我還是覺得自己是河南人。有時候我們會回河南過春節，但有時候我們回不了。一方面路遠，一方面我們有時候沒那個錢。

我請她比較一下她在烏魯木齊跟在河南的生活，林敏白說：

> 我覺得河南鄉下跟在這邊的新疆城市裡一個最大的差別是吃飯方便多了。我一點也不懷念種莊稼。在河南要準備一點吃的都超花時間。在這裡，一切都好方便，你需要什麼用買的就成了，買好就可以馬上開煮。我們想做河南菜，沒有什麼買不到的食材。我們來這兒生了三個孩子，他們全都有工作。我愛人也幹著居家修繕的活兒。烏魯木齊（Uy: Ürümchi）正在快速發展，快到我們從來不缺委託。我從來沒

> 有正式工作，但我也都會想辦法掙錢。過去這兩年我一直在市場裡少量賣點東西。近來我一天都能賺個五十元。我們的攤位不大，租金挺貴（五百元人民幣），但夠我們用就是了。

如以河南鄉村貧窮為題的學術研究所示（Anagnost 2006），許多河南省的漢族農戶都在國家主導的資本主義脈絡下為了基本的食物安全掙扎。由於赤貧是許多這些漢族移民的比較基線，因此這名女性能在烏魯木齊找到的擺攤工作，於她已經十足夠用。林敏白也說了由於她的親戚在河南也有微信，所以她平日可以跟他們保持聯繫。再者，她的社會再製受到政治體系的肯定。不同於移民在中國其他地方遭逢的挑戰（L. Zhang 2010），她說她的孩子獲得了政府補貼的好學校接納。這種社會再製的支持讓她跟她愛人不是普通的受用，畢竟他們夫妻倆無視相關的家庭計畫法，亦即照規定他們只能生一個而不是三個。她說，「他們將來能過上比我們好很多的日子。來新疆，我一分鐘都沒有後悔過。」

另外一名來自河南的年輕人朱茂敦（音譯）在烏魯木齊以漢族占主體的「新市區」擔任一處商品房開發案的不動產經紀人，而他也跟我說了類似的事情。對他跟他的妻子來說，來到新疆是他們這輩子做過最對的決定。這讓朱茂敦得以一窺他在河南不得其門而入的社區生得什麼模樣，也讓只有高中學歷的他敢於對達成高檔的生活品質懷抱想像。他說：

這個住宅建案裡的每一戶人家都在國有企業（或至少是大企業）裡上班。他們的「素質」（Ch: suzhi）真的高。這個地方的打造完全是方便導向。這兒十五分鐘就能到高鐵站。我們有全烏魯木齊（Uy: Ürümchi）最大的家樂福，路程只要五分鐘，而且我們可以連到烏魯木齊所有的主要道路。過一兩年我們還會接上地鐵。建案裡的每一區都有自己的中英雙語幼兒園。另外這兒有鄰近的公園可以供你去放鬆跟運動。你可以去釣魚。所有的機能都非常便利。這是一個年輕的社區，也有機會去到所有最好的學校學區。

接下來他討論了建案的維安系統是多麼的高科技。住戶全體都可以持卡開啟社區周邊的門禁。最終在二〇一七年，烏魯木齊市內所有的鄰里都可以靠人臉辨識來進入社區，完全將閒雜的移民區隔在廣大的城市區域以外。不過在這個點上，朱茂敦已經在協警檢查哨跟監視攝影機滴水不露的保護下，有非常安全的感覺。

靠著烏魯木齊經濟支持漢族社會再製時提供的舒適性，他也感覺自己的兒子要是能以一個新疆人的身分長大，肯定能獲得更好的教育跟發展機會。他說：

我在二〇一二年跟內人來到這裡。我們都只是為了自己的家人來賺錢。我們有一個一歲大的兒子，他在家由我爸媽看著。終究我們會把他帶過來跟我們一起住。我們在河南沒有土地，所以我們在那兒也沒有工作可做。

朱茂敦感覺如果他的兒子能在這樣氣氛中長大，他就能明白只要努力，就沒有什麼事情不可能。「他甚至有朝一日，」他補充說，「可以去美國。」這種烏魯木齊做為中國邊疆經濟機遇之地，且說不定可以通往海外美好生活的願景，不僅僅迴響在其他的低收入漢族移民之間，也迴響在城市裡許多中高層漢人之間。

朱茂敦說因為他善於用中文上網且使用微信，所以他一到烏魯木齊就馬上順利就業。他很快就透過其他的河南移民跟自己工作上房仲的身分，建立了網上的社群網絡。每天他都能經由線上廣告蒐集到更多的人脈。他能順利就業，順利被認可為有生產力的勞工，都讓他想進一步透過休閒的表現與消費來培養自身素質，成為一種可能性。他買起新衣服，用起iPhone，好符合他做為不動產經紀人的新人設。國家資本透過對建案與相關維安基建的直接或間接投資，為他提供了一種安全感。在這個邊疆之地，這種安全感賦予了他力量，使他具備生產力。

朱茂敦說想以一個知識型勞工的身分在新疆闖出名堂，要比在華東都會區容易得多：

新疆優於北京與上海之處就在於收入水平高但租金還算低。所以說到底我們賺得比在東部多。同時我也不願意去做營建工人，因為那實在太辛苦了。上網跟操作手

> 機都難不倒我，所以我寧可在那個市場裡賣東西。我才做了兩個月而已，但我真的很喜歡這份工作。他們給我們兩千元人民幣的底薪，然後每賣出一間房子，再給我們百分之零點五的佣金。我知道這很低，但這裡是中國。所以我可以做這份工作，然後再另外去兼別的差。我太太也在房仲業，但她是在一家大型不動產經紀辦公室裡當女侍。我喜歡烏魯木齊（Uy: Ürümchi）。這裡的**氣氛**真的很適合我。市內的所有人都來自其他地方，所以獲得接納不是難事。只要有機會我肯定想落腳在此；這裡比起河南，多了很多機會讓我們去發展。我當然想念在河南的家人，但這裡讓我感覺可以真正**開始活出自我**（粗體是我的強調）。

由科技—政治系統清理出來，並提供給漢族移民由科技促成的工作中進行自我塑造的這種「氣氛」，呼應了朱茂敦所歸化完成的社會立足點。烏魯木齊，在恐怖資本主義的標誌下，標註出一個他可以「開始活出自我」的地方。他可以在知識經濟裡兼好幾份差，並透過努力工作力爭上游。他說那些話的特別之處，在於他並沒有自覺到他在城市裡的成功是由他的漢族身分與知識所中介。一如我與幾乎所有漢族移民進行的交談中，他們都沒有認清他們的「美好人生」是建立在維族整體受到的剝奪與維族移民遭到的圈禁上。反之，他們認為自己的成功完全是他們努力工作、自我栽培與犧牲所換來理所當然的成果。

雖然我訪問過的眾多漢族低收入移民，他們都承認他們在烏魯木齊所積累的那種素質比起在北京或上海等大城市可能達到的高度，價值要略遜一籌，但他們都認為自己在新疆的生活從根本上勝過他們的親戚在華東鄉下的日子。與這種觀點形成反差的，是葉蓓（2013）在西藏訪問的四川漢族移民。從很多方面來說，在烏魯木齊的低收入漢族移民都認為他們的身分脫離了出生地，融入了一個更廣泛的中國民族前途。這樣的他們在「中華民族」（Ch: zhonghua minzu）的發展計畫中，是邊疆的先鋒。對他們來說，大城市與烏魯木齊的素質差異主要是一種觀感上的差別。移民——特別是那些像朱茂敦一樣，住在漢族占多數的城市區域裡的人——會表示維吾爾「恐怖」（Ch: kongbu）的實際威脅遭到了瘋狂地誇大。他們覺得安全是因為國家警察與協警的存在感是如此強大。他們很多人表示維安機器也提供了漢族勞工穩當的就業機會，讓教育背景不會成為一種阻礙。再者，他們可以不跟任何一個維族人互動，照樣過他們的生活。

一名在湘菜餐廳當廚工的湖南移民說：

> 我一家老小都安身在長沙附近一個小鎮，所以我真的需要定期回去一趟。我不認為長沙與烏魯木齊的差異只是單純的素質問題。論城市規模長沙略大一點，但那兒也封閉些。在這兒，所有人都來自某個異鄉，而政府投入了很多經費在這裡的開發上。這裡可說前途一片光明。

雖然在自治區以外的主流中國論述中，新疆的形象就是「落後」（Ch: luohou）跟「危險」（Ch: weixian），因此欠缺東部城市素質。漢族移民說他們鮮少有這樣的體驗。事實上，很多漢族移民都表示烏魯木齊「有所不足」的形象反而是好事一樁，因為發展程度偏低與危險的地域容易成為國家資本大肆挹注的收受者。雖然在新疆的移民—墾殖者可能從華東中產階級都市居民的視角被評價為素質較低，但地點換到國境的邊疆，移民者往往會慢慢發覺他們有力量掌控自己的未來，並推而廣之地左右他人的未來。

在新疆的脈絡中，低收入晚近移民的態度與文化產品，對前來建造資源擷取與科技—政治系統的企業與國家雇員也產生了影響。比方說我認識了一些在這些產業中工作的富裕漢族，他們告訴我說刀郎也是他們最喜歡的音樂家。事實上我第一次知道刀郎，是從一名經濟學家的口中聽得，當時我正在前往烏魯木齊市區人民廣場的西北角，那兒有一場辦在四星級飯店裡很講究的晚餐，等著我去赴宴。我跟他在車裡討論著我們的品味。那名在基礎建設產業中參與公私部門夥伴關係開發案的經濟學者說，她覺得悍馬是最棒的車，因為悍馬車如其名地馬力強大，而馬力在新疆這種地方很派得上用場。然後就像悍馬這種軍車會讓她聯想到移民的態度似的，她問起我有沒有聽過刀郎。她覺得他是新疆一等一的歌手。「他真的傳達出了新疆的氣氛，」她說。後來在與一名通勤於烏魯木齊跟北京間的投資銀行家共進晚餐時，她又一次提起刀郎。銀行家也呼應了她對刀郎音樂風格的肯定。他說在來到新疆之後，聽刀郎感覺是理所當然的事情。他喜歡他的「味道」（Ch: weidao）。對他來說，新疆做為一種被清理出來，供以漢族為中心的素質得以被傳達出來的社會氣氛環境，極佳地表達在刀郎所搬上檯面，一種漢族移民對維吾爾象徵性、具體性與物質性空間的侵占上。

維吾爾的素質與社會再製

一款市場導向的素質論述也同樣在維吾爾社會中獲得採用。在二〇一四與二〇一五年一系列我與他進行的加長訪談中，維吾爾公共知識分子、詩人兼製片人塔希爾・哈穆特描述了維吾爾對素質的概念如下：

> 就許多方面而言，素質似乎是一種人類的普世概念。它關乎教育、能力、品味與教養。對維吾爾族而言，這些素質所扮演的角色長期獲得重視，但我們大部分對其的認識都來自於一九二〇年代起，「薩帕／素質」（Uy: sapa）真正成為一種受到高度追捧的價值之後。雖說相對於維吾爾的全體人口，知識分子的比例其實相當之低，但較之其他少數民族或甚至是漢族，維吾爾人其實擁有頗高的素質。

塔希爾在這段發言中提到的一九二〇年代之後，是指來自南亞與中亞其他地區與中東的扎吉德（Jadid）派，開始以伊斯蘭現代主義者之姿在維吾爾社會中引入新式的現代主義跟科學學習之時期。這帶動了一波維吾爾語教育的百花齊放。這種透過教育所達成的新形態品質，生成了一個知識分子階級與各種新式的文化知識。這也塑造了以新生伊斯蘭民族主義為核心的突厥伊斯蘭共和國之成形，也就是東突厥斯坦共和國（一九三三－一九三四）。在一九四〇年代，隨著維吾爾人開始在民族建立的過程中習得了各種社會主義實驗，這些早期形式的文化知識被拿來運用在對第二東突厥斯坦共和國（一九四四－一九四九）的服務上。惟塔希爾說自從共產黨在一九四九年抵疆之後，維吾爾的文化發展就大體遭到毛澤東式多元文化主義與國家政治宣傳的阻擋。他說，「在毛澤東時代，我們真的不太能控制我們（在文化上）的產出。我們沒有學習東西或自我栽培的自由。」

事情開始有所改變是在一九八〇年代，當時一如在中國周遭的空間，我們可以在中國看到一種「以市場導向生產遂行個人培育」的轉向，也可以看到一種「以消費形塑嶄新上進主體」的情形，這都跟阿納格諾斯特（2013）等人在漢民族人口中注意到的狀況十分相近。這麼一來，在整個一九九〇年代，我們可以看到維吾爾知識生產在有心企業家的帶動下展開復興，並開始生成新形態的文化品質，只不過比起華東，新疆少了一些市場的支持，所以也無法像華東那樣真正蓬勃興盛。接著在二〇〇〇年代中期，一種新式的審查與管制開始阻擋自治性較強的耶利克文化創作。塔希爾對此表示：

一部分的問題出在媒體製作已經被管制了幾十年。從一九九〇年代初期一直到二〇〇四年，我們都可以大量製作各種媒體：電影、音樂、喜劇，印成VCD都超級便宜。二〇〇五年，販售維吾爾語的媒體產品遭到一波嚴厲的掃蕩。二〇〇九年後，管制被收得更緊。政府想杜絕一切不符合漢族價值觀的東西，使其無法流通。如今想找到非政府的大眾媒體內容難上加難，特別是在南疆。即便是之前獲得放行的維吾爾語電視與電影，現在都成了被審查的對象。南疆已經沒有電影院了。現在我們只能一天到晚被餵食國家的政治宣傳。

經過進一步的思考，塔希爾說有三項主要因素造成了維吾爾人在漢族都市移民—墾殖者的眼中似乎素質低落。他說這三項因素的核心，在於維族一種普遍對媒體自治性的欠缺，唯一的例外是二〇一二到二〇一四年間的短暫窗口，當時維族曾靠微信促成維吾爾文化的曇花一現。如今由於維吾爾人缺少空間去生成，去各種舞台再現他們希望呈現的各類特性，所以也只能任由維吾爾人落後而有潛在危險的負面樣板在中國流行文化中瀰漫。比起城市中的漢族移民，且特別是隨著人民反恐戰爭的開打，維吾爾移民在更大的程度上無從透過自我的栽培與展演去追求他們的慾望。[9]相較於此，維吾爾人的慾望常常被國家當局、企業員工、漢族移民視為**太過維吾爾、太過伊斯蘭，同時不夠中國**。這就是何以在多數的案例裡，維族僅有能被地方當局搬上檯面供公眾消費的正面形象，都是那些開心跳著異國風舞步的他者，都是維族在展演他們被審核過的差異性供觀光客取樂。

塔希爾說這種不自由在與傳統形式的知識結合之後，便讓維吾爾人的素質概念走上一條不同於漢人的軌道，呈現出不同於漢人的表達。他說：

> 基於他們的傳統，出身鄉間的維吾爾人不像漢族那麼感興趣於（中式）的發展。對他們而言，老派的行事風格，自小陪著他們長大的合院，都在他們眼中比新公寓樓房跟都會生活更談得上生活品質。就算他們想要現代生活的便利，他們也希望那些方便能立足於傳統的生活風格。

為了舉例，他描述了許多維吾爾移民是如何受到一些突厥主題維吾爾餐廳美學品質吸引。他說這是因為這類餐廳重新發想了維吾爾的菜餚與用餐禮儀，使其顯得暨都會又現代，暨伊斯蘭又突厥——但就是不似中式或西式這些非伊斯蘭的作風。維吾爾族至今仍可以圍著矮桌在地毯上按尊榮與敬意的排序而坐，席地享用傳統的維吾爾料理，配上維族的茶飲，但卻絲毫無損於當中的普世風格與世界主義，而這一點得歸功於服務生的白手套暨一身行頭，還有土耳其茶杯的特殊造形。原生民族的用餐方式，周遭環繞著精美的石膏（Uy: kisek）壁龕、內嵌的木質門窗邊框、代表耶利克工藝的馬賽克玻璃，再加上現場演出的傳統音樂跟免費的Wi-Fi，創造出一種維族有錢人願意花大錢享受，維族低收入者會讚嘆不已的都會當代氣氛。這些是給人愜意地偷得浮生半日閒，而不是讓觀光客來花錢的空間。店家創造出了維吾爾的當代世界，為的是讓維族來這裡消費。

含塔希爾在內，我訪問的一眾維吾爾文化工作者都指認維吾爾的品質觀念源自於不同地方，也源自於鄉村傳統，至於這些觀念所嚮往的方向，則是突厥、伊斯蘭與都會的現代性。但他們也說了在很多方面，品質的觀念只是一個經濟的函數，而經濟又愈來愈以網際網路與智慧型手機為發展核心。如塔希爾所示，一種身為消費者的生活方式，正日益對維吾爾移民的生活產生巨大的效應。他說：

如今，民眾開始變得愈來愈自我中心。他們覺得高生活品質只代表大小事都要便利。如果大家都有好房、好車，都有家庭，那他們就滿足了，就覺得生活品質已經到手了。

雖然都市生活中的結構性不平等，對維吾爾移民取得他們希冀生活品質的能力有著鋒利的影響，但微信等線上平台仍給了他們一些途徑去展示他們的獨特性。任誰都可以把他們的照片張貼到網路上，不論那背景是專門蓋給維吾爾官僚的華麗餐館大廳，還是有著玻璃帷幕的購物賣場。不過，不論網路上的都會人設可以許諾他們多少美好的未來，假以時日，他們在社群媒體上留下的紀錄與行蹤還是會變成數位監控鎖定的目標。看在極少數能透過在政府機構工作取得都市戶籍的維吾爾族眼裡——這些人占維吾爾人口恐怕不到百分之五的比例（Tohti 2015）——維吾爾移民，特別是那些沒受過正式教育的維族移民，往往看似素質偏低。都市中的漢族移民與政府當局常常在評價維吾爾移民也用類似的眼光，而其結果就是廣泛的就業歧視。這種貶低過程在二〇一四年來到了一觸即發的地步，終於逼著國家開始實施我在第一章所描述的社會圈禁。

一張詳列出「七十五種宗教極端主義之具體表現」的識別清單，由新疆部分地區的政治官僚流通，當中描繪了什麼行為叫作「尋常」或「正常」（Ch: zhengchang），什麼行為叫作「異常」（Ch: yichang）（United Front 2014）。清單中所謂的宗教極端主義體現或「表現」（Ch: biaoxian）包括了「以不符清真標準為由阻礙『正常』商品的流通」，也包括「毀壞（知名中國政治領袖的）偉人像」，還包括穿著「異常」服飾。清單上的第四十三項對物質與數位圈禁系統有著格外的重要性，因為該項規定點名「抵制政府宣傳教育，打砸電視機、廣播設施等，拒絕收聽觀看『正常』的影視作品」就是極端主義的預備犯行為。同樣地，「攻擊發展管理措施」——這裡說的發展管理措施包括援疆系統，而援疆系統又內含許多以監視手段強逼人進行不自由勞動的計畫——抗議西氣東輸與推動資源擷取經濟的基礎建設計畫，或是抱怨鄉村戶籍登記與相關的通行證系統，都是清單中所列第四十三條的極端主義跡象（United Front 2014）。另外被第四十八項宣告為非法的則包括在祈禱室裡聚集，還有「擾亂公共秩序」。第五十三項認為由穆斯林進行的國際匯兌為非法行為。第六十七到第七十三項宣告為非法的行為包括使用VPN（虛擬私人網路；翻牆軟體）、數據分享裝置、微信與其他社群媒體來討論宗教話題——扎扎實實就是數百萬維吾爾人被認定「異常」（Ch: yichang）的時候，做的事情就是討論宗教。在這些計畫性的方針之下——以此為基礎的演算法會被用來評估跟控管維吾爾的生活——單單身為一名年輕、文件資料不足、教育程度不夠、未充分就業的男性移民，就能讓維吾爾人被移入可疑的類別中。這些形式的評價所導致的，便是圈禁，而且被圈禁的不光是出身鄉間的移民，而是連維吾爾的社會再製本身都無法倖免。

在城市裡被貶低的原住民工作

原住民在中國是個有爭議的名詞（Elliott 2015）。這種爭議起源於好幾個互有關聯的理由，其中最主要的理由是國家當局排斥這個用法，因為國家認為原住民的概念會威脅到中國的國家主權，進而威脅到多數人控有少數民族土地與勞動力的權利。一旦被少數化且屬地的民族——如那些語言各異、信仰習俗各異，且大多數時候族裔—種族表型不同於漢族的維吾爾族、哈薩克族與藏族——被允許自認為是原住民族，那中國當局與漢族墾殖者就會較難以合理化他們對少數民族祖地的主權聲索，也較難以去控制少數民族的社會再製。爭議的第二個理由來自於被流放的社區，還有某些學者視原住民一詞暗示一種原始的「落後」，而這與他們理想中圖博與東突厥等族裔國家所代表的國家現代性正好背道而馳。[10]一個不得不提的重點是雖然許多流亡的維吾爾人，特別是老一輩的，確實認為民族國家形式的東突厥斯坦是一個終極的政治目標，但也有部分在中國與流亡中的維吾爾學者與社群領袖，憧憬的是針對殖民支配比較包容而不那麼國家中心的解決之道。抗拒原住民一詞的第三個且或許比較微妙的理由，源自有人湊近去檢視被少數化之群體——特別是在中國西南部那些——是如何擁抱了國家特許的差異。在某些案例中，苗、彝等民族已經可以使用國家為少數民族文化生產所提供的資金去推動他們的經濟，形塑他們的舞蹈與音樂傳統，乃至於從事其他讓他們能維持一定程度自治的努力（Schein 2000; Wilcox 2018）。整體而言，這些群體的成員並未尋求在屬於國際主義的原住民運動中有一席之地（Yeh 2007a; Roche and Wang 2021）。比方說，學者羅禹（2017）揭示了貴州的地區菁英已經採用了中文裡的原生態一詞去扶植與原住民性類似的特色，並以此去描述「族裔與鄉村民族之文化特異性與（地區性）環境管理者身分」，好避用中國的禁語原住民（Ch: yuan zhumin），但這個禁語在台灣卻是個被普遍使用於原住民族之間的說法（Simon 2020）。

然而，即便有這些理由不去自我認定為原住民，年輕一輩的族裔少數學者仍日益開始採用原住民性做為一種政治身分，並以此去回應全球性的去殖民化運動（Hathaway 2010）。這尤其可見於新一代的內亞學者之間。[11]不同於多數中國西南的少數民族都使用中文為第一語言且不難混充為漢人，對這些群體而言——他們常常在國家與主流論述中被描述為

「硬」（Ch: ying）、「生」（Ch: sheng）或「不開化」（Ch: bu kaifang）——其族裔性被種族化的程度已經愈來愈高（Harrell 2001; M. Hansen 2007; Oakes 2012）。一如他們的土地與差異性正成為經濟控制之鬥爭愈演愈烈的場地，國家當局與多數族群已經愈來愈把少數族群對差異性的權利主張視為一種缺失跟威脅，而不是一種資產。以原住民性、去殖民化與反種族主義為題的學術研究已經提供了這些學者新的方式去了解原住民的故事訴說與口述傳統、神聖地景、知識域暴力。這也給了他們一些辦法，去看見以國家為中心的身分認同之道有哪些有效跟無效之處。

這批新興學者——包括達瓦・洛克伊特桑（Dawa Lokyitsang；藏族）、艾美・安德森（Amy Anderson；維族）、麥可・安德森（Michael Anderson；維族）、古爾達納・薩林姆詹（Guldana Salimjan；哈薩克族）、努爾杜克赫特・庫多納札洛瓦・塔格杜姆巴什（Nurdoukht Khudonazarova Taghdumbashi；薩里庫爾族）等人——的研究成果，還有我眼中的烏魯木齊維族是如何同時取材了耶利克的身分認同與全球性的社會運動，包括他們如何讀取了反種族歧視跟去殖民的理論與方法（Anwar and Byler 2021），在在都推著我思考維吾爾的原生身分認同時，將之視為一種內在與外在都含有國際主義與去殖民運動色彩的獨特原住民性表達法。如我在前一章中所提及，自我認同為「屬於這塊土地」，就是以有意識的政治舉措在主張自己屬於一個扎根於土地且連結到全球穆斯林社群的自治神聖傳統。如我曾在別處揭示過（Byler 2018d），歌唱或聆聽維吾爾的音樂，以各種方式體現傳統知識，都能讓城市裡的維吾爾移民獲得一種辦法去抗拒結構性的暴力。這讓他們感覺自己扎根於「不朽」但又在改變中的傳統（Byler 2018d, 20）。在之前的章節中，乃至於之後的幾章中，我都用了原生或耶利克的說法來形容這些傳統。在捨原住民一詞而使用原生或耶利克之說法的過程中，我所傳遞出的訊號是維吾爾的身分認同雖然不能與「在去殖民政治被正式承認的空間中的原住民認同」完全通約，但仍然應該被視為與他處原住民族之身分認同是近似的。我同時還跟隨許多我的民族誌主體跟原生民族同事，一起拒絕以國家為中心的維吾爾身分定義，並改採一種非主流——可理解為非正式與非規範性——的國際主義去殖民政治立場。

維吾爾原生知識中一個很強勢的形式，是透過傳統職業生成。來自鄉間的維吾爾族有一個悠久的傳統是透過老師傅與年輕人之間的師徒（Uy: ustaz-shagirt）關係，去培養出高超的工藝。幾百年來，維吾爾的金工、木雕師、藥商、理髮師、屠夫、烘焙師傅都是這麼被培育出來。如我在前一章中所述，這些原生的傳統都與特定地點有所連結，並體現出扎根在維吾爾自治區地景中的知識傳統。過去幾十年間，這些形式的社會再製不僅在維吾爾的日常原住民性中，維繫住一種當代性與有著嚴格性別區隔的分工，而且還讓負擔不起讓孩子接受正式教育的維吾爾家庭得以確保他們的兒子可以走上穩當的人生之路。在經年的無償勞動後，學徒通常能獲得機會出師並自立門戶。在一九九〇與二〇〇〇年代，這些學徒出師開的店鋪提供許多人進入廣大市場經濟的入口。伴隨恐怖資本主義形成在維吾爾原鄉土地上的評價過程，削減了這種原生再製。

基於這種貶低過程一個很典型的作品，是維吾爾的短篇故事《鐵一般的意志……》（*Iron Will...*）（Uy: jeni tömür...），作者是埃塞特．艾米特（Eset Emet）。這個二〇〇六年的故事，重點圍繞著一名維吾爾青年的生命敘事，而他的身分是烏魯木齊維吾爾區裡一名屠戶的無薪學徒。故事訴說是透過一名都會維吾爾教師的視角，他在他公寓住處附近的街上巧遇了這名青年。在這名教師的眼中，這個維吾爾青年代表了廣大的維吾爾青少年，他們以學徒的身分遍布於各式各樣的維吾爾傳統行業中，從烘焙到維吾爾傳統醫療都有。隨著教師與青年慢慢混熟，他明白了青年的雙親為了扶養他吃了很多苦，而他在學校裡表現並不突出。出於無奈，爸媽將他送到了城市裡的屠戶當學徒。在城市裡，這名有著「鐵一般的意志」的年輕人發現自己得忍受師傅的虐待，而離開屠戶後，他又不得不依附拉幫結派的其他年輕人，而那些人也讓他吃了不少排頭。到了最後，年輕人在城市裡其他同齡者的逼迫下，淪落至犯罪的生活。

這個故事在敘事者與年輕人的萍水相逢後出現了轉折，主要是敘事者想要給他二十元人民幣（約三美元）的小費，勞煩他把半頭羊從肉店扛到他的公寓裡。年輕人婉拒了小費，而此舉讓敘事者納悶：

> 這個年輕人為什麼不收錢？是因為錢的問題毀了他的未來嗎？還是因為他感覺給錢後面一定有鬼？他是在嘗試捍衛自己的尊嚴嗎？

做為我研究方法的一部分，我跟我訪問的維吾爾移民討論了這場虛構的邂逅跟敘事者提出的問題。他們說短篇故事浮出檯面的觀感與疑心病，透露了他們的社會角色被他人評價的方式。許多學徒看待他們做為烘焙師傅、理髮師傅、廚師的工作是堂堂正正的勞動，但也感覺城市裡的其他人隱約覺得他們「落後」（Uy: qalaq）並有犯罪傾向。基於他們在工作上的經濟環境，乃至於他們的勞動是如何受到漢族移民、都會菁英與國家警察的貶低，他們往往被迫設法在非正式的經濟中謀求生路，包括強賣東西給人或當個雞鳴狗盜之徒。如在本書的最後一章中會提到，許多低收入的維吾爾移民會在清真寺的社群中找到歸屬感，而這一點又會反過來形塑他們與伊斯蘭虔信的關係，還有與科技政治系統那評價凝視的關係。

在訪問中，我會把這故事說給年輕的學徒聽，或請他們自己跟我一起讀，結果他們常表示故事中的年輕人之所以不收小費，是因為他想要獲得平等的對待，而不想被當成「沒素質」（Uy: sapasi yok）的乞丐。他們說敘事者可以拿錢借他周轉，但送錢給他就是在某種程度上對他不敬。跟我對談過的學徒說，這故事給他們一個印象是從事原生行業的學徒們既不識字又一貧如洗。那讓他們感覺學徒應該要成為被可憐的對象。讀了這故事，他們有種感覺是作者覺得學徒面對自己的人生故事毫無能動性。這在他們耳中不太對勁。他們說這故事聽來像是出自一個對學徒生活一無所知之人之手。

事實上，這個故事的作者，埃塞特．艾米特，本身是一名中上階層的維吾爾知識分子，且在某政府機關中有一份相對穩當的職位。他，一如其他許多我訪談過的維吾爾知識分子，都對維吾爾「行者」（Uy: musapir）或低收入移民的素質，抱持一種可以說偏向負面的觀感。他感覺像自己筆下學徒那樣的年輕人，應該要到學校裡培養中國城市市場裡看重的素質，應該去學習理科、學習中文，學習一技之長。他感覺這些年輕人會走上這樣人生道路，多多少少跟他們的爸媽不懂得自我要求跟書讀得不多有關。埃塞特也承認貧窮在鄉間的維吾爾社區是一種傳染病，但他覺得自己出身鄉下的人生故事也證明了不論條件再不利，維吾爾年輕人都可以在中國城市裡有所出息。他或許沒能了解到的一點是他成年於一個維吾爾族鮮少能取得高等教育的年代，他能成功覓得相對安穩的生活，主要得歸功於他在國家多元文化主義計畫中的角色扮演。他在短篇故事流露的若干家父長式口吻，反映的正是這種他不自覺的相對特權。

儘管如此，他對低收入移民的關注還是值得欽佩，至少已經贏過一部分肆無忌憚敵視低收維族行者的維吾爾菁英。舉例來說，有名維吾爾官員身為在政府架構中就職的一小撮富裕菁英一員，曾這麼告訴我：

> 來自（鄉下）南部的維吾爾人以為不用努力，東西就會從天上掉下來。他們不知哪來的觀念，好像只因為自己是維吾爾人，別人就應該把一切拱手奉上。還有，如今他們許多人都覺得過往的傳統角色應該通通拋棄。他們對當權者完全不懂得尊

敬。他們覺得每個人的意見都應該獲得平等的對待。但實際上我們維吾爾人跟他們(透過網路)看到那些電影裡的美國人或土耳其人不同。我們有尊敬父母跟敬老尊賢的悠久傳統。想要出人頭地你得先證明自己有這資格。

按照這種妄自尊大的態度,這名官員說移民操持的新式宗教虔信不論對維吾爾的生活方式,或是對他靠著與中國的體系合作而獲致的成就,都是一種根本性的威脅。他與一小群接受我訪問的其他維吾爾官員都認為,他們能以維吾爾菁英的身分享有現在的權利與安穩,完全都是靠自已的聰明才智與辛勤努力。他們覺得自身生活的安穩,受到了自二〇〇〇年代初期以來所有來自鄉間的陌生維族威脅。另外一名維族官員跟我這麼說:

在烏魯木齊的維吾爾人中,我們只有大約兩成是本地人(擁有都市戶籍者)。[12]其餘都來自其他地方。他們有些人努力工作,想給孩子一個更好的生活。看到有人這麼做——開黑車(沒有營業登記的計程車)或諸如此類——我真心覺得開心。但他們很多人真的不懂得上進。他們沒有目標,沒有計畫。他們只是單純不想待在鄉下,所以就跑來這裡。他們沒有自知之明,但就是他們讓維吾爾族染上了素質低的臭名。

雖然我們一直是用維吾爾語溝通，但在最後一句話裡這官員很耐人尋味地進行了「語碼轉換」，來了個「漢維夾雜」，亦即他沒有用維吾爾語裡的sapa，而是用了中文裡的「素質」一詞。對他來講，素質的測量標準是漢語，不是維語。[13]

來到城市裡，並在傳統行當中成為學徒的年輕維族移民，對於何謂殖民有著一種比較微妙的觀感。他們不認為他們的價值被貶低是咎由自取。他們說他們的人生絕對不是沒有目標。雖然他們常認為自己的漢語能力不足是一種劣勢，但他們並不認為這等於他們是劣質的勞工，也不等於他們不具備漢語以外的領域知識。好幾個人都告訴我他們之所以選擇現在的志業，只是因為那是他們所有選擇中最好的一個。問題不出在他們的工作，而在於他們身邊的社會圈禁與權力場域。按他們的想法，如果國家可以支持他們的工作，支持他們在所從事技藝上的知識，那廣大社會給予他們的尊重就會水到渠成。為了更深刻地證明這些結構性的力量是如何影響年輕低收入維族移民的生涯發展，我接著要把敘述的筆鋒轉向一名名叫尤瑟普的年輕學徒。

選擇原生性的工作

尤瑟普初來乍到城市中時，年僅十四歲。他說他家人把他送到城市裡，是因為「日子很辛苦，我家裡沒錢送我上學。我家只有八畝地（一點二五英畝），而這代表我們只能勉強餬口。」尤瑟普說他哥哥還在二〇〇八年被判十二年有期徒刑，這也是他爸媽讓他輟學進城的一個原因。在他哥哥與另一名維族青年起衝突持刀殺死對方而遭定罪後，尤瑟普的爸媽覺得在遙遠的城市中展開新生會讓尤瑟普的前途較有保障。就這樣，他爸媽把他送到烏魯木齊，投靠一名出身他們鄰村的烘焙師傅。一開始，尤瑟普說他還挺興奮可以進城；他反正不愛上學，城市生活至少感覺比較刺激。但這種興奮只維持了一下子。

那兒的工作非常辛苦。我得凌晨三點起床，開始做饢要用的麵團。由於我還在受訓，所以我的待遇只有一個月十元（人民幣），一個睡覺的地方，還有餓不死的伙食。我是唯一在受訓的學徒。其他都是大人。我身上真的是什麼都沒有。這種日子過了一年後，我離開了。我感覺自己的勞動，沒有被當成**真正的工作**。那是一種奴役。我沒得選擇。如果我不工作，他們就會毆打我，也得不到東西吃（強調「真正的工作」的是我）。

尤瑟普想要的「真正的工作」，是在薪資市場上有價值，並能給他時間跟空間去培養自我意識的工作。在離開第一份學徒工作後，他發現自己能找到的工作都很難長久。他首先嘗試在市集裡用頭頂著托盤賣麵包，但這份工作只付日薪二十元人民幣，而且這代表他晚上必須睡在通宵營業的網咖。後來他找了份工作是在一間維吾爾餐廳中洗碗。但這份工作也只有五百元人民幣的月薪，根本不夠他的生活開銷。尤瑟普說：

> 後來我爸媽給我另找了一間麵包店去工作——但那裡跟第一間半斤八兩。他們不付我薪水。等我開口要求他們給薪時，他們就打我。其他的伙計都比我個頭大，所以我也無可奈何。

最終他找到一份保全的工作，但他又一次遇到了相同的問題。他的老闆還是不付他薪水。他的雇主說像尤瑟普這種低技術又「低素質」（Uy: sapasi töven）的人，包吃包住已經可以了。後來，尤瑟普在打「苦工」（Uy: ishlemchi）推銷東西上做出了點成績，主要是賣些皮帶跟鞋子之類的消費性產品。他說這是他待在城市的期間做過最好的工作。「如果皮帶賣得好，你賺錢會很快。有回我一天就賺了超過兩百多元。我那些年什麼亂七八糟的東西都賣。也沒有什麼活兒我不肯嘗試去幹。」但他的好時光往往都稍縱即逝。更多時候他要麼被供應商騙光了獲利，要麼斷貨而無貨可賣。

尤瑟普靠零工並不能改變什麼。他覺得在所有人的眼裡，他仍是那個沒讀過書的麵包店學徒，在這個當代的城市裡根本沒有一技之長。他的生命處境，完全肇因於他的家庭背景。他說：

我哥哥在三四年級的時候也輟了學。他其實維吾爾語也看不是很懂。我爸媽也一樣。他們也沒有機會上學。那並不是他們不愛上學，只是他們沒有可能上學。他們必須去工作賺錢才有得吃。在鄉下，一切都很枯燥乏味。沒有什麼未來可言。我想要份好工作，一個太太，還有小孩。但想在鄉下湊齊這些東西談何容易。

但在此同時，尤瑟普說：「你在這裡是個隱形人。」他感覺就好像只有在其他學徒跟「苦工」(Uy: ishlemchiler)眼裡，他才是個有點價值的人。在他老家村子裡苦無機會的情況，也就是他所說的「枯燥乏味」。結合赤貧跟鄉間強到極致的糾察力度，使得重返鄉間生活感覺毫無可能性可言。

一日午後他遇上一名親戚，那名親戚的父親在城市裡擁有一間旅店，並且曾經給過他一份保全的工作。我們一起搭著那名親戚的車，前往了一座公園吃烤串。在這個處境下，尤瑟普似乎感覺如魚得水。他被分派了備肉的工作。團體裡的其他人似乎對尤瑟普備料知識之淵博，有著發自內心的尊敬。但在我們吃飽喝足後，他就又一蹶不振，重拾那些他親戚眼中的「落後」(Uy: qalaq)行為。他請親戚讓他看一眼新買的iPhone，然後在手機上看起裡頭儲存的照片與影片就是四十五分鐘，因為他在他的華為便宜貨上沒辦法這樣做。最終親戚說他無聊，把iPhone要了回來。感覺弄了半天，他邀請尤瑟普來郊遊，只是因為他跟他的客人需要一個廚子。

在與日子較好過的維族／漢族移民的許多次交往中，尤瑟普都不被當回事，要不就是有事要考慮時被放在第二位。其他人即便年紀比他輕，也能動輒把他的光芒徹底遮蔽掉。旁人對待尤瑟普，往往就像他是空氣一樣。每遇到這種情形，他就會更加沮喪，更加退縮，而這種行為反應又像惡性循環一般，進一步強化他的欠缺歸屬感，他的不識字，還有他的欠缺素質。較富裕的維吾爾人告訴我說，他們覺得尤瑟普可能是「瘋了」（Uy: sarang），因為他一天到晚在別人聊天時在一旁打轉，旁聽別人都在聊些什麼。

尤瑟普清楚自己遭到的排擠。他知道其他人嫌他「沒素質」（Uy: sapasi yoq），但他並不知道要如何逃脫這種觀感。他感覺自己的人生故事好像就卡在這裡了。他說在城市裡，彷彿每個人都是根據他們的風格、他們擁有的東西、他們張貼在微信上的內容來「評價」（Uy: baha berme yoq）彼此，沒有人會在意烤麵包或宰羊的知識。正是這種觀感，在某個程度上導致了貧窮循環讓學徒遭到進一步的疏離。當我把《鐵一般的意志……》的故事告訴他時，他當場表示故事兩個主角間真正的問題，在於作者不明白原生傳統真正的價值。尤瑟普說：

> 這個故事說錯了少年所做的工作。那少年並不憎恨他的工作本身，他恨的是他窮，恨的是被有錢的維族跟警察看不起，恨的是被當老師的人可憐。他只是想要因為他做的行業，因為他有的知識，而被認為有價值。

但在他自身的人生中，尤瑟普唯一看得到能從他身陷的低素質地位中爬出的辦法，就是嘗試達成一種具有市場價值的人設。雖然他希望他在傳統行業中的工作可以被肯定價值，但實際上他卻被逼著去在服務業中尋覓低薪的工作。為了能投射出當代的特質，尤瑟普與一眾學徒花了很高比例的收入去買衣服跟智慧型手機。尤瑟普說：

我每個月花兩三百元人民幣在治裝上。因為我是男人，所以我不自個兒洗衣服。我都是直接買新的。我知道衣服很貴，但我沒得選擇。我必須看起來人模人樣。我一年前還花五百元買了我的安卓（手機）。這很重要，因為我可以在有Wi-Fi的地方用手機看視頻。我爸媽根本不知道微信是什麼。他們連短信都不會寫。他們會的就是說話。

擁有傳統知識是不夠的。要在城市裡生存，你必須要看起來夠都會，必須能夠參與知識經濟。事實上做不到這一些，你就很容易被有錢的維族跟漢族移民視為不夠當代，被認為是潛在的可疑人物。日常的原生工作被貶低了價值，而展演「自我塑造之消費主義主體特質」，就是在展演一種「受到允許的維吾爾男性當代性」。這也吸引了如尤瑟普一般的年輕移民進入社群媒體的世界與虔信的維吾爾人結交朋友，將他們牽連進了宗教極端主義。《鐵一般的意志……》這樣的敘事所搬上檯面的，對於我在二〇一五年所訪問的學徒而言，是一種社會認同的感覺，一種慾望的集結。以一種類似近期漢族移民以歌手刀郎為標準去評價自身素質的方式。低收入的維族移民可以指認出敘事中有哪些層面吻合他們的實際經驗，哪些又沒有捕捉到形塑他們自身人生路徑的底層結構性問題。這種再現與經驗的相互滲透，有助於我們理解正發生在他們身上的評價過程。連動於恐怖資本主義的崛起，維吾爾移民目睹了他們工作價值在城市中驟降。雖然原生工作曾在過往透過基本需求的生產提供生存上的安全，但在新經濟與安全體系中，他們的勞動價值只能被愈貶愈低。

二〇一五年，我認識尤瑟普快滿一年的一天，與我們會合的另一名學徒是尤瑟普的密友，也就是他的「如命如肝之摯友」（Uy: jan-jiger dost），伊博辛。[14]我們三個一起走在市集裡吃著沙木薩（samsa；包肉餡的烤包子）。尤瑟普跟伊博辛跟我說起他們倆以前是如何做沙木薩。他們描述肉餡的肥瘦比例要如何拿捏得恰到好處，還有要如何將之混合洋蔥跟孜然。他們給我示範了在沙木薩還很燙的時候要先從角落咬一小口，才是吃它的正確方法。他們興味盎然地當起我的沙木薩小老師，跟我說明食物的作法、吃法還有食材本身的點點滴滴。

我們聊著聊著，他們一起說起曾經在這些街上有過多少「苦工」（Uy: ishlemchiler），但他們如今都離開了。他們曾經留下足跡的市集如今對他們而言顯得空空蕩蕩。尤瑟普說我們在第一章討論過，那個逼迫所有戶籍在鄉下的維吾爾人回到家鄉的「綠卡」通行證系統，是個壞透了的政策。他說很顯然圈禁系統與整體人民反恐戰爭的用意，就是要針對維吾爾的移民，而那當中很多都是像他與伊博辛一樣的苦工。他說：

（通行證系統）摧毀了民眾的生計，讓這裡的城市生活變得更加辛苦，沒有人可以例外。一年前，在這種新政策開始前，小巷子是沒有門禁的。你可以到處隨便走，不用擔心太多。如今他們在太多地方會檢查我們。（維吾爾人）住在這些小巷子裡的都是善良百姓。他們工作認真而且彼此都懂得相互尊重。事實上這些人都是這個地方真正的「原生居民」（耶利克）。他們擁有貨真價實的「素質」（sapa）。我在他們身邊會覺得很舒服，覺得自己好像真正活了過來。

尤瑟普說針對維吾爾移民的圈禁系統比什麼都讓他膽怯。他傳遞維吾爾傳統所承載的價值，就處在被抹煞的邊緣。由於他本身並沒有通行證，所以他說他知道自己要是在檢查哨被逮到，下場不外乎被捕或被遣送回老家的村裡，尤其是如果警察可以把他連結到他在坐牢的兄長的話。「我的工作，我的家人、我所屬的社會，這每一樣都讓我感覺到壓力，」他說。「沒有人幫過我任何一點忙。我只感覺每個人都在從我這兒拿東西，而且是一拿再拿。」

幾週後，尤瑟普告訴我協警已經在檢查哨抓到伊博辛，強迫他返回老家喀什的村子。尤瑟普說：

我不知道他能不能回來。我們現在麻煩很多。今年絕對比前一年糟糕。以我們的

> 生活來說，狀況只能說是愈來愈壞。所以如今我完全是一個人。事實上我之所以還沒有徹底一個人，只是因為你還在。也許一個真正的好朋友要勝過一百個普通朋友。這是我個人的諺語（Uy: maqla-temsil）。真正的朋友會時時陪伴你，不會在你有需要的時候不見人影。真正的朋友會四處跟著你；他們有什麼都會跟你分享。

當然，當他在這麼說的時候，尤瑟普知道我很快就會回美國。他知道我將無法繼續借他錢去付房租或買衣服。他知道他遲早得重新面對自己既無通行證，在都會經濟裡又沒有高薪工作所需技能組合的移民地位。他知道他正遭受都會型社會的排擠。但就像《鐵一般的意志……》故事裡的年輕人，他拒絕接受施捨；他只接受朋友的借貸，前提是他感覺對方沒有看不起自己。他也拒絕讓他「鐵一般的意志」從他的人身上被切割開來，拒絕讓他做為維吾爾人的尊嚴被從自我認知中摘除掉，即便他嘗試進入服務業的工作卻不得其門而入。

在伊博辛被迫離開烏魯木齊的幾週後，尤瑟普告訴我他丟了手上一個在維吾爾餐廳裡的服務生工作。他說老闆說他不能再冒險雇用沒有通行證的員工。「我還沒有把這事告訴老家村中的家人。我只能把事情跟朋友們說。我的日子實在不好過，」他說著嘆了口氣。

> 很少有維吾爾人是真正的朋友。通常他們只會做做樣子好像彼此是真正的朋友，

但只要你一沒有好處可以給，或是有求於他們，他們就會掉頭就走。我跟他們借錢得苦苦哀求。他們好像從不曾真正在乎過我。那感覺就像是我只是他們的一個累贅；像是他們在對我吐口水（他說著在人行道上狠狠吐了口口水）。他們沒真正把我當個人。

對尤瑟普來說，想在這個系統裡「靠發展有市場價值的技能跟人設來取得文化資本」，感覺就是個殘酷的玩笑。他只覺得都市人在把像他這樣的手藝人當笑話看。

其他跟我幹同一種活兒的人，他們是真正的好人，他們待我比都市人待我好多了。他們就像是我真正的家人。這就怪了。我們來自完全不一樣的地方，但他們跟我比我跟自己原本的家人還親。

尤瑟普說即便有這些友誼存在，他仍感覺四面的牆在朝著他縮緊。為了避免被逮到沒有通行證的局面，也為了不冒被羈押的風險，他感覺自己非得回老家的村子不可。這個可能的未來讓他渾身充滿了恐懼，因為他覺得一旦回鄉下，他就會失去社會角色的保障，那是他做為耶利克勞工，在都會食品業中才能感受到的角色定位。

要是回到鄉下，我就只是個「遊手好閒之人」(Uy: bikarchi)。回了家，我就不用再擔心吃住等基本的問題。但我也會失去工作跟思想的自由。在那裡，一切都會關乎我的家庭背景跟政治教育。我甚至有可能被送進「黑門」(委婉語，指的是新興的再教育營系統)。在這裡，我可以自由地思想跟工作。我一定餓不死，錢也夠買新衣服。我在城市裡可以過上好日子。我以前還會覺得自己有前途可言。要是回到鄉下，我就永遠沒辦法那麼覺得了。

一天甚於一天，尤瑟普感覺他生命故事的未來在不斷流逝。他開始用過去式講起屬於現在的事情——用語全都圍繞著敘事的結局與放棄。工作的日常開始難以為繼；維吾爾社會再製的各種可能性開始陷入了僵局。尤瑟普與許多人來到城市裡，懷抱的希望就是要找到一塊被嚴密巡察的鄉間已然銷聲匿跡的社會自治空間。如今，就連這點空間也似乎遭到了查封。那就像是傳統工作，還有與之相關的廣大社會再製，正在被喊停。在短篇故事《鐵一般的意志……》中，學徒最終離開了他在屠戶的工作，淪落至犯罪生活中成了個扒手。由於有通行證系統，所以尤瑟普連去當扒手的選項都沒有。他感覺自己被逼著離開自己的行業，只因為數位圈禁系統現在覺得他所處的位子不對。所有分文未取的學徒勞動，所有青少年離鄉背井所忍受的孤單，在國家與都市社會的眼中都毫無意義可言。他被告知村子才是他的歸宿，要是他不肯接受這一點的話，監獄系統就是僅有另外一個在等著他去的地方。

幾週之後，尤瑟普回到了村子裡。不同於某些其他移民，他沒有一回去就被抓起來，只不過他也遭到村警的訊問。警方並沒有順便給他一本通行證，所以他已經沒辦法再離開家。但他確實在離他家十二公里處的一個縣找到了一份建築工地裡的臨時工。尤瑟普說他希望能在市集裡找到工作，但沒有人願意花錢請他當伙計，而他自己也拿不出本錢做個烘焙或烤包子的小生意。

二〇一七年四月，我失去了與尤瑟普的聯繫。他的微信被封了號。接下來的幾個月，整片維吾爾原鄉上有超過百萬名維族被送進了政治再教育營。[15]很有可能尤瑟普也被送進了再教育系統。他是個失業的年輕成年男性，而且在微信上有很多移民朋友牽涉進線上的伊斯蘭虔信行徑，光這一點就很可能讓被羈押成為他的宿命。

結論

二〇一五年發生在烏魯木齊低收入耶利克學徒之間，那對傳統工藝的激烈圈禁與削減，坐實了一個在當代中國中亞與原生性有關的貶低過程。以愈來愈大的規模，維吾爾人被帶離了耶利克的工作——那些被視為落後跟低素質的工作——朝著所謂「正常」（Ch: zhengchang）中國產品的生產與消費靠攏。不僅維吾爾的傳統工作慘遭打壓，就連土耳其、馬來西亞等穆斯林主體國家的清真產品進口都被迫急遽下降。不論是耶利克／原生性產品或清真認證的國際產品，都被視為維吾爾族裔自豪感或伊斯蘭虔信的潛在標誌物。這兩種標誌物在官方論述中都被連結到「族裔分離主義」與「宗教極端主義」，並涉及「暴力恐怖主義」。由此年輕維吾爾學徒的工作都在都會經濟中遭到貶低，並益發被排斥在城市範圍外。

短篇故事《鐵一般的意志……》為了把這種貶抑搬上檯面，便嘗試讓人看到維吾爾「素質」（Uy: sapa）如何沒能被轉換為社會價值。相對於此，那些在城市中被認為有價值的素質通通集中在具有漢族族裔—種族身分認同的人身上。在維族之間，只有與國家主導文化工作有關的特質——表現在一種特定的多元文化主義上——以及反恐糾察工作，看似能達成某種被認為有價值的社會地位。這個故事所凸顯的視角，來自一名憂心忡忡之教師，他憐憫學徒，但又不肯明白地基於那是原生生活的一種再製去肯定學徒的工作。這種「不把學徒工作視為再製維吾爾日常生活的一種努力，只將之視為窮人與欠缺教育者所為」的作法，正是尤瑟普等學徒聽過這故事後所點出的主要排斥形式。他們抗拒故事中的元素，也就是在抗拒作者與敘事者做為施恩者的角色定位。做為對比，他們想要當回作者去撰寫自身的生命故事，撰寫他們做為移民所具備的特質。如本章所示，他們的故事似乎受限於兩件事情，一是他們的身影消失在再教育營的系統裡，另一件則是他們的行動受到廣大數位與物質圈禁所施以的限制。他們的故事，一如他們做為耶利克匠人的工作，成為了從社會生活中遭到削減的目標。

在此同時，漢族移民則看到他們的素質在外界觀感中受到了歡迎與強化。漢族勞工但凡涉及地方吃食或「大肉」（豬肉）等漢族標誌的文化生產者，都看到他們的生意獲得了國家機構的扶植。維吾爾的身體提供了一種「素質低」（Ch: suzhi di）的排斥與鄙視客體，與漢族被認為有價值的自我呈現相互掛勾。由此，漢族移民的生命敘事似乎在他們來到城市之時開啟了新的篇章。同一時間，漢族移民的興盛可跟維族所受剝奪一事掛勾，則鮮少為人體認。反之，漢族移民常認為是他們的辛勤工作與自我投資造就了他們的成功。他們就算有思考到維吾爾社會生活所遭到的貶抑，也往往覺得那是罪有應得，誰叫維族人既落後又危險。維吾爾人常被視為未達到城市生活所需的素質。由此他們的社會再製跟他們在城市裡的經濟生產遭到圈禁，都是咎由自取而十分合理，而以漢族為中心獲得開啟的資本積累過程則不斷加快速率。

素質做為一種「自行達成之品質」的定義，傳達了一種功績主義的幻象，彷彿世間存在一種文化商品可平等地供所有人爭取。事實是，文化素質永遠會連結到其他無法說變就變的分類上，像是階級高低、社會性別、生物性別、能力良窳，還有自然不在話下的種族或族裔。素質，一旦被歸化為一種普世的價值標準，就會蒙蔽掉統治機制、歷史沿革、跨國評價模式是如何形塑文化價值。素質不光是一種產物，它也是一股經濟成長與努力工作的重要力量。素質不僅會以特定的方式去生成跟組織慾望，它還會創造出剩餘價值。這種價值往往會被表達成個人的自信、特色，並在人身上生出更多的慾望。素質還會不為人知地再製出權力階層。這種被加諸於生命的價值，常常並不是個人努力的成果。有時候，社會地位的改善降臨在人的身上，只是因為他們身體的呈現方式，還有那種身體在國家與民間體制中被認定的方式。那些在素質經濟的促使下去努力工作之人，可能永遠都無法達成另一種處境之人可以輕鬆達成的東西。素質獲得的中介，來自於語言機制、庶民文化、教育政策、國家安全，還有人際間的區別，而這只是略舉素質產生的一些觸媒。此外素質也中介了中國邊疆城市的發展計畫，以及構成這些城市發展計畫的個人生命計畫。

一名生活在烏魯木齊的漢語教師告訴我，他說他在這裡的「中國夢」，是由所有他跟整體中國社會——所「欠缺」的刻板事物所構成：溫順的妻子、聽話的孩子、豪華的車子、大氣的房子。他說他盼的是能擁有「日本太太、韓國小孩、德國車子、美國房子」。他的這些慾望能有其一致性，似乎得歸因於它們經由一跨國的社會場域聚集在一起。我進一步跟這名新疆大學講師進行談話時，他說「沒有人不知道」德國人與美國人有品質最好的車子跟房子。他在電影裡看過這種大手筆的消費。日本妻室與韓國子女的素質，也同樣是他在沒被禁的大眾媒體中看到過的東西。他承認這樣的想法流於單純，而且加劇了特定的刻板印象，但他也說他真心覺得這些理想的想像是很多漢族移民憧憬的基準。對他而言，素質牽涉到個人與家庭的社會再製固然多，但其牽涉到主體間在經濟成就上與生存能力上的競爭也不會少。由於素質論述中談到品質那些「需由人去達成」的面向，往往會掩蓋住自我的階級或族裔種族位置，因此這個面向也可以被用來鞏固各種歷史遺毒，讓各種社會暴力站得住腳。

3 剝奪
Dispossession

如我在前面幾章所述，改以「伊斯蘭與市場導向、個人化的工作形式」去因應「獲授權之土地竊取」，常常會有一種效應是讓維吾爾社會性中的特定面向被加速消滅。這一章我們會從前兩章裡較緊密聚焦的「科技—政治圈禁與貶低」分析中拉回來，檢視在城市外整個鄉間社會生活裡，年輕維吾爾男性近十年來在生命上的變異。在把分析的時間與空間規模擴大後，我們將能看出圈禁與貶低是如何嵌套在更廣大的物質性與殖民性剝奪過程裡。

這種剝奪過程關係到工業化農業的興起、電視與手機的普及，以及最終人民反恐戰爭開啟過程裡的特定侵占瞬間。由此，受過教育而有能力在受重視的知識經濟中工作的移民——不同於前一章中的尤瑟普——會經由都會中以維吾爾語授課的中等職業學校與社群媒體，被吸引到較傳統的技術性勞動以外，然後進入到較為世界主義的工作形態中。參考了兩名年輕維吾爾移民兼數位內容製作者——馬赫穆德與阿齊茲——的敘事，我思索著慾望的旅行計畫是如何激勵他們朝城市移民，也思索著他們為什麼拚命透過偏差的都會伊斯蘭身分認同將自己改造為慾求不滿的主體。利用新流行起來的維吾爾語廣告、社群媒體、電影來做為與這些年輕移民文化工作者交談的起點，我揭示了他們如何應付被剝奪的經驗。本章中間會穿插若干壁畫的照片，馬赫穆德與阿齊茲在他們家鄉村子裡體驗到的各類剝奪，正可從壁畫上看出端倪。[1]

我對於科技—政治圈禁與社會貶低的思考，因著我在南疆一個維族村子裡與警方的遭遇而具體成形。我在烏魯木齊觀察到的各種系統，事實上是透過行之有年且規模更廣大的鄉村殖民剝奪過程所組成。我進行這種思考時所身處的村子，距離城市相當之遠。從這個村子要前往南疆的一個縣級鎮，要途經六十八公里的顛簸道路。等我在二〇一五年初的一個冬日抵達村子，路上已經有幾個人在等著我們。有個外國人要來的消息肯定已經洩漏。馬赫穆德這名我在烏魯木齊認識的年輕商業短片製作人向我保證，我可以造訪他們家，在他們家留宿一夜不會有什麼問題。我多次警告他事情恐怕不會如他所想，但他說服了我試試，他說他的村子距離有旅館肯接受外國人入住的大城鎮，只有三十分鐘的車程。事實上，他說的大城鎮更像是有三小時之遙。當然了，馬赫穆德家沒有私家車，所以事情真到了那個地步，想離開村子到任何地方都需要大費周章。在享用完為了我來訪，特地在前往他們家途中買的一隻雞之後，馬赫穆德的父親突然接到一通電話通知他警察要來全體問話。

我才剛把我的文件交給馬赫穆德，就有一群維吾爾男人——兩名身穿警察制服的男子跟六名帶著棍棒、擔任維安志願者的在地農戶——衝進了馬赫穆德家有兩間臥房的屋子。我看著身為主人的他們臉色繃緊了起來，只能眼睜睜看著制服警察跟維安志願者侵門踏戶。警察跟志願者一進入室內，我們全體站起身。跟來者握了手，以手在胸前「捧心」的手勢說了符合禮數的「瑟蘭」。[2]接下來我們全都變得像啞巴似的隻字不發。馬赫穆德的父親解釋說我是馬赫穆德在大學認識的朋友，還說我只是計畫過個夜就前往喀什。感覺上志願的民警只是想來看看外國人長什麼樣。至於兩名穿制服的警官則比較嚴肅。其中一人帶手電筒，另一個則裝備了筆記型電腦。帶手電筒的警察問了幾個問題。跟我用維吾爾語交談的他問我有沒有手機，然後說他想看看。也許是因為我手機是全英文設定，所以他找不太到我的照片放在哪裡。他看了我的聯絡人，點開了幾個小程式。經過一兩分鐘，他交還我的手機。之後眾人魚貫而出。在合院的院子裡，帶隊的維吾爾警官打了電話給他的長官。他在電話裡講的是漢語。

在他們離開後。一顆顆冷汗留在了馬赫穆德的額頭上。他的友人一聲不吭地坐在墊高的炕（Uy: supa）上，那是他家人平日在家花最多時間待著的地方。他們在炕上吃飯，也在炕上睡覺。電視在背景處閃爍著。新疆衛視一台在報導著工業化農業是如何讓維吾爾消費者在城市裡過起更好的日子。沒有人多說一個字。馬赫穆德的九歲妹妹來到我身邊問我擔不擔心。她說她很害怕。我說一切都會沒事的，還說了問題不大。但她從我們看似僵住不動的樣子看得出沒事才怪。幾分鐘後警察又跑了回來，而且這次帶上了數位相機當武器。他們對我的護照拍了照；他們說他們會再次聯絡縣級的維安官員，並讓我們知道我們需不需要被帶到警局。這下子我們全體都真的緊張起來了。我對馬赫穆德的妹妹露出了笑臉，但恐懼讓我的胃袋整個打結。馬赫穆德趕緊打包起衣物，就怕我們得緊急進城。原本靜靜靠著炕台後頭坐著的一個鄰居，突然開口說要看看我手機裡的照片。他快速翻看著，尋找裡頭有沒有值得擔心的東西。鄰居告訴馬赫穆德說要是他被審問，他應該要對警察說他是因為工作認識我。「跟他們說你對這人一無所知，也不清楚這人在新疆幹什麼。」他問我住宿是不是都在登記有案的旅館，還問我護照跟簽證有沒有符合規定。我向他保證我完全沒有做會出事的事情。我向馬赫穆德的家人賠不是，表示很抱歉給他們添麻煩。他們也向我道了歉，因為他們有心但無力阻止這種事情發生。

我們坐在廚房邊上的炕上一邊看電視，一邊等警察來電。我們調整頻道，看著央視（中國中央電視台）的新聞播報員用中文報導法國的工會罷工。他們說法國非常混亂。馬赫穆德的雙親在六年級輟學，也沒真正學過漢語，所以並不明白電視上在講些什麼。我們靜靜坐在那兒等著。感覺幾個小時過去都沒人說些什麼。

最終，屋子裡響起了電話。他們告訴馬赫穆德的父親說我的文件經查無誤。縣裡的警察首長審批過我的來訪。該外國人已獲准在南疆維吾爾村中過夜。一切果然都沒事。

就像某個開關被扳開了一樣，在場所有人都大大地鬆了一口氣。突然間眾人又說起了話，聊起了天——重溫起警察上門的恐怖心情。眾人聊起這房子的進門處其實相當高挑，但當警察進到屋裡後，他們卻稍微彎起腰，一副好像天花板很低的樣子。馬赫穆德的鄰居邊說邊用手比劃著，表演著門的事是如何讓一名警察的身體出現像在鞠躬的動作。鄰居說起警察看到我的時候是多麼害怕。「他們不知道如何是好——他們遇到外國人只會說 Yes 跟 No。在某方面，他們想要給你一種我們的社會很祥和的印象；但在另一方面，他們會懷疑你可能是個『恐怖分子』。」他說南疆的維族很難感覺像是真正的自己，他們連好好招待客人都做不到。他說在許多父親或兒子遭到逮捕的人家中，家庭生活的常態已經變成一邊偷偷摸摸地祈禱，一邊假裝對經濟發展的恩賜感恩戴德。這些日子以來，維吾爾男人哪怕是犯了雞毛蒜皮的事情也可以被抓。「叫你笑你不笑，叫你跳舞你不跳，他們就會說你是『宗教極端主義分子』。」他說。

馬赫穆德很高興我有機會在南疆看到人民反恐戰爭於二〇一四年展開後，鄉間維吾爾人普遍的真實生活樣態。他說，「他們一天到晚跑來——幾乎每晚都會來檢查我們。」他們家獲頒了「和平家庭」（Ch: heping jiating）的評等，標誌就貼在他們家的進門處，所以很顯然警察素日對他們並沒有特別不相信。但即便如此，警方與民警還是會一兩天就不請自來。隨時冒出來的他們就是馬赫穆德的父親與兄弟都把鬍鬚剃得乾乾淨淨，同時也不讓他母親把任何「可以作維吾爾或伊斯蘭內涵解讀」的東西裝飾在家中牆上的原因。他們說現在這個時節，他們每天就是在自家農場務農、出席政治教育會議、等待警察上門，再來是看電視。因為拿不出人民便利卡（Ch: bianminka），所以除非有官方的核准，否則他們沒辦法旅行到外縣市。生活中的這種枯燥與貧窮，還有因為自家被入侵跟得上政治訓練課程帶來的無力感，都是讓馬赫穆德想要離家村子並再也不回來的原因。

自從二〇〇〇年代初期慢慢有了電視之後，他已經看到了從城市的角度看世界是什麼模樣。各種廣告召喚著他前往一個不一樣的生活形態。如今跳出在國家贊助之節目之間的各種消費者導向廣告，提醒著他有逃離這恐怖鄉間的需要。

事實上，村民不可以擅自拔掉電視機插頭（見圖3.1與3.2）。不同於在城市裡，警察上門訪視時要把電視開著是維吾爾村子裡的一種常識。國營電視做為一種重要的媒體，傳達的是國家的價值，還有「正常」（Ch: zhengchang）中國經濟的價值。拔掉插頭拒看電視，或是插頭沒拔但不好好打開收看，都是行為偏差或異常（Ch: yichang）的一種跡象。想逃離警方、逃離就業不足、逃離國營電視只有一個辦法，那就是逃離鄉下，進到城市裡。

在開始講電視與糾察在鄉間維吾爾男性生活中扮演的角色之前，我首先要描繪一下維吾爾族受到的剝奪是如何開始的。在大部分的當代學術研究中，剝奪一詞指的是馬克思主義對資本主義透過剝奪來進行積累的一種批判。這一詞常被用來做的事情不是討論自然資源或被殖民身體遭到的「原始積累」，而是討論被邊緣化之民眾是如何失去他們的財產。然而如格倫・寇塔德（Glen Coulthard 2014）與艾里歐沙・葛斯汀（2017）等人所示，[3]在殖民的脈絡下，剝奪不只是可量化之抽象財產未獲補償的損失；它還是一種在日常生活中「從物質性到知識性各種論述性與非論述性面向」間穿梭的支配關係，「擁有」不光指的是財產保持在其正當所有權人的控制之下；事實上在這種脈絡下，「擁有」指的是一種扎根在原住民知識中的自決或自治。這種對原生民族之生活方式的剝奪牽涉到強迫他們進入一種

上｜圖3.1｜馬赫穆德家鄉村子裡的壁畫。上頭的字句寫著：「干涉他人的正常生活，禁止他人聽收音機看電視是宗教極端思想的表現。」在本章中，我加入了各種可以說明人民反恐戰爭之規畫的壁畫畫面。這些壁畫是由鄉村維吾爾農戶畫家應在地文化部官員之請而畫出的作品，它們是在2014年開始在維吾爾的原鄉到處出現。攝影：鄭陽江（音譯；Zheng Yanjiang）

下｜圖3.2｜馬赫穆德的父親坐在電視的旁邊，跟我們一起等待警方通知。攝影：本書作者。

新的社會秩序裡，將他們的土地轉化為一種商品，將其傳統勞動轉化為一種領薪水的工作，將他們的消費轉化為一種新的價值體系，以及將他們的思想轉化為一種被強加的意識形態框架。這意味著他們的生活必須整合進市場，他們的慾望必須與大都會的那種有教養的思想接軌。

有個重點是，一如研究資本主義邊疆創造的女性主義學者所點出，對被邊緣化人口在持續進行中之剝奪，創造出了各式被侵占或竊取，並同時未獲得民權或契約法中介的勞動力與財產。如南西・弗雷澤（2016）所主張，「族裔—種族化與性別歧視」的持續過程歸化了一種被排除在「性屬剝削但乃是自由選擇」之領薪勞動之外，「被貶低、不自由且有依附性」的勞動。[4]這導致被殖民的民族與女性被分門別類到不同的下屬角色中，像是佃農、低薪或無償服務業勞工，或是居家的僕役。外界觀感中的威脅性、「落後性」，或是與語言、文化與性有關的差異而導致的「不純性」，都讓各種與我在前幾章所述類似的圈禁與貶低過程獲得了合理性。侵占常經由已合法化跟論述性的各種力量，被奉為無可指摘之事。光是讓被剝奪之人活在得卑躬屈膝的環境中，就常被視為一種殖民者—資本主義者這方施恩性的贈禮（另見Yeh 2013）。被剝奪者的勞動與資源被往後推，變成了一種背景般的存在。這些勞動與資源不被當回事，只被視為是薪資經濟中必要的基底。

剝奪一詞在這裡為我所用，是指透過貶低與科技—政治圈禁在持續進行的一種過程，當中包含了各種更加特定的勞動力侵占。[5]說得更明確一點，我是追隨格倫・寇塔德（2014）

的腳步從大衛．哈維（David Harvey 2014）之流手中復原剝奪一詞，大衛．哈維說起「剝奪性積累」，就像那是一種持續的資本主義擴張過程，但又不多著墨於這種過程會在殖民脈絡下生成的族裔—種族與知識域暴力。一如寇塔德，我的看法也是剝奪觸及的是從被殖民者的角度觀之，一種跨越整道社會生活光譜，關係性的移除過程；而侵占所處理的則是從國家與共構之資本主義者—殖民者的角度觀之，範圍較窄的所有權跟契約法等管轄傳統。做為一名心繫去殖民政治的學者，我必須讓我用來描述這些過程的涵蓋性概念框架從被剝奪者的立場出發，這點非常重要（Moreton-Robinson 2015）。

維吾爾人遭受剝奪之簡史

在維吾爾人的例子中，剝奪過程跨進一個新門檻是在一九五〇年代，當時他們的社會生活與生產模式所歷經的結構性調整，採行了一種中國體制形式。我在和田訪問的一名年長維族農戶，用上樹木生命的例子形容這個過程。他說在維吾爾的原鄉，樹木分成三個世代。首先，那兒有從中華人民共和國於一九四九年建政之前就存在至今的樹木。這些樹相當稀少，在許多維吾爾人眼中是神聖的存在。然後那兒有可追溯回一九五〇年代尾聲，在大躍進期間所建新村中種下的樹木。在這段期間，維吾爾農場被整合進了人民公社，農人也從獨門獨院且含土地在內的農莊中，被迫遷到每棟屋子都一般高、所有人都吃大鍋飯的村裡。到了二〇一四年，這些在新村中種下的樹木已經相當高，但許多這些二代樹已經被第三代的樹木取代。這些樹包括在一九九〇年代種下，所謂「西北大開發」（Ch: Xibei Dakaifa）的新樹，或如我訪問的其他人所說，它們是在二〇〇〇年代初期的「西部大開發」（Ch: Xibu Dakaifa）種下之樹。[6]它們被種下的背景，是老樹在一九九〇年代跟二〇〇〇年代被砍伐後，由「投資」（Uy: kapital）林木取代。在許多案例中，人民公社將這些年輕樹木的權利賣給了村民。在距今幾十年後的某個時間點上，村民將獲准砍樹來獲取木材的利益。老人家此時嘆了口氣說，「那些在買賣樹木的人忘了一件事情，那就是這些樹裡內含著我們的祖靈。我們一向是用木頭來建造我們房子的門檻，但我們這麼做是出於對樹木的尊敬，也是一種捍衛我們的住家不受邪靈侵害的手段。如今那股尊敬已經不復存在。」本質上，老人家在說的是，人一旦開始把神聖的地景當成是資本的自然來源，他們就被剝奪了他們與土地之深刻的歷史關係。

樹木價值在維吾爾農家心目中這種物質性的轉化，代表的是維吾爾社會再製受到的廣大的結構性調整與質變。這些大範圍質變的各種徵兆，首先是農莊在一九五〇與一九六〇年代被整合進人民公社中，然後是在一九九〇年代跟二〇〇〇年代有公路跟鐵路從維吾爾的腹地穿過。這代表第二波轉化的硬式基礎建設，主要是蓋來鎖定中國尚未能侵占，用以推動華東工業經濟成長的那些石油與天然氣蘊藏。

在此依舊有個要強調的重點，那就是侵占的行為從來不只是國家資本在服務經濟發展的中性函數。這些行為也代表了「對自然之支配」與「被少數化之他者」之間的關係（Moore 2015）。當新的基礎建設被建立在原生民族的土地上，而新的各種服務業與市場經濟也隨之開始在墾殖者人口的推動下運作起來後，自然資源的侵占就變成了社會支配的一種基模，也變成一種更廣泛的剝奪形式。這種剝奪會生成一群被圈禁的主體，他們會與自己在這世上的定位被區隔開來，日益被吸引進入現代主義的新經濟體中，而屬地民族的勞動力則會以零工身分，開始在新經濟中的服務業跟家庭部門裡遭到剝削。只有他們運氣夠好，獲得了公民才有的保護時，他們才能進入正式的勞動市場，讓他們的領薪工作以更有規範的方式接受剝削。

在一九九〇年代，隨著國家斷斷續續從社會主義的發展移動到資本主義式的積累，與伴隨著所謂分離主義的壓迫（Cliff 2016b, 91），原生生活方式遭到的置換變得益發激烈。許多維吾爾人提起回推十年的一九八〇年代，都說那是一個黃金時代，主要是生命在當時感覺開啟了各種可能性。伴隨著改革開放，經濟、政治與宗教上的相對自由似乎承諾了一個更光明的未來。許多在毛澤東時代運動中來到北疆鞏固邊境的漢族墾殖者，獲准回到了他們在華東的家鄉。但隨著蘇聯在一九九一年土崩瓦解，加上中亞許多共和國的獨立，中國當局一下子面對到維吾爾對更大自治權的渴望所升高的緊張局面。在此同時，蘇聯做為中國長年的殖民競賽對手，其解體也為中國在新區域建立影響力提供了機會。更加重要的是，這創造了機會讓中國把手伸向能源資源。新疆官方很擔心的一件事情是維吾爾族在一九八〇年代新享有的各種自由，會一不小心開花結果，釀成聲勢大振的獨立運動。隨著維吾爾的貿易關係在吉爾吉斯跟哈薩克等新興市場有所增長，加上其與烏茲別克重燃起文化跟宗教交流，當局對維吾爾人會開始要求他們在一九五〇年代被應許過的自治憂心忡忡。出於以上種種擔憂，中國當局嘗試控制中亞市場並購得其天然資源供應的根本目標之一，變成確保「這些國家不支持新疆的維吾爾理念，也不容忍流亡運動在他們的土地上苟延」（Becquelin 2000, 66）。

中國國家當局在後蘇聯之中亞拓展其控制力的這段期間，還宣布了另外一件事情，那就是在一九九二年六月的一項新政策立場，準備把維吾爾的原鄉改造成一處貿易、資本主義基礎建設與農業發展的中心，使其具備能力去進一步服務國家經濟的需求（Becquelin 2000, 71）。這個新提案之中的一個重點，是中國有需要把新疆建立成國家的一個產棉重鎮。由於商品衣物生產在一九八〇年代的華東成指數型增長（見Rofel and Yanagisako 2018），中國國家當局與市場導向的國有紡織企業都決心要找到便宜的國產棉花貨源來滿足中國製T恤與牛仔褲在世界範圍的需求增長。

肇因於這項政策，基礎建設投資在中國中亞從一九九一年僅七十三億美元，成長到一九九四年的一百六十五億美元。在此期間，新疆的國內生產毛額將近翻倍，達到了一百五十五億美元的新高（Becquelin 2000, 67）。這些新投資有不少都花在將維吾爾原鄉連結到北疆中國城市的基礎建設項目上。如任強與袁新（音譯：2003, 97）所言，新疆在這段期間成為了全中國第四大的漢族移民目的地，排名僅次於北京、上海跟廣東。在一九九五年，塔克拉瑪干公路橫越沙漠建成，連結起綠洲城鎮和田與烏魯木齊，將兩地之間的旅行時間砍半。到了一九九九年，鐵路已經從庫爾勒延伸到阿克蘇，再到喀什，使維吾爾腹地更直接對漢族移民跟中國商貿開啟。在此期間，從烏魯木齊通往華東的鐵路運能翻了一倍，而這也使從維吾爾自治區到華東工廠的天然資源與農業出口數量急遽增加。

伴隨基礎建設的建成，新定居政策也開始到位。一如社會主義時期的墾殖者政策，這些新政策一方面旨在舒緩華東的過度擁擠，一方面是要完成對政治邊疆的中央集權。但不同於此前的人口遷移，墾殖者的這次新移動也由資本主義擴張提供部分推力。史上頭一遭，新疆的漢族墾殖者經由有利可圖的自然資源經濟與資本投資，被承諾了向上的流動。在初始階段，這項——正式名稱為「西北開發」（Ch: Xibei kaifa）——的大計是以工業化規模的棉花生產為中心。國家當局置入了財務誘因，讓維族農戶與愈來愈多的漢族墾殖者聯手，將草原跟沙漠地區轉化為用水密集的棉花產地（Toops 2004）。做為這個過程的一環，國家推出了激勵方案，誘使漢族農家遷居到新疆去從事棉花的種植與加工，來供應中國工廠所需。到了一九九七年，新疆的棉花生產面積已經相對於一九九〇年的土地用量翻了一倍。這些擴張大部分發生在阿克蘇與喀什之間，維吾爾族的傳統領域（Becquelin 2000, 66）。短短不到十年，中國中亞就已經成為中國最大的國產棉花來源，全國的棉花用量有百分之二十五來自這裡——這比例在後續的幾十年間仍繼續有所增長。到了二〇二〇年，中國棉有百分之八十四產自維吾爾自治區（Gro Intelligence 2019）。

然而，即便表面上順風順水，一些重大的疑慮也開始浮上檯面。其中最主要的問題是這些生產與定居上的新改變是如何影響原生的人口。許多漢族墾殖者在新疆工作賺到錢，是靠擔任季節性的短期高薪工人、做為接受房屋與土地補貼的墾殖者，還有靠擔任大型農場的管理者。相較之下，受到生產方式改變影響的維族人就沒拿到同等的好處。利用土地強徵跟羈押做為威脅的手段，身為農家與國企買家之中間人的地方政府會動輒強逼維族人把他們混種的農場改成只種棉花，好方便他們達成採購者規定的生產定額。以此類推，維族也會被迫只能把棉花賣給這些國企買家。這些公司後續會把棉花以未折扣的市價賣給華東的工廠。這麼一來，維族農家紛紛被扯進了貧窮與依附的螺旋式下降通道，而眾多（惟不是全部）漢族墾殖者則能持續受益於經濟趨勢的變遷（見Cliff 2016b）。勞動力的剝削加上各種剝奪，激化了維族人受到壓迫與占據的情緒，而這一切都是以「快速發展的華東城市對能源與原物料的廉價來源需求日深」為背景。如果說經典的馬克思主義意象裡有美國奴隸農園居於英國曼徹斯特棉紡工廠的背後（Fraser and Jaeggi 2018），那深圳紡織工廠的背後就立著維吾爾原鄉的棉花田。

如歷史學者米華健（2021）表示，雖然中國整體的經濟成長不斷加速，但維吾爾鄉間的所得成長卻持續放緩，而且維族居民還被推進了佃農的處境。在維族經濟學者伊力哈木・土赫提（Ilham Tohti 2009, 2015）的開創性研究基礎上，米華健揭示了維吾爾族在系統性的阻擋下得不到貸款的信用額度，也得不到企業認證，同時也沒有移動的自由，反之漢族的定居與資本積累則獲得各種鼓勵。綜合起來，區域的經濟發展中被內建了一種族裔的種族化。這一點已然導致人類學者伊爾迪科・貝勒—哈恩（Ildikó Bellér-Hann）與克里斯・哈恩（Chris Hann 2021）所定名，維吾爾族所受的「大剝奪」——在一整片廣闊的區域殖民歷史中，鋪天蓋地的門檻設立運動（242）。

對土赫提（2015）而言，造成維吾爾族受到剝奪最重要的因素，包括「職業雇用上的公然族裔歧視；鄉村勞動力剩餘；經濟資源過度集中在漢族中國人支配的都會區域中；限縮人口流動並加重鄉村失業問題的『維穩政策』，還有基本教育的嚴重投資不足」（2014, 1）。如米華健（2021）表示，「土赫提——沒有指名道姓——描述的，是在新疆一種進行定居與擷取的殖民系統。」這個過程能夠被培育出來，靠的是國家資本挹注了人民幣數以十億計的錢到自治區，藉此補貼了天然資源與工業化農業的產業發展。如李靜君（2018）所示，中國國家資本常常以補貼的形式在確保長期性的經濟利益，所以無法立即回收獲利並不會使其卻步。透過對漢族在新疆的定居地進行投資，讓墾殖者從事天然資源擷取的工作或在工業化農業的農園中擔任監督者，也透過培育出一種服務業來做為支持這種發展的配套，國家就能確保對經濟成長不可或缺，永久性的家用能源跟原物料儲備。

截至二〇〇〇年代初期，維吾爾原鄉已經慢慢形似於經典的邊陲殖民地。在整個國家的脈絡下，新疆這個省級單位的主要功能就是向東供應原物料與工業耗材給北京、上海等大都會跟珠江三角洲。棉花生產延續著一九九〇年代出現過的成長，但時間來到二〇〇〇年代初期，工業化的番茄生產也被導入新疆做為重要的外銷產品。到二〇一二年，新疆生產的番茄已占到全球番茄外銷量的大約三成。[7]在此同時，一如大多數的邊陲殖民地，新疆所消耗的廣大製造業產品都來自於華東的工廠。使用新疆綿生產的成衣因此又由新疆消費者以膨脹後的價格，從華東的成衣公司手中買了回來。同樣的循環，也在管線基建完工的二〇〇〇年代初期後，發生在由新疆流向華東的天然氣跟原油上（Becquelin 2004）。二〇一四年，維吾爾族正式被禁止抗議這種擺明在劫西濟東的財富轉移，否則就會被認定是宗教極端主義的七十二種具體表現之一（United Front 2014）。

公路／鐵路項目的前腳在一九九〇年代的中後期完成，天然資源擷取基建的後腳就跟上在二〇〇〇年代，並再一次開始讓新疆的經濟重心出現了移轉。短短幾年間，石油與天然氣銷售就已經相當於自治區經濟收入的一半（Becquelin 2004）。在此同時，為了推動降低對外國棉花、石油與天然氣的依賴，並加速在維吾爾原鄉的墾殖者殖民，中國中央政府持續以國家資本投資的形式提供自治區近三分之二的預算。在二〇〇〇年代初期，胡錦濤政府把「西北大開發」的計畫帶到了一個新的高度，將之重新標榜為「西部大開發」。此時中國的全數邊陲，包括內蒙古與西藏，都成為了定居與發展計畫的目標，只不過放眼中國，仍是以中國中亞接收了高於其他地區的最大量新居民。由於老的「西北大開發」計畫確實自一九九二年起的十年間，創造了穩定百分之十以上的高速經濟成長，因此國家當局很急於讓相關的開發計畫更上一層樓，這包括他們打算為工業生產開放新市場，規畫新廠址（Becquelin 2004, 363）。時間來到二〇〇〇年代初期，維吾爾原鄉已經成為中國第四大的原油產區，年產能達到兩千萬噸。由於新疆已確定的蘊藏有二十五億噸以上的石油跟七千億立方公尺的天然氣，因此該地區毫無疑問地被認為是中國未來一個重要的能源產地，即使從新疆擷取石油已經證明牽涉到難度很高的後勤（Becquelin 2004, 365）。截至二〇一六年，新疆開採石油的平均成本大約每桶四十五美元。[8]

在一九九〇與二〇〇〇年之間，漢族墾殖者的人口增長率是維族的兩倍。截至二〇〇〇年代晚期，漢族墾殖者人口已經與維族人口不相上下，惟在南疆，許多地區依舊是由維吾爾族占大多數。如湯姆．克里夫（2016b）與葉蓓（2013）所證明，伴隨「西部大開發」運動的進行，國家資本投資的發展與工業化農業外銷的生產產生了一個效應，那就是讓漢族在維吾爾與西藏地區的定居比率遽增。新的基礎建設——鐵路、油管、不動產——大大造福了數百萬漢族新居民，但也造成了生活費的指數型增長，還有維族人在土地與房屋上遭到的廣泛剝奪。城市移民告訴我說在這段期間，基本主食如米麵油肉的消費都翻了不只一倍。都市房價則翻成了原本的兩倍或三倍，而要將維族鄉下都市化的計畫則將維族人安置在了新的住房社區中，並且那些地方要定期交錢才有中央管理的暖氣與電力。小型混種農地加上一小群羊跟菜園的維吾爾式屬地生產資料，也往往遭到圈地，並在這個過程中被轉變成企業式的農業。就業不足進一步惡化，原因是維吾爾的土地被廣泛地整合進工業化農場，後來又加上勞工被禁止移民。

這種種來自官方與民間對經濟的干預，創造出了一種新的維吾爾農家。「西北開發」（Ch: xibei kaifa）做為從一九九〇年代展開的國家發展計畫，其一個主要目標就是要讓商品類產品——包括油菜籽、番茄、棉花等商品作物——達到工業化規模的產量。我對農家與其親戚進行的訪問顯示在短短幾年中，許多維吾爾農家就已經被迫簽下了會衍生出債務的合約，主要是這些合約的條件並不能支應他們的基本生活費用，也不夠他們負擔種子跟務農所需的設備。這種形式的務農已經將農戶本身變成一種佃農，農家在這當中無權自行決定他們要種什麼，因為中央管理的工業化農業已經接管了他們的土地。米華健表示，「在『五統』的系統下，**犁田**、**播種**、**管理**、**灌溉**與**收穫**都在縣與鎮級政府的控制下進行中央統籌。維吾爾農民所需的種子、肥料、農藥、與（保水用的）塑膠膜都必須向地方政府採購，而這些投入（品）的價格又都是操之於地方政府之手；政府還可以設定收成的收購價（2021, 365）。」本身是維吾爾族的巴赫提雅・圖爾桑（Bakhtiyar Tursun）以新疆大學的社會學家身分，對和田、喀什與阿克蘇等維吾爾腹地的農耕經濟進行了系統性分析，而他在當中提及鄉間農民幾乎毫無例外地，都被迫得繳交一定比例的獲利給與國家跟民間買家簽訂了合約的工作「大隊」（Ch: dadui）。一名和田地區的在地官員曾這麼形容給他聽，「要是一個農夫種了十英畝的麥子，那根據收成率的地方標準與穀物銷售價，他應該能收到一筆四千五到五千元人民幣的所得。然而，這還沒算上耕地費、播種費、水費、施肥費、管理費、地稅、鄉和村基金、公益費等支出就將達到四千元左右。扣除這些費用後農民實際能得到的也只有五百到一千元（B. Tursun 2003, 77）。由此到了二〇〇〇年代初期，在南疆維吾爾原鄉的許多縣中，高比例的耕地權利都把持在地方黨機構內部的有力人士手中。比方說根據若干我訪問過的農民表示，在吐魯番附近的一個縣裡，全數可用農地的權利有估計六成集中在某一個人的手裡。在喀什附近的一個縣，近八成的可耕地權利集中在一個在地官員家庭的手裡。[9]這意味著在實質上，這些縣內的多數維吾爾族都過著佃農的生活：他們的土地與勞動成果都大體屬於地方官。[10]許多維吾爾農夫，或是他們的孩子，都被迫換地方去找工作，要麼當農業移工，要麼當個小貿易商，再不然就是當雇工，而地點可能是縣內的其他鄉鎮，或偶爾會到烏魯木齊這座大城。

二〇〇三年，地方政府開始在鄉村維吾爾農夫之間實施勞動力轉移計畫，希望藉此抵銷由系統創造出的赤貧與就業不足（Memet 2011）。這些計畫要求農民將大量的時間花在他們自家的農場以外，去省內別處的國有農業殖民地從事摘棉花的工作，或是到北京、天津、青島等大城或江蘇、山東與浙江的小鎮成為華東工廠崗位上的工人（"Transfer of 400,000 Young Uyghur Women" 2008; Hess 2009）。這些計畫提供了現金激勵給這類農工或工廠工作，但那當中也頻繁地存在一定比例的強迫性。村長會被要求從其轄區生出某個配額的勞工。窮困的勞工往往會感覺他們沒有選擇，非得遵照指示進入移工經濟不可。在伽師縣——喀什地區一個人口三十八萬五千人的縣，其中百分之九十八是維吾爾族——工作轉移計畫開始於二〇〇三年，當時僅兩千名勞工被派去當移工。但到了二〇一〇年，伽師縣已經有超過八萬一千人，也就是全縣人口的百分之二十一，得離鄉背井被派去田野跟工廠裡勞動，成為有組織的工作隊一員（Memet 2011, 23）。其他縣從和田到吐魯番，也都派出了類似人數的勞工前往新疆農業殖民地裡的棉花田或華東的工廠。十年間，數十萬維吾爾人被迫撤離他們的農場，以領薪工人的身分進入市場經濟。

在同一時期，「自發」（Ch: zifa）移民的人數也開始增加。由於這些移民的遷徙並未受到國家的協助，因此鄉間維吾爾人移居新疆與全中國各城市的數目較不易追蹤。截至二〇一三年，族裔少數移民在自治區的官方統計總數是四十一萬兩千人，[11]惟有可能許多「自發」的移民都沒有被納入這個數字裡。顯而易見的是在這段期間，規模在兩三萬人之間，成員來自伽師縣與其周遭如于波噶哈（音譯：Yupergha）各縣的非正式聚落，開始形成於烏魯木齊郊外。同樣的社區在新疆自治區中較小的地級市中冒出。這些聚落常會以移民來自的縣命名。同時某個鄰近的清真寺常常會成為社區生活的中心，並慢慢與社區中特定的原生起源地或階級位置產生關聯。他們形成了由貿易者與商人、工藝匠人、實業家，乃至於偶爾出現的知識工作者所組成，緊密連結的社區。這些社區中的許多移民——一如馬赫穆德與阿齊茲的案例——他們的故事我會在本章後頭提及——都是脫離了父母手足，孤家寡人去到異鄉上工。他們延遲了一般同齡者嚮往的婚姻大事，一面為鄉下老家的家人存錢，一面追尋一種都市生活。

維吾爾學者米吉提．麥麥提（Mijit Memet）是一名與新疆師範大學有關係的社會學者，他曾提到（2011）在維吾爾伊斯蘭思想中，貧窮與個人苦難長期被視為是神預先安排的命運。艱難的屬地生活因此是對人秉性的一種考驗。所以人面對這種困頓不該想著如何克服困難，而是要堅忍不拔。在過往，這種態度會帶著人去接受自身的脆弱，乃至於去依賴神的旨意、依賴所屬的社區，也依賴地方政府的恩典。麥麥提指出大部分維吾爾農人都不太重視長期的計畫與投資，而比較習慣過一天算一天。他主張就傳統上來講，維吾爾農民並沒有自立自強的強烈觀念，所以他們即便賺了一點錢也是左手進右手出。麥麥提的意思並非維吾爾農民很懶——那是中國人談起未同化之少數民族的工作倫理時，常見的論調（Yeh 2007b）。實際上他想點出的是維吾爾農民一旦被拉進市場經濟，他們就會被迫放棄對社區、對神之恩典的依賴，轉而拾起一種自我激發的主體性。如喀什附近有個村子裡的一名維吾爾女性在二〇二〇年的訪談中這麼告訴我：

> （農民明白）這是我們祖先的土地，所以你會感覺自己在那裡是安全的。土地是你的，所以你不需要靠人。你不必聽任何人發號施令。要是你放棄了土地，你就失去了你的自由。長大在村子裡，人就能感受到這種自由。農夫有他們的意見，在某種程度上他們是按照自己的規則而活。

離開村子常常讓農民有一種感覺是自己屈服於自我依賴的新經濟，是自己身為穆斯林沒有通過考驗。麥麥提寫道在二〇〇〇年代初期，當工作轉移計畫剛實施時，「有些移工甚至沒有一開始就把事情告訴家人，而是偷偷前往殖民地的工廠採收棉花（Memet 2011, 40）。」因著上述感覺，加上進入到與漢族墾殖者雇主的依附關係中讓他們戒慎恐懼，很多維吾爾人至少在一開始時，是心不甘情不願地移民。

但麥麥提也提到，隨著一支屬於少數但漸有成長的前維吾爾農夫開始能掌握到現金與資本，他們的這些心態也開始有所轉變。隨著一些人開始能進入到中國經濟中，想要依賴社區與家庭的心情也開始摻入個人的成就感。誕生在旅行、技術職訓、有薪勞動與投資行為之中的各種機會，開始在這些農夫的心目中成形，這點在年輕一代的身上尤其明顯。但這種感覺像是新自由與新自治的東西，也摻雜著新的依賴與新的不平等。隨著年輕維吾爾移民看到可能性的地平線在眼前愈拉愈開，他們也會開始接受到一種訊息，那就是地平線處廣大的世界基本不是為了他們，而是為了有族裔—種族特權的人而存在。同樣有錢，他們的生命就是沒辦法跟漢族的生命相提並論；就算有錢，他們也沒辦法從對國家暴力的恐懼中買到自由。在被整合的過程中，他們發現自己流失了一部分原生的生活方式，並被暴露在了新形態的剝奪之中。

透過媒體基礎建設進行的剝奪，以及自我塑造

除了其與物質財產的關係以外，剝奪還可以被想成是一種心靈與自我的關係。如茱蒂絲・巴特勒（Judith Butler）與雅西娜・阿塔納西奧（Athena Athanasiou 2013）所主張，個人能「完全擁有自我」的這樣一種概念，是一種獨特的資本主義模態。這概念的核心在於個別主體對於控制與自治的知覺。透過在自我約束與自我負責的過程中，持續增加自我的控制力，資本主義式的主體會認定他或她所做的選擇既非被圈禁在更大的社會力量中，也沒有受到無償社會再製的支持；相對於此，這些選擇是自由做出的行動。擁有自我，會讓人用一種否認跟誤解去面對讓人得以活出生命的社區與基礎建設。雖然在全球資本主義經濟的各部門之間存在著顯著的差異，但自我擁有的概念確實已經逐漸在排序上先於社區形式的歸屬感。這個衝突現場，這個存在於社群與個人的圈禁之間，亦即南西・弗雷澤所謂的「邊界鬥爭」（Fraser and Jaeggi 2018），反映了資本積累如何嘗試在啃食社會再製的本體（Federici 2004）。

在維吾爾經濟回應國家主導之土地侵占的過程中，電視與社群媒體似乎提供了各種辦法供人擁有自我跟逃脫物質性的剝奪。年輕維吾爾男人尤其開始用一種未見於前幾代人身上的方法，自認為生命的路徑控制在自我的手上。他們開始追尋職涯、追尋生活世界，也追求他們自己選擇的人生伴侶。這些生命路徑的軌道與他們父母親跟前幾代人其他成員的

慾望，同時處於一種既緊張又和諧的狀態。一方面透過進城發展，他們累積了地位，並偶爾會累積出他們可以投資在鄉下老家的資本。另一方面，透過他們對世界主義社會網絡與浪漫戀愛關係的追尋——都是經過社群媒體的中介——他們跳脫了原生家庭的控制，在中國社群媒體平台上進入了切身的「二次圈禁」（Boyle 2003），也跟對他們鄉間生活世界一無所知的城市與陌生人拉緊距離。由此，他們的雙親常有一種被拋棄的感覺，而年輕人則在村中跟城裡都有一種疏離感。經由這種過程，維吾爾年輕人從一種在維吾爾的生活世界內與社區相互依賴的狀態，被移進了一個資本主義跟有著都市未來的世界裡。但不同於鄉間維吾爾的生活世界，這個新世界不是一個他們與維吾爾鄰人跟維吾爾官員共享的世界。這座城市的地平線，是由他們與漢族墾殖者跟中國國家的各機構共享。自我塑造的都會世界承諾了人可以透過個人在自由勞動市場中的努力去獲致自由，但往往這些承諾會被圈禁在更大的社會力量中，主要是維吾爾勞工相對於漢族墾殖者勞工被貶低了價值。

維吾爾人的自我擁有中一個重要面向，開始在二〇〇〇年代的初期，當時國家當局與國有企業首先把電力帶到鄉間的維吾爾家庭中，然後開始為維吾爾的家家戶戶提供免費的電視機與有線電視節目。如馬赫穆德——我在本章一開始介紹的年輕社群媒體內容製作者——告訴我，他還記得電力剛剛接通，第一台電視出現在他們街坊間的場面。有幾個月的時間，他跟幾十名村民都擠進鄰居小小的房子裡看新疆衛視播送的新聞、維吾爾音樂表演，還有被加上了維語配音的中國歷史劇。由於他跟許多鄰居（當時）都不會說漢語，因此他們都避開了中文的頻道，只專注在城市生活的維語再現中。馬赫穆德在電視上看到的那些畫面，像是他偶爾會在鬧區看到的國內外電影，都讓他感覺深受啟發。那些畫面在他們家的農場與村中的生活之外，開啟了一個充滿可能性的世界。由於——就像一九九〇年代與二〇〇〇年代初期的許多維吾爾男性（Dautcher 2009）——中國酒愈來愈容易取得，造成他父親出現了酗酒的傾向，那些電視畫面也承諾了他逃避家庭生活暴力的方法，以及酒精跟廣大結構性調整帶進他家中的貧窮。

在大約同一個時間，馬赫穆德被逼著從高中輟學，好去農場幫忙他的爸媽。由於他父親酗酒，農場上的工作又太忙，因此馬赫穆德的家庭自然負擔不起讓他繼續上學。馬赫穆德說他「並不難過」自己不能繼續上學，因為他反正也不覺得在那裡有學到什麼。在家工作反而給了他機會讀他想讀的書：那些講述外面世界的小說。他還持續看了很多電視，並偶爾會去地方上的市集看店家放出來招攬客人的VCD。[12]文化傳播的各種科技與這些科技所中介出、聚集成的慾望，變成了他生活中很重要的一環。十七歲時，馬赫穆德開始一邊替家裡放羊，一邊在筆記本裡寫他自己的故事。那些故事是基於他自己的生活經驗，還有他在電視上看到的事情。最終他發展出了一條故事線，將生活經驗與電視畫面通通綁在一起。他的故事，被他想像成一個叫「在路上的人生」的電視劇本（Uy: bayawandiki toghi-rak），講的是一名年輕維吾爾農夫前往城市裡追求名利。途中他幫助了一名美麗的年輕女子逃離了一名毒販的虐待。在這個以維吾爾城市為背景，講述維吾爾故事的劇本中，主人翁克服了現代生活的千頭萬緒。在這故事中變得栩栩如生的過程，是維吾爾人如何被拉進販毒與性販運等勾當，只因為其他的賺錢之道都已經遭到阻擋，[13]但這故事也保證了年輕人只要努力工作且為自己的生命負起責任，就能有出息。你在故事裡看不出直接針對中國官方與國有企業的敵意——馬赫穆德說他很害怕，怕到不敢讓那種敵意公開浮出檯面。在這種心態下的創作，說的是一個維吾爾農夫翻身成為電影明星被人看見的過程。

馬赫穆德的鄰居知道了他根據想像中的生活寫出一部上百頁的小說，便去跟他父母說年輕人有這樣的才華，不讓他去城裡闖闖實在太可惜了。此時的城市已經有股去了就有機會出人頭地、獲得素質的魅力，讓一個個維族人憧憬不已。鄰居開始施壓馬赫穆德家，要他爸媽送他去學校。街坊要馬赫穆德家留意他們在國營維語電視節目上看到的職業學校廣告。那些學校標榜會提供學生電腦操作與中文口說的訓練。當中一部分學校甚至有英文課，可以讓學生做好出國留學的準備。他的一個鄰居有女兒是大學生，所以他們就請她去調查一下那些學校，確保那些是正經的教育機構。結果他們發現其中一間打廣告的學校只收每學期兩千八百元的學費，接受沒有高中學歷的農夫，而且授課用的是維吾爾語。有兩年的時間，馬赫穆德家攢起了錢。面對來自社區愈來愈大的壓力，馬赫穆德的雙親終於送馬赫穆德上了巴士，讓他戴著口袋裡的三千兩百元人民幣（約五百美元）前往烏魯木齊。社區都很興奮有村裡的年輕子弟要去大城市發展。他去城裡追尋「素質」（Uy: sapa）固然是他的慾望，但那也是在為他認識的每個人爭光。

一開始的幾個月，馬赫穆德過得相當掙扎。他連飯錢都快擠不出來，同時花了好一段時間才在城市裡找到朋友跟遠親。但他在學校裡倒是春風得意。按他所說：「到校後我就學習漢語。每天我都會背誦文章。一年快到頭的時候，我已經背了不止五十三篇文章。靠這種辦法我漢語進步迅速。」憑藉新獲得的漢語能力，他展開了在城市中的遊歷。最終他總算把自己推介給一本維語文學期刊的編輯群，讓他們看他的作品集，也就是那一本本筆記。他們對於他的上進心非常肯定。在讀過他的作品之後，一名編輯看出了他筆下故事的電影化潛力。他在馬赫穆德的小說裡看到了一部電影腳本會有的對話與場景。回頭去看，馬赫穆德意識到正因為他的寫作是出於對電視畫面的回應，所以他才把他的夢想寫成了電影。在接下來的幾年裡，隨著3G網路在二〇一〇年的降臨，他在新興的維語網路媒體產業中找到了定位。馬赫穆德自學了製作音樂錄影帶、短片與廣告片的能力，並開始在文化生產中東拼西湊出一個生涯，成為在城市中服務維吾爾企業的自由工作者。

伊斯蘭的當代性與自我塑造

馬赫穆德首度接觸電視跟電視對他想像力所產生的效應，也迴響在我訪問過的許多維族年輕移民的故事中。惟對許多人而言，那些吸引著年輕人進城的慾望也摻雜著一種宗教元素。如塔拉勒・阿薩德（Talal Asad 2007）表示，靈性經濟體是存在於全球經濟發展與他所謂「全球宗教復興」交叉點上的一種結果。放眼整個發展中世界，新興的宗教信仰形式皆脫離不了與經濟發展、新媒體與工作倫理個體化的關聯（Hirschkind 2006）。在印尼與台灣，「透過『靈性改革』訓練新自由主義工作者習得時間管理與生產力的個體責任」為中心之伊斯蘭與佛教課程，已經相當普及（Pazderic 2004; Rudnyckyj 2009）。五旬節派的基督教新教已經在非洲與拉丁美洲生成新式的倫理操持與經濟追求（Bornstein 2005; O'Neill 2013）。中東的學術研究也已經探索了伊斯蘭信仰是如何歷經調整去適應資本主義的框架（Tripp 2006; Kanna 2010; Schielke 2012）。在閱讀這些學術研究的過程中，我發現浮出檯面的宗教經濟大致分成兩個方向。一方面，我看到的是有正式組織的計畫。這類計畫如魯德尼茨基（Rudnyckyj）在印尼所分析的那些，會「尋求把勞工轉化為更虔誠的宗教主體兼更具生產力的經濟主體」（2009, 106）。另一方面，一如坎娜（Kanna 2010）在杜拜的例子，我看到的是較具彈性的各種「裝配」（assemblage），當中屬於革新派的宗教習性會被聚攏在一塊但保持其高度的主體性，然後再被流通到一種集體性當中。肇因於他們所處的政治與歷史環境，將維吾爾移民吸引到城市裡的新興「宗教經濟」往往會更朝經濟形式的那部分傾斜，而造成這結果的是中國官方在實施毛澤東式多元文化主義的同時所做的一個決定：消滅伊斯蘭學校（madrassa）到只剩最後一間受到高度控制者為止。接續著這種限制，我們看到的是中國終究禁絕了各式各樣未經核准的伊斯蘭指導，包括現代阿拉伯文與土耳其文的訓練，或是將中文以外未經核准的文本譯為維吾爾語。這些形式的宗教控制得以更上層樓，靠的是國家控制了維吾爾族的各種伊斯蘭習俗，包括進行蘇菲主義的儀典與前往聖陵朝聖（Thum 2014）。這些限制讓維吾爾族難以發展出正式化並以經濟生產力為中心的訓練課程。由此維吾爾移民只得倚賴在暗地流通的線上語言教學來進行學習，至於提供這些教學的則是在全球伊斯蘭宗教復興架構內的各種運動。

另外一個年輕移民，阿齊茲——他離和田不遠的家鄉距馬赫穆德的村子大約一千公里遠——說他之所以想離家，一開始也是受到電視的啟發。不同於馬赫穆德，阿齊茲出身一個宗教信仰極深的家庭，所以他所受的各種壓力是指向一個稍微不同的方向——一個面朝穆斯林當代性的方向。這種新的吸引力來自於伊斯坦堡與開羅的文化與宗教形象，為維吾爾年輕移民的慾望新增一種複雜性。即便在想成為電影明星跟想成為虔誠當代穆斯林的衝動間存在一些不同，但在這兩條軌道中，我們仍可看到自我塑造的衝動跟現金經濟的誘惑呼應著一種對都會生活的普遍慾望。伊斯蘭虔信的理想透過新 3G 網路開始流通，而於二〇一〇年代開始參與虔信運動的年輕人，常常只是懷著想變得「現代」的心情進城，一如馬赫穆德。以微信為代表的社群媒體現象帶來了一種伊斯蘭的當代性。朝著這種現代性的轉向推動了許多新移民——如阿齊茲——朝著都會生活而去，並為已經身在城市裡的人——如馬赫穆德——提供了一種新式的社會再製。

阿齊茲的進城之行在他的描述中，就是一個他找到自己未來的過程：

二〇〇三年，原本應該是我高中生涯的最後一年，但我在那年輟了學，原因是我跟我父親（一名自學的宗教教師）都覺得我在高中什麼也沒學到。我念書都是靠在家自修。輟學後我做了一年的工地工人，月薪一千。在當時一千元感覺很大，主要是我沒有支出，而且那又是我第一份工作。但在那一年中，我在看家裡的新電視時看到一則電視廣告，是烏魯木齊一間職業訓練學校的宣傳，校名叫「八八五」。那屬於第一批由維吾爾人經營的民營訓練中心。

阿齊茲說不到幾個月——這點跟馬赫穆德一樣——他就決定他想要離開村子到烏魯木齊上學。他說那些廣告讓他第一次感覺一個沒有高中文憑跟沒受過正式漢語訓練的人，有可能參與他在電視上看到的那種生活。他認得這種廣告就是專門鎖定像他這樣資源不多，但滿懷抱負想在現代維吾爾社群中闖出點名堂的農人。由於在二〇〇〇年代初期開始脫離農家生活的人數益眾，很多年輕人開始開口閉口就是要在城市裡成功。這種廣告就是在餵養這幅想像圖：讓年輕人相信他們有可能逃脫鄉村維吾爾生活受到的物質性圈禁。阿齊茲說：

實際上那間學校完全不是廣告裡演的那回事。他們拍廣告的地方是新疆大學，但學校實際上是在大學隔壁，且建築十分老舊。收費是一學期一千六百元，含學費跟住宿。我爸媽用兩千元賣掉了他們的驢子，然後我們就用這錢支付了我的學費跟生活費。我母親還開始在縣級市集幹起了縫紉女工，好賺錢養活我。我父親跟我到校的第一天，我們就付了錢，然後我就旁聽了一堂課。我愛死了。那是我人生中最快樂的一天。

阿齊茲說他覺得自己好像被授予了自身未來的所有權。做為一名維吾爾語的母語者，父親又有農夫跟未經授權之「穆拉」（Uy: mullah；伊斯蘭教師）或監控系統分類中所謂的「野阿訇」（Ch: ye ahong；宣教師）身分，他原本早已打消了能在知識經濟裡生活的念頭，那裡面怎麼看都是非伊斯蘭跟中文內容的天下。他原本覺得自己會在自家農場上幹體力活，就這樣過一輩子。

如今他了解到即便他不通漢語，也沒有通過中國的高考進入大學，他還是可以與其他商人跟企業家在城市裡一較高下。在成為都市移民的頭幾年裡，他找了一份兼差是當安麗的業務員，由此他一面賣烹飪用具跟保養品給其他維吾爾移民，一面在職業學校裡念書。他跟他的顧客說他是個學生，還說他用上了在校學到的知識去調查出最高品質的美國產品。靠著標榜自己是美國文化的專家，主打「Amway: the American Way」（安麗：美國之道）的口號，他長了很多行銷的知識，也學會了用文化知識去創造商業價值。但在二〇一一年前後阿齊茲調整了他的事業重心，主要是美國產品的市場開始消退。許多維吾爾人開始聽取流通在微信上的虔信課程，並在這過程中相信美國產品算不上「清真」（Uy: musulman-che）。相較於此，許多維吾爾人開始明白從土耳其或馬來西亞進口或以符合清真標準的方式生產的維吾爾原生伊斯蘭產品，才更具備所謂的「素質」（Uy: sapa）。至此維吾爾族的慾望益發受到一種意象的形塑，這種意象的核心就是伊斯蘭的當代性。

大抵同一個時間，在他職業學校的打字課上，阿齊茲發現他對電腦挺有天分。在幾個程度比較好的同學幫助下，他開始自學軟體工程語言。他一點也不覺得電腦程式裡的拉丁字母跟邏輯是無字天書。進城後經過幾年，他便開始為智慧型手機設計維語的線上廣告跟電商應用程式。隨著伊斯蘭虔信運動不斷累積能量，他也開始與在微信上運行的公司合作，提供宗教與語言教學給城外的維吾爾人，過程中他一面尋求將這些教學貨幣化，一面尋求擴大這些教學的規模。為自己建立一個都會維吾爾人的形象，變得必要。他開始看土耳其電影。他與不久前經由安麗的銷售而認識的妻子離異。他說他想要一個更虔誠、一個願意回歸家庭照顧孩子，讓他能在外頭與維吾爾網路業者合作的賢內助。

阿齊茲的故事證明了有種慾望所追求的素質，是成為一名「都會、但是具有虔信跟家父長思想的維吾爾穆斯林」，而這一點在此時許多維吾爾男性之間已十分普遍（Byler 2015）。導致對被分到從屬角色的維吾爾女性一種嵌套且更進一步的剝奪，即她們的價值被掛勾到虔信維吾爾男性面對公眾的經濟價值上。算是與其他脈絡下的邊疆創造所產生的一種共鳴，被侵占的女性勞動——購物、下廚、清掃、付出情緒與體能去照養孩子與長者，招待進城的維吾爾訪客以維持家庭的社會地位——相對於大部分的男性在家庭以外的領薪工作與資本積累，其價值遭到了貶低。在過往屬於社區導向的鄉村生活中，女性在家中與在田間的勞動都有著較高的價值。在新的市場經濟裡，生活成本的升高結合消費扮演角色變得吃重，產生的是更加緊繃的家庭關係。這些新興且形式不一的厭女行徑會變本加厲，是肇因於維族男性，或者更廣泛的說是維吾爾人全體，在中國市場中所體驗到的暴力與貶低。維吾爾男性的控制力與支配性，常常以對婦孺之外貌與行動強加限制的形式，被轉嫁到家戶之中。維吾爾社區中的男性與其他人常壓迫女性要做出虔信的打扮。當然，許多維吾爾女性也會積極擁抱新式的虔誠（Huang 2012; Tynen 2019a）。男性與女性都會教導他們的孩子該如何祈禱、學習古蘭經，還有如何在家族墓地（Uy: yerlik）中服侍逝者，其中家族墓地在他們的理解中，就是他們維吾爾伊斯蘭身分的中心。女性也會積極透過微信建立虔信的公眾人設，並設法把她們累積而來的宗教特質用做是在維吾爾社區中的各種社會價值（Huang 2012; 另見 Mahmood 2005）。

變換於中國城市裡的維吾爾都會性

如莉莉・常姆立（Lily Chumley 2016）所示，放眼整個中國，「自我風格形塑」（self-styling）一直是中國經濟發展中的一個核心元素（另見 Rofel 2007）。文化生產者現已參與中國物質生活的各個層面。常姆立主張：「世界的審美化需要、也會產出一種新式的審美主體性：一種對風格的興趣、對商品吸引力的敏銳度，對獲取當代性的渴望跟對欠缺當代性的焦慮，去觀看跟閒聊商品暨其外觀的習慣（Chumley 2016, 11; my emphasis）。」隨著年輕維吾爾移民在二〇〇〇年代初期持續進入城市，他們在城市裡與網路上看到了由漢族文化工作者所完成的審美化，並因此受到了影響。他們開始為了在鄉間的維吾爾觀眾建立自身的品牌與審美形式。然而不同於常姆立所觀察到的漢族藝術學生，對這些維吾爾文化工作者而言，「欠缺當代性」的感覺在他們覺得自己「缺乏漢人與西方文化生產者之素質」的狀況下變得更加複雜。他們對於要把族裔差異轉化成一種伊斯蘭的當代性兼政治上可以被接受的中國式世界主義，感到有壓力。他們的個人歷史、維吾爾受眾，還有由國家支持之科技業者所產生出的數位圈禁，這三者之間的拉扯在他們慾望建立自我風格的個人生活中，摻入了更多複雜性。

許多以維語授課的市內職業學校都扮演著維吾爾移民知識經濟的「孵蛋器」，也就是育成中心。維吾爾學校給了學生一個機會去相互形成人脈網，然後建立起各種新風格跟新的審美主體性。這些學校的負責人幾乎都是人盡皆知的維吾爾電視名人，其中一些是頗具人氣的樂手。這些負責人為建立起學校的品牌，使用的手段是在電視上打廣告，還有主持高收視的選秀節目來讓他們的得意門生展現他們在學校裡習得的技巧。這些職業學校因此提供了務農的年輕人一個切入點可以進入維吾爾的上層社會。透過在維吾爾語的職業學校裡表現突出，某些學生將可以迴避在中國大學環境中直面他們的嚴峻漢語能力要求，也可以規避掉廣見於中國私部門對維族的歧視。[14]

許多移民，一如前一章提到過的尤瑟普，並未能達成一種在經濟上算是成功的自我塑造。雖然他們受到維吾爾語電視廣告的吸引來到城市，但他們想在城市的知識經濟中找到工作的嘗試就沒那麼順利。一名年輕移民告訴我說他始終沒能在職業學校裡掌握漢語或電腦程式設計的能力，因為他家裡沒辦法補貼他學費。阿比利金必須全職工作才能賺到生活費，所以他不太有時間念書，去找到他夢想中的工程師工作。有些我訪問的人確實發展出了文化生產技巧，但他們還是沒能順利就業或創業，原因是他們在人脈跟資本上的欠缺。

如我在前幾頁中所暗示，關於維吾爾移民之自我塑造所獲得的評價有若干問題，其中一個牽涉到性別價值的變化，主要是對伊斯蘭信仰的耳濡目染不斷累積，導致維族普遍重新思考伊斯蘭的當代性，這段時期主要落在二〇一〇年與二〇一四年之間。弔詭的是，同一時期的科技發展讓維吾爾移民得以透過網路出版與視頻拍攝開始從事文化生產的同時，也讓鄉間的維族農人更容易接觸到全球性的伊斯蘭虔信運動。上述學校固然扮演了維吾爾現代化的育成中心，但它們促成的文化生產比起許多維吾爾農夫透過網路從土耳其、中亞與中東的源頭收看到的伊斯蘭媒體，只能說是相形見絀（Harris and Isa 2019）。維語配音或由維吾爾移民製作的電視節目與教學課程有著很強大的效應。這些節目跟課程常被阿齊茲這樣的年輕移民視為未經中國國家主導的公部門過濾過，「真實的」（Uy: rast）伊斯蘭。

圖3.3｜馬赫穆德家附近村中的壁畫，繪於2014年：「穿著民族服飾是一種傳承民族文化的方式，穿著布卡（蒙面罩袍）是對民族文化的背叛。」（僅意譯，非確切逐字，壁畫字跡過於斑駁）攝影：鄭陽江（音譯）。

如同他們前一個十年在電視上看到的都會廣告，這些世俗的伊斯蘭內容也質問起維吾爾農民。它們要維吾爾農民去想像自己是一個現代全球化伊斯蘭社群的成員。如馬赫穆德所言：

> 我剛進學校時，那兒含我在內有四十三個維吾爾學生。如今（四年過去）只剩二十八人（還在城裡）。大部分輟學的都是女性——當中很多出身和田。事實上，和田的人正變得愈來愈反對教育。他們看不出送女性進城就學有什麼意義。覺得女孩子就是結婚最好。我有一名遠親來到城市裡。她原本在這裡的表現真的很優秀，但她父親後來突然改變了主意。她說那是因為她的工作讓她沒辦法戴上能覆蓋到頸部的面紗。我告訴她那不重要。我說妳的信仰是妳帶在身上，放在內心的東西。妳不該讓那種小事改變妳人生的走向。但她說那就是「真實的」

（Uy: rast）伊斯蘭的意思。她說她沒有什麼不滿。當然啦，他們會在網路上聽到這些伊斯蘭的教誨覺得不讓女性受教育很有道理，還有更深層的原因。他們不希望女性有自己的想法；他們不希望女性受到漢人觀念的影響。

在網路上能接觸到的當代伊斯蘭教誨，以及透過圈禁與貶低所表達出的廣泛社會剝奪，這兩者結合起來所生成的是強化版的男性控制。幽閉女性——將她們降格到價值被貶低的家庭勞動——而男性則同時在家庭外頭追尋被貶低的工作，如此在剝奪之中所生成的是各種新興的種族歧視。

隨著在維吾爾原鄉各地的維吾爾農夫開始聚集成小團體，討論盛行於蘇菲主義伊斯蘭信仰中的「哈納菲」（Hanafi）法學派裡各種形式的伊斯蘭正行，維族人想要搬到城市裡的衝動也開始改變。如今，相對於繼續把經濟跟文化機會掛在嘴上，眾人開始討論城市裡的宗教自由。許多從鄉村到城市裡的移民在跟我談話時提到他來到城市裡，只是為了逃避在鄉村社區裡愈演愈烈的宗教糾察。他們說在城市裡，沒有人會注意到移民一天上清真寺五次還是幾次。年輕移民可以參加被宣告為非法的祈禱室討論與從二〇一一年開始有的線上微信群組，都不用擔心被警察找上門。

但在同一時間，伴隨著這種自由，非穆斯林文化也在城市裡對像馬赫穆德這樣的移民產生了更強的吸引力。有段時間，特別是在二〇〇九年的暴力事件後的幾年間，當時的時空背景是網路科技已經建立，中國官方視維吾爾移民為用完即丟之物的態度也愈來愈清晰，由此城市裡的維吾爾年輕人活在兩種意識形態磁場間的張力裡。一方面，城市裡的科技生活將他們拉入市場經濟，也將他們拉進讓自己在都市社會中被人看見的任務裡。另一方面，同一種科技生活也拉著他們朝新形態的伊斯蘭正行跟身分認同而去。這兩股剝奪與重新定位的力量，都是在近二十年才被引入。這些相互競爭的自我塑造形式，讓自己能被感知到的不同作法，將維吾爾移民扯向相互較勁的不同方向。與中國跟西方世界主義相關的特質，與伊斯蘭虔信成為了廝殺的對手。對某些人而言，這每一種當代性都感覺像是對「原生」(Uy: yerlik)知識與實作的一種剝奪，即便他們也在找尋著新的方式去塑造出自己的當代性。

在此同時，馬赫穆德與阿齊茲都強烈感覺到適應了城市生活的自己，已經開始會「為自己想」(Uy: özum dep oylimen)，這點就不同於從小陪著他們成長的鄉村農夫。他們認為是在為自己塑造一個生活。感覺他們在都會世界系統中與美學中的流利程度，就代表著一種成功。在他們老家的村子裡，鄉親提起他們的口氣裡都有一股驕傲。他們在大城市裡闖出了名號。馬赫穆德與阿齊茲都高度意識到他們需要展演自己的成功，並保持一種深諳世事的公共人設。

他們展露自身都會性的其中一個手段，就是透過穿著打扮的風格。他們誰都沒有蓄鬍，因為自從人民反恐戰爭開打以來，蓄鬍就被解讀為維吾爾鄉間男性特質與伊斯蘭虔信的標誌。他們都穿著名牌衣物——阿齊茲有意識地選擇了一種土耳其的世界主義風格，而馬赫穆德則身穿歐洲的設計師品牌。他們倆都注意到他們的外貌在很大程度上，是他們身為維吾爾移民創業家成就的一部分。他們說不同於漢族墾殖者，證明自己在城市裡不是假貨是他們永無止盡的志業。如阿齊茲所說：

就在上星期，我跟卡拉萬齊（Caravanchi：一間維吾爾族經營的土耳其舶來品店）買了一套新西裝。那是一套藍色的土耳其西裝，材質是羊毛，要價兩千元人民幣（約當三百二十美元）。我試過其他西裝，像是迪奧之類的，但它們穿在我身上總是顯老。土耳其西裝讓人看起來很酷。它們有出窄版而且非常有彈性。我開始穿西裝是為了賣安麗的產品。在當時我覺得穿西裝讓我看起來更了不起。後來意識到那只不過是讓我看起來像是個廉價的推銷員，畢竟穿在身上的是一套廉價的西裝，所以我停了一陣子。去年我在小西門（烏魯木齊的一個商業區）一家店買了我的黑色西裝，花了大概一千。我心想既然要當個創業家，那看起來總要有個樣子。所以過去一年我天天穿著那套西裝。

阿齊茲說穿得像個來自伊斯坦堡的青年商人，可以展現他與伊斯蘭時尚暨清真消費主義的關係匪淺，但又不至於在監控收緊的過程中看起來太過虔信。

相對之下，馬赫穆德想要被看作是西方人。他留了個高漸層（兩邊剃短上面保留）的髮型。走在街上，他會刻意把他的蘋果正版白色耳機垂在肩膀上，好讓人一眼看出他的財力。他會一連幾週戴著黑色的飛行員墨鏡，身穿上頭以白色粗體字母寫著ARMANI（亞曼尼）的栗紅色T恤。但不論以誰為例，穿著打扮都不只是他們展現洗鍊品味的手段而已。對他們倆而言，維安糾察是分分鐘懸在頭頂的威脅。用都會風的打扮取代虔信的伊斯蘭農夫外貌，是一種終將難敵數位圈禁的生存之道。

透過恐怖為之的剝奪

如提摩西・奇克（Timothy Cheek 2015）與莉莎・洛菲爾（2007）所言，自一九九〇年代以降，中華民族範圍內的意識形態—審美生產在很大程度上已經從毛澤東時代的宣傳國度，轉變為一個「國家主導的公共領域」（Cheek 2015, 9）。這種國家資本主導的公共領域，亦即一種中國的政府屬性，為公共言論提供了更大的彈性空間，只不過這種言論並沒有獲得徹底的法律保障。在人民反恐戰爭的背景下，國家主導之公共領域中的自由開始遭到削減。時至今日，維吾爾族受到的指示是要消費中文的商業性電視內容，要參與維吾爾的愛國選秀節目，藉此來對國家表忠。人民反恐戰爭——始於二〇一四年五月以來做為一系列涉及漢維兩族平民暴力事件之回應——對農民在網路上跟在家中可以看什麼內容，帶來了前所未見的嚴厲限縮。觀看或聆聽非法內容不僅成為一種可以被關很久的犯罪行為——如我在本章一開始所言——禁止或拒絕收看國家製作的電視也被歸為一種所謂的極端主義舉措，列入編纂於二〇一四年的七十五種極端主義具體表現清單中（United Front 2014）。突然之間，馬赫穆德與阿齊茲發現在自身工作所處的媒體環境中，他們產出的所有東西都必須在國家的指導下與宗教極端主義對抗，並把維吾爾族的同化當成一個目標。

在此同時，在他們家鄉的村子裡，他們的家人開始面臨到被羈押的威脅，主要是在過去五年上網的經歷中，他們消費了未經授權的地下宗教或政治媒體。對馬赫穆德來講，創傷的起點是二〇一五年初，就在本章一開始我描述的警察上門事件的兩週之後。他告訴我：

> 我父親兩天前打電話給我，叫我要格外小心，別跟任何人在電話上交流什麼。他說出事了，但不能多說是出了什麼事。然後昨天一個朋友從我村子不遠處的鄉鎮過來告訴我是怎麼回事。有史以來，暴力事件第一次發生在我老家。我在想那裡的狀況會開始惡化得很快。我跟我家人會有很大麻煩。

馬赫穆德嘆了口氣，開始揉起太陽穴。他的父親告訴他說他們一家的房子，現在只是個住宿的地方了。從他們家到有十六名維吾爾族遇害的事發地點，這一帶現在都是封鎖的狀態。他問父親他要不要回家陪家人度過這個時期，父親說不要。要是他現在回來，可能就走不了了。我們全都坐在那兒，好長一段時間一聲不吭。說不出話的我們在消化事件的嚴重性，也在思考著那十六條消殞的生命如何影響一大群人。「十六個人啊。這事簡單不了。」馬赫穆德說。

接下來的幾天，我們拼湊出事情的前因後果。好幾名馬赫穆德的鄰居嘗試在家訪時搶奪一名維族員警的槍，並壓制上門檢查者。原來上門的警方在義警的助陣下，威脅要逮捕那一戶鄰居的妻子，藉此要求她得停止穿著非法的伊斯蘭罩衫。警槍保險是關閉的狀態，所以該名鄰居傷不了員警跟被徵召為維安隊員的農夫，但街坊們跟該鄰居所屬祈禱團體的成員持刀攻擊了警察。幾分鐘內，維安武力就抵達了現場，開始對該鄰居的家跟他家前面的街道進行無差別射擊。按官方報告所述，死者超過十二人，當中包括那名鄰居的妻子跟六歲的女兒，此外還有一名死者是馬赫穆德的中學同學。幾天後聊到這個事件，馬赫穆德說：「這是難以想像的，這不是伊斯蘭。人在任何狀況下都不應該殺人。這個地球上的生命是神的禮物。只有祂可以給予生命或帶走生命。人類去做這種事情，他們就會從人變成一種比較像是怪物的東西。」

國家當局抓著這次的事件當藉口，開始挨家挨戶逮捕可疑人物。就像把在維吾爾原鄉隨處可見的壁畫化為現實（見圖3.4），短短幾個禮拜，就有逾千人被捕，理由不是有串謀對警方不利的嫌疑，就是這些人對警方是否濫用武力提出質疑。馬赫穆德的五位舅舅也在這波掃蕩中被抓，他們受到的指控是煽動種族仇恨。用來指控他們的證據是被手機錄下的

圖3.4｜馬赫穆德家附近的一幅壁畫：「嚴厲打擊『三股勢力』，維護社會穩定！」這裡的三股勢力是恐怖國家的話術，表面上說的是「民族分離主義、宗教極端主義、暴力恐怖主義」。事實上他們指的是維吾爾自決、宗教虔信，還有對中國主權的各種反抗。攝影：鄭陽江（音譯）。

哈納菲派伊斯蘭教誨，還有他們被迫做出的自白。接下來的幾週跟幾個月裡，他們被判處從五年到二十年不等的有期徒刑。馬赫穆德的其中一名舅舅直接人間蒸發，馬赫穆德如今只能推定他死於審訊。但發生在馬赫穆德家中的恐怖與削減並沒有到此為止。

在他們被捕後，我們都陷入了麻木的恐懼與痛苦中。我母親受到很大的打擊。即便在這樣的痛楚中，我爸媽仍決定領養我舅舅的兩個孩子，畢竟我舅媽一個人幹不了農場的活，也很難找到工作，所以她不會有任何收入來源。在我爸媽照顧了孩子幾週後，警方又一次找上門來，讓我全家跟他們走了一趟警局。他們指控我爸媽「照顧恐怖分子的孩子」跟與政府政策作對。在警局時，他們問，「你們為什麼要做這些

> 犯法的事情？」我爸媽回答說，「這些孩子的日子很難過，所以我們才會伸出援手。我們沒有其他的動機。」最後他們讓我爸媽簽署了「法律宣誓書」，表示此後絕對不再扶助我的外甥跟外甥女。從那之後我母親就變得疏離，而且有點恍惚。她夜裡睡覺會作惡夢。後來我們好幾次想去他們說孩子會在的地址看（孩子），但他們一貫的說法都是小孩不在那兒。直到現在，我們都不清楚他們（小孩）後來的遭遇。

接下來的幾週，地方政府開始徵召還沒被抓的人，讓他們加入政府的行列，一起去追捕那些從警方手中逃脫的人。他們要求每戶人家都要出至少一個人去協助追捕。他們說誰不合作就與逃犯同罪。由於馬赫穆德已經回到烏魯木齊，所以他的弟弟就成了他們家的追捕代表。就這樣有幾個月的時間，他弟弟都跟警察與其他被徵召的年輕人走在一起，在山裡搜查有無他們的鄰居藏匿其中。

回到城裡，馬赫穆德發現自己工作很難專心。他說他現在覺得製作網路廣告完全沒有意義。每天他都會收到家裡的通知，說那些讓他能踏上旅程脫離鄉村生活的鄰居，這會兒又發生了什麼事情。

> 在回到城市裡的學校後，我聽說很多被迫加入搜查行列的人都因為不合作而被捕。返鄉已經不是個選項，畢竟局面已經變得相當糟糕，特別是對年輕男性而言。一如

許多其他家庭，我家也已經登上了可疑的家戶清單。我家人已經離開不了村子了。

他聽到的一些狀況讓人深感不安。

我家人沒事，但他們周遭的一切都糟糕透頂。被捕的人數已經破千。每天他們都能看到人在槍口下被拖到路上，而且人數愈來愈多。要說這麼多人全都跟發生在二月的事件有牽連，絕對不可能。我的家人覺得他們就是想多抓幾個人，這次的事件只是給了他們一個機會。他們抓捕的人數愈是往上，就愈像有在做事。如今我弟弟從山上回來替地方民警做事，這就代表他晚上大都得去參與家戶檢查。此外他還得一週一次去在地的鬧區受訓（他示範了自己受訓的內容：他會做出弓箭步，雙臂前伸彷彿手握棍棒）。我父親試著阻止，但警方說他要是不讓我弟弟去，就是「對你該做什麼事的輕重緩急有意見」。警察還跑來訊問我那五個兄弟都被他們抓走的母親。他們問她對目前這狀況有什麼看法，問她是否要為兄弟們辯護些什麼。當然，要是她真的替他們說話，早就也被抓起來了。所以她只說，「你們做的是對的，黨永遠是對的。」她必須斷絕與家人的關係。你身為年輕人，只有兩條路，要麼被捕，要麼由他們逼著你去替警察工作。男性沒有人可以獨善其身。許多人家都只有女性能留下來。而且有些女性是年紀真的很大了，有些則是懷有身孕或拖著幼小的子女。沒有誰在種莊稼。所有人都只是過一天算一天地苟活著。我一些親近的朋友被抓了。其餘的都已經在為警察效力。武警天天來獵捕人。到了這個點上，他們已經可以肆無忌憚地開火，所以很多人一跑就遭到射擊。起碼有六個我們認識的人在監獄中被酷刑虐待致死。我父親在事件發生當日，看到在地警方辦公室合院裡有幾十具屍體橫陳。所以當他們說死者只有十六名時，只是想讓外界聽著感覺他們處理得沒有實際上那麼糟。這段時期大家都風聲鶴唳。也都無心工作。所有人都只是低調再低調，有集會都不敢不去。這段經歷讓我的小妹內心留下了嚴重的創傷。等她去上學時（她的學校位於離馬赫穆德的村子二十多公里外一個較大的鄉鎮），漢人同學管她叫「小恐怖分子」。她只能哭著回家。

在接下來的幾個月裡，馬赫穆德聽說他的老家社區正發生一些匪夷所思的事情。每天他爸媽都得按要求前往在地村中心觀看教學影片，學唱愛國歌曲。國家當局開始在禮拜五在地清真寺供人進行每週例行的祈禱時，升起中國國旗。他母親被迫在村中心燒了她祈禱時用的毯子。他全家人都被要求寫下對中國國家效忠的宣誓書並公開朗誦。

雖然在那場大羈押於二〇一七年三月開始時，馬赫穆德的弟弟並沒有一開始就連同另外一百五十萬穆斯林入獄，但他弟弟鄰里的一個朋友承認了早些年，他曾跟馬赫穆德的弟弟在手機上聽過非法的穆斯林訊息。這之後過沒多久，馬赫穆德的弟弟就也被羈押進營區中。許多人開始在壓力下崩潰。維族大規模消失開始的兩個月後，馬赫穆德告訴我：

兩天前我表親的叔叔跟嬸嬸突然撒手人寰。表親的親戚發現這對夫妻在自宅後面的樹上上吊。看上去他們是計畫好的，因為他們還先買齊了白色的壽衣，並將之放在屋內睡覺用的炕上。大家都說他們是政府害死的，因為眾所周知警察天天來叫他們把兒子叫回家。實際上沒有人知道他們家兒子的下落。他可能在華東、可能在獄中，也可能已經一命嗚呼。他不像我有綠卡，[15]所以政府懷疑他是極端主義分子。但由於這對夫婦不清楚兒子的行蹤，所以警察一天到晚騷擾他們。他們的年紀一個六十五，一個五十九。也許是因為二月發生的事情，壓力最近又更大了些。當然，這種行為在維吾爾社會與伊斯蘭的教誨中都是禁忌——身而為人絕對不可以取人（跟自己）的性命——所以大家對這種事絕口不提，真要提，大家就會說他們是死於政府之手。這是這種事第一次發生在我認識的人身上，但我確信這種事在整個南疆都不少見。所有人的「精神面遭到了打破」（Uy: rohi sulghundi）。

馬赫穆德擔心他自身在城裡的安危。擔心因為自己住得離家很遠，家人會被懷疑得更厲害。擔心因為很多親戚被抓，有人會指控他不愛國或不聽話。

警方無時無刻不想知道你的每一位家人在什麼地方。他們會要你為你孩子所做的每一件事負責。一天到晚問我爸媽我在哪。我爸媽會告訴他們「他在烏魯木齊工作」，然後給他們看我的綠卡影本。但如今綠卡已經不夠了。他們會問我爸媽「你們能證明他沒有從事非法的工作嗎？」於是我爸媽給他們看了手機上我拍的廣告跟我的照片。他們能從廣告上看出我是個都市人，而且留著一頭時髦的髮型。於是他們相信我爸媽。要是我爸媽拿不出這些東西，他們就會強力施壓我爸媽叫我回家。這種事遍布從和田到喀什再到阿克蘇的整個南疆，如今無一處不是這樣。這就是何以這麼多城裡的年輕人被迫離開。有個市級公安局的成員跟我說已經有三十萬名維族被迫離開城市，都是因著這類壓力。只要你沒有在這裡的戶口（Ch: hukou），你就會被趕。他們會叫你回老家申請綠卡再來。但其實大部分的人這輩子都申請不了這種卡。你想回來門都沒有。這狀況沒有人不知道。這年頭年輕人會承受這麼大的返鄉壓力，就是因為上述的原因。

對馬赫穆德而言，這種壓力逼著他去維持特定的審美。讓他止步於禮拜五的清真寺門口。做為替代方案他只能偷偷在公寓裡祈禱。他延續著工作，替維吾爾公司製作廣告片。慢慢這些短片的敘事開始不僅訴諸維吾爾的受眾，也開始觸及一群說漢語的群眾。所有以維吾爾發音的東西，現在都很強調要加上中文字幕。中國國旗的符號開始遍布在維語的廣告裡。「民族團結」(Uy: milletler ittipaqliq; Ch: minzu tuanjie)的論調常常會被納進維吾爾產品的宣傳口號中。新實施的數位監控系統開始以參數區隔維吾爾人對公眾媒體的消費與慾望,使之朝著政治目標前進。接受指揮的公共領域被調轉方向,以恐怖資本主義的監控量能馬首是瞻(見圖3.5)。人民反恐戰爭的數位圈禁計畫是按著把維族拉進城市的市場化來布局。他們化身為數據,變成了系統的建材。時間接近二〇一八年底,馬赫穆德的弟弟從營區被轉移到一處受到嚴密監控的紡織工廠,工廠背後是總部在浙江省某個城市的一家公司。他沒能回家看看,一切基本需求都由再教育系統供給,但他每個月不過寥寥幾百元的工資只能在工廠內的店鋪花用。馬赫穆德擔心他會再也見不到弟弟。

阿齊茲也受到了人民反恐戰爭的美學影響。如同馬赫穆德,他也是一名戶口在南疆的綠卡持有者。他說他家裡也因為他人在外地而承受著壓力。他還說:

> 我知道(我老家的警察)在監視我,但我只是覺得我坦蕩蕩,沒什麼東西見不得人。我是個都市人,任何人都看得出來。在微信帳號上,我會主動張貼愛國或族裔和諧的內容,藉此來挑揀掉那些我覺得會被他們稱作「分離主義者」的人。只要有人抱怨我貼的東西,我就會立刻把他們刪掉。很多次我遇到有人假裝對自己的維吾爾身分極為自豪,但其實他們只是在釣魚,一旦你被他們牽著走,說出了他們想聽的話,那些話就會被拿來對你不利。

圖3.5｜馬赫穆德老家村子附近的壁畫。上頭的文字寫著：「用網路下載並散播暴力的恐怖主義影音內容將受到『嚴厲』(Uy: qattiq)的法律制裁。」攝影：鄭陽江(音譯)。

雖然阿齊茲很努力在維持一個外界可以接受的公共人設，但他的家人仍難免受到反恐運動的影響。父親也被帶到了一處再教育營，理由是他學了阿拉伯文，對伊斯蘭教法有若干認識，且在未獲授權的情況下將所知傳授給他人。阿齊茲不確定官方會判父親有期徒刑，還是最終會把他送去再教育工廠。他說他母親現在只能很勉強度日。他盡可能從城市裡供養她，但他也擔心自己萬一得回到村子裡，會有什麼下場。

> 我母親一個人日子過得很緊。我們家開了家小店，她賣點日用品跟麵條維生。事實上，在拉瑪丹(齋戒月)過後，我就得回到老家村子更新我的綠卡。我不知道到時一去，我還回不回得來。現在他們說有親戚被捕的人真的很難拿到綠卡。我在警察部門有很多朋友，而且我也不缺錢，所以

我想我應該還不成問題。但凡事總是沒有百分之百。要是回鄉下，我的生活就會失去目標。我所有工作都在這裡。換到鄉下，我就只是個農夫罷了。

對阿齊茲而言，他已經無法想像農夫生活是一種可能性。相對於剝奪的各種過程永遠不會畫下終章，他的家已經確實從他身邊被奪去，而同一時間「透過遷居城市去追求經濟成功，進而擁有自己生命路徑」的願景從來都開放得不夠徹底。他的生命已經不歸他自身所有。老家村子曾經能夠給他的後盾，也已不復存在。

結論

馬赫穆德與阿齊茲所體驗的剝奪過程，包含了兩個部分，一個是物質性的剝奪，另外一個則是他們的社會性遭到數位知識經濟給轉換。他們發現科技介入他們的生活，呼喚他們去轉變自身的外貌與興趣，而在這樣的過程中，他們被拉進了一個新世界。在此同時，國家恐怖在鄉間的推進既將他們綁在他們所愛之人的苦難上，也讓他們不可能考慮返鄉。那麼做的風險實在太大。

數位圈禁中介了他們獲准生成的美感。隨著系統愈變愈強，他們生成的知識開始按規格被安插進一個無視兩人創傷的新真理政權中。如今，人身監控迫使維吾爾農夫電視要一直開著，監控檢查哨則規定他們去哪兒都必須手機不離身。他們協助建立的知識經濟，如今已然成了一種義務。遵照老家村中工作大隊（Ch: dadui）的指揮，他們用微信app公開駁斥各種形式的伊斯蘭虔信與族裔自豪，並宣告他們對中國的國家之愛。日益讓他們提心吊膽的是他們過往在網路活動中的數位足跡會被發現，他們的手機裡可能被安裝具有掃描功能的評估機器。馬赫穆德與阿齊茲覺得他們沒有選擇，只能如往常一般繼續供養他們留在鄉間的家庭成員，假裝對他們親屬遭到羈押的事實麻木不仁。他們的城市美學已經變成一種障眼法，一種對他們離開村子時憧憬的自由戲謔到不堪入目的模仿。比起過往，他們如今深刻感受到自己的生活與外表如何遭到侵占。如我在下一章所揭示，政府眼中的預備犯一一消失，以及有著各種參數的新式數位與生物辨識監控的實施，都讓維吾爾年輕人被推向朋友尋求社會性的支持。

4

友誼 Friendship

我第一次見到阿比利金時，他坐在距離門口最遠的角落。他是個瘦子，留著仔細修剪過的鬍子。他坐時駝著背，肩膀內縮。一如維族的習慣，沒有人幫我們介紹。前一週我在一間土耳其咖啡店裡結識了一名叫巴圖爾的年輕人。此刻我就已經在他的公寓裡參加生日派對。我猜想角落的男人或許是從鄉下來看巴圖爾的親戚。我們交換了姓名，但我還是不確定他是什麼來歷。一整個晚上下來，他就靜靜坐在角落，眼神在房間內掃視。直到很後來，當我們要走回各自的家時，他才開口說了話。阿比利金在群體中習慣裝啞巴。

他不是剛進城的鄉巴佬，他是巴圖爾最親近的朋友。他們一起住在城裡已經快十年了。不同於我在前幾章介紹過的其他移民，他擁有一所在地大學的學士學位。因為有這張文憑，所以他曾希望自己能在城市中覓得更多體制上的關係與安全感——他迫切想得到的兩樣東西。但事實是不久前，他才在桀敖不馴的學生、天天冷嘲熱諷他的同事，還有歧視性勞役分配三者的圍攻下，離開了原本的教職，而他原本任職於一間政府營運的職業學校，接受的是世界銀行的資金。離職後，他就一直想找一份能讓他不感覺到孤立跟被闍割的工作。他曾不遠將近兩千英里跑到北京，為的是跟巴圖爾一起找到一份商業顧問的職務。事後他跟巴圖爾一起回到烏魯木齊，想在一家土耳其食品進口公司圖個倉管經理的差事，但不論是哪一個崗位都沒有結果。他說：「我跑到北京，然後回到烏魯木齊，只是為了把事情弄清楚。但我什麼也沒弄清楚。我現在還在想辦法把事情弄清楚。」他說現在只有一樣東西讓他沒有放棄自己的生命，那就是與巴圖爾的友誼。

在與阿比利金建立友誼的過程中，我很驚訝地發現他徒有專業卻鬱鬱不得志的故事，還有他看重友誼的程度，竟然呼應了我所觀察過幾十名低收入維吾爾移民的經驗。在大城市中，阿比利金與數千名跟他一樣失業的維吾爾年輕男性，都發現自己想要用維吾爾的框架去搞懂一個中國人的世界。而就在他們試著要進入那道社會流動時，他們不斷發現自己被推上邊緣的漩渦中。由於他們常常在移民的過程中跟原本的大家庭切斷關係，因此存在於這種移動裡的暴力會讓這些單身的年輕男性聚在一塊，並一起等待成為自身故事的作者。

雖然阿比利金曾一度藉教職獲得了體系的支持，但就像正規教育程度較低的其他人，他也在新疆被捲入了社會暴力的騷亂中。他首先在二〇〇九年的夏天找到了一份工作——第一章裡提到的維吾爾公民維權抗議，就是在這年夏天讓烏魯木齊陷入動盪。雖然抗議的當下他人在鄰近的城市裡，但幾週後回到烏魯木齊就任化學教師一職時，他依舊遭到了警方的羈押。他在漫長的審訊後獲釋，但這次經驗，加上後續幾年無數次日常的族裔—種族歧視體驗，讓他不斷累積傷害，直到他終於退出了主流中國社會的城市生活，從此只在烏魯木齊南端的維族圈子裡尋找工作機會。他放棄了教職，出現了手抖的痼疾。他會在家徒四壁的水泥公寓裡一待就是數日，而且睡得很少。他常把自殺的想法掛在嘴上，也常提到是他與巴圖爾的友誼阻止了想尋短的他。

從很多方面來看，阿比利金的處境都可以代表發生在世界各地的置換與剝奪。在資本主義於二〇〇〇年之後的全球性擴散中，近二十億人從鄉村的貧窮遷移到了都市的不穩定／飄零中（"World Urbanization Prospects" 2019）。受都市發展、工業化農業與各種形式的剝奪所迫，他們不得不遷離那或許脆弱但本體上算是穩定、自給自足的農夫身分。在過去二十年間，中國有兩億兩千一百萬人拋下他們不大的田地，投身熙熙攘攘的城市街道跟小小的混凝土公寓（Xiong 2015）。由於新疆維吾爾自治區是漢族移民兼營造工人、礦工與挖油工人最主要的收受者，因此自治區裡的兩千五百萬居民大部分都是離鄉背井。但如我在前幾章所述，對阿比利金而言——也對另外數十萬名來到烏魯木齊的維族移民而言——族裔—種族支配的殖民關係中那額外的斥力，被摺疊進這種經濟及以階級為基底的結構型煽動性中。由反恐的監控圈禁所培養出來的這種歧視是一種機制。這種機制會以獨有且別緻的方式把他們的身體進行標註與分類。到了最後，他們常會發現自己被族裔—種族化的雇用與出租行為劃歸進烏魯木齊中的小維吾爾，那兒對就業不足的移民而言，是一個混雜族裔—種族性的糾察暴力及迫切想找到社會立足點之心情的地方。逐週，地方警力會進入維吾爾的住家搜索藏匿的黑戶，也就是未登記在案的鄉間人口。檢查哨設立在街角，維吾爾男性會被要求出示他們的證件，並接受手機掃描，看當中有無與恐怖主義的連結。找工作談何容易，尤其對隻身一人在城市裡的移民更是緣木求魚。他們庸庸碌碌只圖餬口，以及不被警方的監控掌握。

如阿比利金曾於某日說過，「鄉下感覺就像是一面停滯的湖泊，但城市感覺就像條『兇猛的河流』（Uy: derya süyi dawalghup turatti）。」一個受到嚴密巡邏，不免停滯又乏味的維吾爾社區位於南疆一馬平川的沙漠平原上，那種相對的穩定感遭到了替換，取而代之的是凶險城市地界上狂放的步調，他放眼四下盡是陌生的面孔。阿比利金用來形容「兇猛」之河流的維語字眼dawalghup還有另外一層涵義，傳遞的是一種社會脆弱性，一種生活處於混亂與焦躁中的感受。這些失根與被逼到邊緣的感受，回過頭來又會生成一種由艾倫·布雷（Alan Bray）名為「友誼危機」的維吾爾體驗，其間社會網絡成為了一種珍貴但又孱弱的穩定性來源（2003, 2）。與日俱增的一個狀況——按布雷之主張——是在市場導向的環境裡，選擇性的人際關係已經變成社會認同過程與經濟生產力當中的關鍵元素。社會再製的這種發展推著資本主義主體去拓展他們的社會網絡，目標是超越同事、超越同為公民者，也超越他們身邊的家庭成員——把他們的朋友用做一種達成經濟穩定性的途徑。維吾爾脈絡下的特別之處在於考量到種族化城市的殖民暴力，同性友愛的友誼經驗在對抗圈禁與貶低的邊界鬥爭中，並不是一種選擇，而是必不可少的關係（Fraser and Jaeggi 2018）。

一如在所有的社會脈絡中，維吾爾男性友誼的狀態與維吾爾男性特質本身的形狀都取決於歷史，由為其提供定義的各股社會力量所形塑。[1] 相對於在過往，維吾爾的男性身分大體被定義在對傳統的維繫，一種針對女性的父系支配，以及與其他維吾爾男性的競爭之中（Dautcher 2009; Smith Finley 2015），如今在城市的殖民暴力脈絡下，新形態的男性特質定義開始浮現。年輕維吾爾男性眼中的自己愈來愈被定義為對城市順暢的經濟運行的一種威脅，主要是城市體系開始聚焦在普遍的伊斯蘭恐懼上，及城市中漢族移民人口的族裔中心論上。做為都會移民，他們被孤立在自身的鄉村家族之外，被迫延後走入婚姻，而這一點也讓他們不得不相濡以沫地相互扶持。

當像阿比利金這樣的年輕人發現他們想在都會市場中成功的夢想走不通後，與「經濟遷徙帶來的表面開放與活力運動」相關的希望，往往會變成一種殘酷現實的源頭。由於就業分發率對於條件更好、頂著學士學位的維吾爾大學生，此時也已經因為國家授權的就業歧視而降至不足百分之十五（Tohti 2015），因此想找到一個能讓維吾爾移民獲得合法地位的工作，常常被認為是一種樂透，因為那能讓他們從鄉間小鎮上被糾察的貧窮生活中逃脫。就業不足在維吾爾大半的社會中是一種傳染病，維族社會中只有不到兩成的人得以進城從事某種領薪水的勞動（Tohti 2015）。想逃離鄉間的貧窮變得難上加難，因為他們包括日常生活與社群媒體上的社會網絡，自二〇一四年的人民反恐戰爭以來，都被約聘的協警用來監控他們的行動、培養線人、當作羈押人跟把人驅離城市的證據。這些形式的社會圈禁與貶低推著他們去與信得過的移民同志建立緊密的同性友愛鍵結。那就像是透過這些形式的彼此照顧，他們維繫住一種城市中的歸屬感。

在本章中，我思索的是同性友愛友誼如何能為受到重重糾察的維吾爾年輕男性，在他們受到經濟／政治兩方面當代殖民化過程邊緣化之餘，扮演一種緩解性的照顧。我檢視了何以友誼會對維吾爾年輕男性變得如此要緊，以及這種同性友愛友誼是如何發展出來。我主張來自於「相互聆聽故事與分享同一種意索與生命」的照顧形態，是生成「維吾爾存在之穩定性」的一種脆弱的來源。雖然這些反殖民的同性友愛男性友誼常受阻於科技—政治監控系統，無法發展成正規的去殖民政治，但它們對更廣大的去殖民男性特質，乃至於對人類學研究本身而言，都有著普遍的意義。

最後我發展出了一款分析，供人理解我所謂的反殖民友誼是怎樣的一種同性友愛賦權與照護。這款分析將女性主義社會科學的學術研究置放在男性特質的社會建構上（Sedgwick 1985; Gutmann 1997; Kimmel 2004），並與伊斯蘭男性特質（Dautcher 2009; Rana 2011）、原住民男性特質（Innes and Anderson 2015）的人類學研究以及我自身的民族誌證據進行對話，藉以揭示這種維吾爾男性友誼與其說是前一章所描述的「對女性的支配」，不如說是「面對圈禁與貶低的剝奪效應去提供保護」。利用從女性主義、去殖民與存在主義人類學處汲取的啟發，[2]我闡述了這些友誼的建立主要出於一種主體間的「一起」（Uy: bille），而能培育出這種「一起」的感覺，靠的是故事與生活節奏的分享。故事述說與友誼提供了各種形式的保護，讓人可以去抵禦協警與市場侵占的暴力，進而導出一種男性身分與社會再製本身的新體驗。在此同時，一旦這些友誼出現斷點，它們也可能成為暴力與鬮割的發生地點。

削減、友誼的倫理、故事述說

在我為期兩年的田野工作中，許多朋友與熟人跟我說了他們的朋友與家庭成員或者消失，或者遭到國家當局無限期的羈押，原因包括真正在或給人感覺在抗拒中國墾殖者殖民主義（"We Are Afraid to Even Look" 2009）。二〇〇九年維族遭到種族化殺戮所引發的起事之後，年輕維吾爾男性的失蹤狀況變得宛若流行病一樣普及，地方警局印製了表格供家戶填寫來徵詢親人的下落。就算能從再教育設施或監獄中找回自家兒子或兄弟活生生的軀體，他們往往也已經被摧殘到心靈殘破——虛弱的軀殼裡已經看不到原本有著的生命。我的朋友常說起他們克服恐懼的掙扎，他們怕的是同樣的事情會發生在自己身上。他們會說自己是如何得吞下自己的尊嚴，不在遭遇到體制形式的種族化與種族化生成的日常遭遇時有所反應。他們把新疆比作當代的北韓，把自身的族裔—種族處境比作德國的猶太人，而且是早在猶太人大屠殺前的那些。他們的處境在自己的眼裡，既是中國快速資本主義發展的典型場址，也是國家主導之壓迫與漢族族裔—種族歧視的極端案例。剝奪被強加在城市裡的維吾爾族身上，主要是他們常受制於法律租不了房子也做不了工作。由於他們的身體在某些人的眼中既沒有價值，也不值得為其傷心難過，由此他們只能被迫挑起就業不足、被非法化，以及高度暴露在暴力與死亡威脅中的種種重擔。

在與阿比利金等數十名移民處聽得的故事與經驗進行搏鬥之際，我發現將剝奪框定為一種「與全球資本主義跟殖民主義共構的效應」的學術研究，十分能刺激我去徹底想清楚維吾爾男性遭受的創傷與他們日常的掙扎（Coulthard 2014; Goldstein 2017）。綜觀資本主義與殖民化的現代歷史，剝奪的狀態一直在社會的邊緣，對遭到少數化的群體產生不成比例的影響。卡爾・馬克思（Karl Marx [1848] 1963）將被剝奪者概念化為「流氓—無產階級」（lumpen-proletariat）。這種「流氓化」（lumpenization）的過程常見於奴隸與原住民的後裔，指的是人類群體被拒絕授予階級地位，因此只能在非正式經濟的「灰色區域」中工作跟生活的情形（Bourgois and Schoenberg 2009, 19）。如馬克思所言，生產模式的改變，以及隨著資本主義疆界的無止盡擴張出現的土地分割跟商品化，會產生一種效應擾動社會秩序，而社會上最脆弱的一群也是於此間受到影響最大的一群。這會導致從無家可歸到監獄跟貧民窟等「人類倉儲」，再到不自由勞動，不同程度的各種可棄性。

把剝奪想成是一種過程式的終生勞動，可以讓我們免於過於糾結於比較靜態的「例外區域」，如營區跟監獄（Agamben 1998），轉而把更多心思放在對「被殖民化主體」的處理，必須聚焦在主體間的生命本身暴露在什麼環境中，及其能動性的堅持上（K. Mitchell 2006）。整體而言，殖民形態的剝奪常發生在一段看似沒有終點的漫長時期。性別化、世代間的殖民暴力創傷通過語言的置換、從土地被遷移，社會體制的碎片化，在幾十年乃至幾百年的時間尺度上上演。這是一個過程，而不是一個單一事件（Wolfe 2006）。透過專注在脆弱生命的枝微末節上，這種去殖民研究取徑補強了以維吾爾身分政治為題的固有學術研究（Bovingdon 2010; Smith Finley 2013）。以前行「利用關注權力關係與過程的性別化分析針對中國少數民族的研究」[3]做為建構基礎，這種取徑思索的是男性特質與同性友愛關係如何現身為一種實際被活出來的維吾爾反殖民過程。

在性別隔離的維吾爾社會中，友誼自古就是族裔義務與社會性的主要來源。在維吾爾原鄉的某些區域中，人常把「朋友」（Uy: adash）一詞用在每個句子的開頭跟結尾，那是他們面對同性別與同世代的所有人，一視同仁的說話方式。朋友這個意思在維吾爾語當中有很多可供選擇的單字：dost、adash、aghine、borader；這些變化結合形容詞的修飾語，可以以不同的口氣對應說話者想描述的友誼。但維吾爾族特別保留了一種指涉給像阿比利金跟巴圖爾這類年輕人所共享的友誼。做為我在本章一開始所介紹的人物，他們倆共享的這種友誼被稱為「如命如肝之摯友」（Uy: jan-jiger dost）——意思是他們的生命精神與肝臟都可以與這些朋友共享。肝臟在維吾爾的知識論中，被認為是勇氣的座席（就很像在其他脈絡下，膽囊中的膽汁被認為有果敢的意涵）。維吾爾「如命如肝」的朋友概念，傳達的不只是密友之間屬於「靈魂伴侶」的層面，它還代表你願意為了對方犧牲自己，只因為你們是「歃血為盟的兄弟」。

銘刻在當代「如命如肝」友誼上的朋友關係，來自不止一個源頭。由於維吾爾族有悠久的耶利克都市主義傳統存在於舊絲路沿線的綠洲城市裡，專業貿易與工藝的發展長期影響著年輕人的生命路徑。幾個世紀以來，一群屬於少數的年輕人——如同我在第二章所討論過的那幾位——都離鄉背井去到鄰近的城市擔任烘焙師傅、錫匠、木工等手藝的學徒。這些較早期形式的移民往往圍繞著當事人出生地的社會關係。同鄉的年輕男性（Uy: yurtdash）常常是移民來到新都會落腳地，首先建立的朋友關係。在當代版本中，「如命如肝」的友誼又多了第二項新發展的元素。亦即，親近的朋友往往是出身同一所母校的同學（Uy: sawaqdash）。這種對同學關係的強調做為一種晚近的現象，對應的是中國社會主義晚期之家庭計畫政策，還有中國學校體系的組織構成。由於大部分維吾爾家庭都只獲准生三胎，且教育體系從小學到中學都把孩子放進單一、區隔化，且萬年不變的班級中，因此許多維族年輕人（或放大範圍看，一如他們的中國人同班同學〔Ch: tongban tongxue〕）會慢慢把同性別的同學當成是手足一般的存在。以阿比利金跟巴圖爾為例，他們是超過十七年的老同學。從小到現在，他們分享著相互交織的生命路徑。家庭計畫與中小學教育的國家體系，旨在將他們的身體像趕羊一樣趕進獲得批准的中國式「模範少數民族」位置中，也一併形塑了維繫他們自治性的人際關係狀態（Schein 2000）。

對許多當代的伊斯蘭社會而言，性別的區隔加上經濟生產方式的改變，已經聯袂導致男性更加倚賴同性友愛關係（Ouzgane 2006），特別是在移民的過程中（Rana 2011, 119）。一開始，隨著中國經濟對市場力量開啟，維吾爾族的選擇性關係變得更加受到社經網絡之實用性所屈折。這種表現在商業「同仁」(Uy: munasivet)關係上的社經網絡實用性，是一種平行於中國其他地方所謂「關係」(guanxi)的發展。[4]如傑・多徹(Jay Dautcher)參考一九九〇年代的民族誌田野工作所示，維吾爾男性友誼在過往之形成常圍繞著實用性關係與經濟上的成功(2009, 136)。在「都市周邊鄰里」(mehelle)的層次上，正式化的友誼網絡形成了一種重要的歸屬感，而這些歸屬感的發展是在「常態性集會」(meshrep)(141)裡的競爭儀式上完成。[5]但由於維吾爾原鄉的殖民化在二〇〇〇年代遭到強化，年輕人被迫離開鄰里前往城市，這些實用與競爭的關係開始日益遭到替換。圈禁系統與漢族墾殖者的評價產生了一個效應，迫使維族青年以新穎且更深刻的方式去認同彼此。如命如肝的友誼中的族裔動機，啟動了一種義務是要與彼此在一起：要傾聽朋友說話，藉此讓他們感覺彼此的生命進到了相同的經驗裡。

在二〇一〇年代期間，維吾爾年輕男性益發開始把「如命如肝」之友誼做為一種資源在城市裡求生存。比方說在二〇一一年，當我第一年在做田野工作時，我結識了一名年輕的市集工人名叫努拉利(Nurali)，他的如命如肝之友人是一個年輕的烤串兒小販，名叫西拉利(Shirali)。二〇一四年，在我田野工作的第二年，我認識了兩名出身葉爾羌(Yaken)的玉販——哈桑(Hasan)與阿迪爾(Adil)——他們形容彼此的關係是「如命如肝」的朋友。我認識了一名來自和田外一個小村子的手機維修員，他有一名如命如肝之朋友叫爾金(Erkin)，也來自同一個村子。在我訪問的超過四十名年輕人當中，幾乎全數都有非常親近的朋友在幫助他們生存。至於那些沒有的，也常表示他們很希望能有。

這些同性友愛友誼證明了年輕人與剝奪奮戰很少是完全的單打獨鬥。對在城市裡的維族年輕男性而言，與剝奪共存往往是一件會動用到他們友誼的鬥爭。友誼並不能在族裔—種族化的城市裡那「怒氣沖沖」（Uy: dawalghup）的激流中，為維族人解決他們暴露於其中的種種問題，但友誼可以提供一個空間供他們去敘述問題——去「把事情想清楚」，至少阿比利金在我第一次見到他時是這麼說的——由此友誼代表了一種渠道，可以供他們去「一起」（Uy: bille）面對問題。

故事述說做為維吾爾男性友誼的一種組成

友誼的一個功能是給予年輕維吾爾男性一個日常的空間可以去進行「主體性交流」的故事述說（Arendt 1958, 182–84, cited in Jackson 2002, 11）。如人類學者麥可・D・傑克森（Michael D. Jackson）所主張，故事述說是為現代主義主體的生命事件賦予秩序與一致性的一種辦法，這些現代主義主體展開對自身生命的體驗，往往就如我們在前一章所討論到的，是透過一種基於「自由意志」與自我擁有的生命路徑敘事。在個人的故事裡，市場導向的主體——往往就是敘事者——會變成主角，而不是社會變革邊上的龍套。故事不光是會整體性地賦予意義給人類的生命，它們會改變人「對於降臨於（他們）身上之事件的體驗，作法是透過在象徵意義上去重組這些事件」(Jackson 2002, 16)。透過對生命的定義，故事提供了人一種辦法去克服社會結構對人想實現希望時的阻礙。藉由去敘述存在，並把生命的再現「搬上舞台」，現代主義主體可以讓他們的話語跟思想在世間占有一席之地。如傑克森所點出，這裡的關鍵在於去理解被述說的故事並不等同於社會結構——實情是，故事述說之所以重要是因為它讓主體看見他們是如何活著。故事的重要性比較不在於它們是否具有經驗上的真實性，或是這些故事能不能給人一種希望，而在於它們能否指出限制它們的系統是怎麼一回事，乃至於知道之後，主體們——特別是被殖民的主體——能夠去做點什麼。當然了，故事有很多種。有些故事確認了已知的事情，也有些故事質疑此前四平八穩沒有人質疑的事情。

對維吾爾的朋友而言，後一種故事——那種挖權威牆角，對「被科技政治監控系統所加諸的真理政權說不」的故事——會成為一種強大的武器，讓他們可以去維繫一種存在主義的幸福感。他們的故事往往會專注在某個情感性遭遇的瞬間——一個他們感覺到極端憤怒、害怕或悲傷的時刻——還有他們是如何化解那個處境。維吾爾族身為主體，向來很主動重塑他們的世界，但他們如今也成了得面對「新形態貶低與剝奪」的主體。他們訴說的故事成了某種緩解性的治療——而不是根治之法——可以改善年輕維吾爾朋友在城市中的脆弱。但不論故事述說在回復幸福感的效果上是如何片面，我在這裡的主張都是故事述說的作用可以提供人一種自治跟保護，這一點即便在他們的鄉間親友消失在大規模羈押或不自由的勞動系統中也不受影響。

做為一種「主體間生活世界」的過程式建立，故事述說的這種取徑是崛起自人類學的女性主義、去殖民與存在主義傳統中。[6]在這種傳統中，關注於具體操作與論述性的敘述被共同視為「人類行動所遺留」下來，相互交纏的「意義痕跡」（Desjarlais 2003, 7）。一如其他學者所研究的社會裡，維吾爾族也擁有一種儀式化的故事述說傳統，而這種傳統所聚焦的，是傳統知識的發送跟各種性別化權威與知識權力的傳送。[7]維安糾察在這項研究期間獲得的強化，將故事述說與故事述說所培養出的「一起」（Uy: bille），變成了一種銳利的反殖民照顧與賦權模式，又呼應了別處原住民男性的去殖民掙扎。創傷與閹割故事的分享，為維吾爾人開啟了照顧與歸屬的空間，而這是一個與勞勃・亞歷山大・伊尼斯和金姆・安德森（Robert Alexander Innes and Kim Anderson 2015）在疏離之北美原住民年輕男性間的研究發現十分類似的過程。一如克里族／梅蒂斯族（Cree/Métis）原住民學者葛雷格里・斯科菲爾德（Gregory Scofield）所示，聽取殖民掙扎與疏離的故事，為原住民男性開啟了渠道，讓他們可以用各種辦法去找到「你可以具體把自己拉進去」的存在模式（被引用於Innes and Anderson 2015, 253）。故事述說可以培育出原住民的兄弟之情，可以讓「世界活起來」（Innes and Anderson 2015, 258），而具體作法就是培養有生命力的各種保護模式，還有——在民權受到保護的空間裡——集體行動。

源自剝奪的各種義務提供了條件，讓「故事在朋友之間的述說與聽取」成為一種可能性。由於大部分維吾爾城市移民都是為了給鄉下老家的家人一個更好的生活延後自身婚姻的單身年輕男性，因此這種現象裡也有一種強烈的性別成分。年輕男性被送到城市裡，正是因為他們是年輕男性。維吾爾家長常覺得讓未婚的年輕女性為了闖出點名堂進城當個就業不足的叫賣者，並不是很安全。年輕女性確實會進城給在國家機器裡任職的維族有錢人當女僕，但她們比較不會出現在公眾的視野內。在維吾爾社會的父權結構中，她們會被看作是所服務家戶的一部分。反之年輕男性則往往是獨立的存在。像是尤瑟普、馬赫穆德與阿齊茲——這些前幾章故事裡的主人翁——他們往往都滿懷男性的能量，以家庭與村中的驕傲之姿來到城市裡。他們留著鬍子做為尊嚴的象徵，豪氣干雲地穿著他們一百零一套行頭。但也正是因為這種外貌，讓他們在漢族都會居民乃至於整個科技—政治系統的評價凝視中——一如潛在的族裔分離主義者或伊斯蘭恐怖分子——給人感覺信不過跟有危險。維吾爾男性一如世界上其他地方的種族化男性，都常常被未審先判認定懷有暴力意圖，有野性行為的傾向，宛若一種原罪（Welch et al. 2002）。數以千計就業不足而又驕傲的年輕未成家男性面對著廣泛的歧視，就這樣為這些新興的友誼網絡提供了所需的社會基礎。

除了與信得過的朋友進行一種「主體性交流」的口語故事述說外，二〇一〇年代初期還有一批新興的維吾爾小說跟詩賦作品呼應著維吾爾男性普遍在城市中體驗到的疏離。一如在其他的都會原住民脈絡中（Furlan 2017），這些書寫文本提供了一種共有的時間與空間論述框架，跟一種把其他抑鬱青年的悲傷與憤怒「搬上舞台」的辦法。如我從第二章開始敘述的，這些文本文物提供我一種大範圍的框定手法，讓我得以啟動與維吾爾男性移民以共有故事跟友誼為題的對話。在二〇一四到一五年的民族誌工作中，我發現年輕人與這些小說或詩作的關係促成了讓「種族化的暴力」跟「同性友愛的緩解性照顧」在張力中並陳的一款分析。與里納多・羅薩爾度（Renato Rosaldo 1993）及查爾斯・布里格斯（Charles Briggs 2014）研究中之「失去與憑弔」效果相似的方式，我所進行的研究其狀態與表達模式逼著我去調整了我民族誌的方法論。由此我的研究方法呈現出了反殖民友誼的形狀，並更精準地聚焦在了人類學的研究本體之上。

阿比利金的一千故事

阿比利金最常告訴巴圖爾跟我的故事，是關於他在二〇〇九年遭到的羈押。事情的發生，是在他人在從學校出發的公交車上之際——那間學校位於烏魯木齊北部一個明顯以漢族為主的鄰里——市內大規模跨族裔暴力發生不過才幾個星期。就在他們通過一處檢查哨的時候，阿比利金意識到自己是車上僅有的維族。雪上加霜的是他還留著鬍子，那會將他標註為一個來自鄉下的移民，而不是一個受過高等中文教育的維吾爾人。他的臉可以被解讀為有外顯的男性特質，且其與漢族臉孔的差異大到不可同化。他心知在許多他遇見的漢人心目中，他看起來就像是個自殺炸彈客。警察看了他一眼，立刻把他逼下公車。他說，

「當時我根本不知道自己在講什麼。我嚇壞了。我不知道他們會怎麼對我。」這次經驗留下的創傷，給了他甩不掉的恐懼。他說他感覺自己毫無保障，非常脆弱。從那之後他就意識到在新疆當一名維吾爾人，意味著他的身體隨時會被帶走。

阿比利金說他的抑鬱不僅源自於與維安糾察的交手經驗，也源自於他在任教學校裡那些同事的無感與歧視。他說他被騷擾、羞辱與孤立的經驗把他變成了一個「瘋子」（Uy: sarang）。

> 二〇〇九年那次我被帶進審訊室兩個小時，再次感覺正常花了我好幾年。嚴格講我到現在也沒感覺正常。那完整說明了何以我會開始憎恨那間學校，憎恨我的工作，還有我最終會辭職。那種事情要放下真的難。接下來的一年我表現得像個瘋子。我想我給全體同事留下了非常差的印象。他們覺得我是很奇怪的傢伙，無時無刻不緊張，無時無刻不害羞，從來不願意正常講話或行動。

他告訴巴圖爾跟我說，他後來發現他以漢族為主的學生跟教師同事背著他喊他是「鬍子老師」（Ch: Huzi Laoshi）。他說或許就是出於這些原因，也因為他在學校裡沒有朋友，所以校方的行政部門才會決定他應該被送到鄉下擔任政治指導的「志願者」（Ch: zhiyuan-zhe）——這種操作自二〇〇九年後，已經是在新疆鄉間實施殖民再教育的標準手法（Byler

2018b）。如阿比利金所說：「我在烏魯木齊那間學校教了兩年後，他們把我送去當『志願者』。但最後我還是乾脆辭了工作。我實在是做不來。」他討厭那個位置對其他維族人實施的殖民支配，強迫他們記誦黨的教條，為了違反規定處罰他們。但由於他沒有什麼其他辦法供養鄉下的家人或自行成家，所以阿比利金感受到一股強烈的責任感要繼續工作。惟同一時間，他也很恨自己，他恨那些被迫來上課聽他講政治意識形態的維吾爾農夫用眼神指控他是一個「維奸」或「叛徒」。[8]

關於辭職最困難的一點是我大部分的家人都很生我的氣。他們覺得他們犧牲了那麼多才讓我能得到那份工作，覺得我不懂得感恩。但我在那樣的處境裡真的非常不快樂。我沒有真正的角色可以扮演。那只是一個假的政府工作（城裡派來的政治宣傳人員）。那種事我不可能做得開心。所以我把工作辭了。

阿比利金念化學的初衷，並不是為了當老師。就跟他的很多同學一樣，阿比利金也認為想克服維吾爾族相對於主流中國社會被認為的「落後」（Ch: luohou）地位，答案就是科學。早在一九八〇年代——在市場經濟與大眾媒體基礎建設進入維吾爾原鄉前——科學與工程就已經成為中國教育的一個焦點，因此也成為維語課綱的一個重心。由於科學語言被認為是普世語言，而且是國家發展所必須，因此漢族與維吾爾族都將科學視為就學的首選。一反毛澤東時代早期的主流政治論調，科學成為了未來的正道。

在新疆，這股朝著工程前進的推力比其他地方更不容小覷，主要是資源侵占在一九九〇年代成為了經濟的主要引擎。一如阿比利金直白的說明，「我之所以對化學產生興趣，是因為我覺得它可以讓我在石油產業裡找到一份好工作。」但阿比利金也在化學研究中找到了慰藉。他學會了化學的語言，並懂得如何在那之中感覺愉悅。「我有一種天分，一種把化學物質跟化合物的冷僻知識記進腦子裡，而且不覺得困難的天分。我同時真的喜歡在實驗室裡工作，喜歡創造出前所未見的化學物質。那些化合物能創造出的五顏六色，是如此之詭異與不自然。我真的是開了眼界。」一如同許多年輕的維吾爾族學子，阿比利金也從通曉了化學這麼一門普世與現代的科學，獲致了強大的自我價值感。有生以來頭一次，他感覺不到身為少數民族帶給他的限制。有了科學在身，他可以塑造出一個看似有著普世社會價值的自我。做為一名科學家，他有管道可以前往語言跟膚色之外的世界。人在實驗室裡，他覺得自己主要的定位是一名科學家。他的族裔感覺不再是個相對於漢族同事的劣勢。

但即便有科學帶給他的愉悅跟安全感，他仍發現只要出了實驗室，他在科學上的一技之長就變得有行無市。大學一畢業，他在鄉下一間縣級國有公用事業公司裡當幹部的叔叔就動用關係，給阿比利金在烏魯木齊郊區找了份化學工廠裡的工作。不同於在他熱愛的實驗室裡，這份工作需要他與漢族移工一起幹粗活，工作內容需要的專業是零。而且阿比利金是該公司為數不多的其中一名維族員工。「在那間化學工廠裡上班，我真的感覺自己沒有立足之地。我在那裡幹了四個月，但從頭到尾我都不曾感覺到舒服。那裡是個漢族的地盤。」

同一名叔叔於是又安排了一份教職給他，這次是在國營的職業學校裡，但結果還是一樣。「在那間學校裡，我還是從頭到尾都很不痛快。表面上大家對我真的都很好，從來沒對我說過不中聽的話。但我總是能從他們的眼神中看出他們對我很有意見，心裡想的是我沒有資格做這份工作。我無時無刻不這麼感覺。於是我也開始演戲，彬彬有禮到一個不行，盡可能隨和好相處。但我總是覺得那份工作很假。」對阿比利金而言，經驗告訴他為漢族老闆打工，代表他得犧牲掉很多他看重的價值。為了讓自己在新的環境裡有市場，他覺得自己必須跟那些被貶低之維吾爾男性特質一刀兩斷。跟漢族同事發展不出真心的關係，面對學生欠缺學習動機的授課壓力，再加上圈禁跟族裔—種族化評價的剝奪效應，這三者共同迫使他重新規畫人生的路徑。

阿比利金所歷經的機構設計都是以漢族特性為中心。如莎拉・阿赫邁德（Sara Ahmed）所指出，種族化機構「其形狀，取決於『什麼東西』居於其間」（2006, 132）。在這類同質性掛帥的空間中，多數派身體所扮演的「軀體規範」會讓非多數派的身體感覺到「『格格不入』，就像自己是閒雜人等」（Ahmed 2006, 133）。一如在別處的種族化空間中，新疆少數化男性的身體被同時框定成既有依賴性又暴力，既笨拙又有掠食性（Kimmel 2004）。雖然阿比利金永遠裝不成漢人，但他還是被召喚進這些圍繞著漢族身體的權力與影響半徑去建立的空間。阿比利金告訴我說當他進入這些機構時，他感覺他的身體被攔下來一次又一次地搜身，而且這麼做的除了機構入口處的警衛，還有進到工廠或學校後他遇到的每一名官僚、漢族同事跟學生。許多他告訴我跟巴圖爾的故事都聚焦在這一點上。他感覺在中國機構裡的每一場對話、每一次會面，都像不斷有人在無聲地問著：你是誰？你在這裡幹麼？他感覺得到來自機構的斥力，感覺得到自己被逼迫著要回到南疆，因為那裡才是他「該待的地方」。正如一名出身鄉下的維族法律系學生告訴我：

> 我真的（在我開始念法律後）很快就看出了跟漢人犯一樣的罪行，維族會被重判很多。在醫院裡跟在法庭上，我們都常常得不到跟漢人一樣的待遇。他們常訛詐我們，讓我們多付錢。所以那些地方我們能不去就不去。這事大家都清楚。司法跟醫療系統都不是為我們開的。我們只能接受現實。

一如在其他的種族化與致貧脈絡中可見，維吾爾族也視國家跟以漢族為主的機構是冷血、剝削與暴力的空間（Gupta 2012）。

蘿倫・伯蘭特（Lauren Berlant）用「緩慢死亡」（slow death）一詞來描述的是：「一群人口在物理上受到的磨耗，還有這群人口中的成員其處境的惡化，這種惡化幾乎可以定義他們的生活經驗與歷史存在的狀態」（2011, 95）。對她而言，這裡的關鍵是「群體的物理性弱化」

如何源自於社會暴力與置換所帶來的脆弱性。這種緩慢死亡的感覺在伯蘭特的研究中，主要是一種資本主義剝削跟侵占的狀態，但對維吾爾族而言，這種感覺也代表了一種更深、更廣的知識論與物質性殖民剝奪關係。出於這種理由，「緩慢死亡」在人的體驗中就像是一種「削減」——一種定義了他們的歷史存在，物理性的磨耗跟消亡——而其操刀者則包括由國家資本主導的機構與企業，以及協警跟漢族墾殖者所執行的監控系統。這些圈禁與貶低系統讓他們就不了業，耕不了自己的田；讓他們寸步難行，除非有人直接下令放行；迫使他們觀看國家製播的電視，審查自身的言論，表達對國家不滅的忠心；這些系統規定他們衣服該怎麼穿，頭髮該怎麼剪；這些系統追蹤他們的數位社會網路，藉此來判斷誰應該被羈押。對正在發生的真相欠缺一種知曉的團結性，追蹤他們的監控系統所展現的各種能力，還有誰會被選中跟羈押那表面上的隨機性，這三者共同把描述這個過程的敘事重擔放到了個人的肩膀上。沒有哪個機構會協助他們評估正在發生的是什麼樣的一個真相。阿比利金的經驗因此往往只是一個病徵，還有別人也跟他一樣想要生活，卻從社會生活中遭到「削減」——一個我會在本書最後一章回頭討論的主題。

被警察騷擾跟失去工作的創傷，讓阿比利金變了個人。一如許多年輕的維吾爾男性，五年間遭到強化的歧視跟幻滅觸發了一種防衛心，推著他朝衝突的升溫而去——一種為了把能動性抓回到手上的大爆發。他反覆告訴巴圖爾跟我的一個故事發生在二〇一三年，他在巴士上被抓的四年後，他跟另外一個朋友圖爾桑有次走在火車站附近的市場區，突然有一名漢族員警擋住了他們的去路，問他們要身分證。「我跟他說，『你為什麼想查我們身分證？我們什麼也沒幹。你怎麼不去查那些漢族的身分證？』他馬上就要我們跟他回警察局。我一點也不怕。圖爾桑嚇到了。但我一點也不。我又沒有做錯什麼事情，有什麼好怕的？他們不尊重我，我幹麼尊重他們？」在威脅過他們之後，最終警察放走了他們。這次事件跟我觀察到的眾多事件類似，都是阿比利金與一眾就業不足的移民在感覺受到輕蔑或冒犯時回嗆他人，不分漢族或維族。在他平和的表達、緊張的眼神與顫抖的雙手之下，阿比利金帶有一種深沉的怒火。

透過故事述說傳達的同性友愛友誼

我突然意識到不論多努力去嘗試，我都不可能搞清楚自己身處何處，或是這裡是哪條街。尤有甚者，我連自己人在哪座城市都不能真正確定。我思緒的明晰慢慢開始褪去，我失去了空間感。我在哪一個國家？我逐漸意識到我甚至連自己在哪一顆行星上都不知道。我迷失在浩瀚無垠的宇宙中。就在此時我意識到每個人都在出生後便成了無家可歸的浪人，都在呱呱墜地爆出哭聲的一瞬間，就不知道要去哪裡找到自身該有的位子。他們會終其一生努力確認自己的定位——並對其模糊性感到焦慮與揪心。每個人都是，太空中的浪人。

——帕爾哈提・吐爾遜著，《後街》（*The Backstreets*）

慢慢跟阿比利金熟了之後，我提議說我們應該定期見面來閱讀跟討論以維吾爾語書寫，可以代表維族移民之城市生活的都會小說。我曾聽其他移民說過他們覺得閱讀維吾爾都會小說跟詩作能得到不少啟發。或許因為阿比利金長期就業不足，也或許因為我們兩個相交愈來愈深，他同意擔任我的導讀，深入這些文本。我建議的維語小說《後街》（2021）是屬於帕爾哈提・吐爾遜所著、「大城市」（暫譯，The Big City）文集的其中一本——吐爾遜是以維吾爾當代生活為主題，極具話題性的一名當代作家。他沒有把文學當作教人怎麼過日子的道德工具，而是在作品中寫社會暴力、精神疾病，乃至於人的性慾（Byler 2018c）。由於維吾爾文學受到中國社會主義式現實主義的重度影響，也受到獨尊「說教式跟維吾爾英雄式道德啟示」之原住民史詩口述傳統薰陶（Thum 2014），因此他這種現代主義取徑的文學並不太受待見。歷史小說會圍繞著維吾爾國度的現代創建者，拿著他們的豐功偉業大書特書，而諷刺小說會利用社會主義現實主義中的道德主義來發揮所長。這些才是風靡維吾爾讀者的文類。吐爾遜的寫作不來這一套，他的書寫是與拉爾夫・艾里森（Ralph Ellison）、法蘭茲・卡夫卡（Franz Kafka）與阿爾貝・卡繆（Albert Camus）等西方作者對話來碰觸傳統上屬於禁忌的主題，而這也導致許多維吾爾知識分子對他的創作敬而遠之。也正是出於這個原因，阿比利金之前從未讀過他的作品。由於我們兩個都是第一次接觸吐爾遜，因此我們與《後街》這座迷宮的邂逅可以被視為一次閱讀與詮釋的共同體驗。

我刻意選擇這本小說還有另外一個緣由，那就是它把一名被疏離之維吾爾移民在中國城市裡的體驗「搬上舞台」。在與阿比利金討論，以及後續在田野工作裡與幾十名年輕人討論這本書的過程中，我慢慢了解到本作固然演繹出我在眾多年輕人生命中見證到的東西，但文中在同性友愛友誼這一塊的缺漏，讓年輕人們在閱讀其敘事時耿耿於懷。阿比利金告訴我說，「我跟小說裡那個人的差別，就在於他沒有朋友，難怪他會發瘋。」

《後街》的主人翁是一名從鄉下來烏魯木齊某間國有出版社找工作的未婚維族男子，而故事講述的是他生命中的數日。在閱讀的過程中，阿比利金與我慢慢理解到這名主角在他以漢族為主的職場中所感到的疏離。我們讀到他是如何想逃離老家村子裡的暴力與貧窮；他把數學當作一種語言，希望藉此超越他少數民族的社會位階；我們看到了他的同事如何排擠他，而他又是如何慢慢地墜入到精神疾病中。讀著讀著，我們注意到主角在心中翻譯起他身邊的中國人世界。小說裡的他從未直接引用任何人說出的中文，而是會用維吾爾式的文字跟意象，去把中國人的世界重建為一個鮮明的維吾爾天地，裡頭滿滿是霧氣、寒冷、污水、美麗、肉慾與厭惡。世間的霧霾讓未來看起來既慘澹又迷茫，惟那當中也有一些潛在性，主要是浪跡在城市中的主人翁一邊夢迴於鄉間的過去，一邊也對在城市中覓得一席之地抱持著希冀。

我們共讀之時，阿比利金發現小說情節與他所知道的移民生活間，有驚人的相似性。

我們在一間土耳其茶館的角落裡促膝長談，然後看著書把文字唸出來。在熱鬧的店裡，經由音響播送的維吾爾民族音樂，跟年輕移民用Wi-Fi連線看智慧型手機影片時的喧囂笑語，交織出我們對話的韻律。我們花幾個小時討論，城市生活有多麼讓剛從鄉下進城的年輕人頭暈目眩。在一碗碗手抓飯（Uy: polu）、拉麵（Uy: laghman），還有數不清的甜滋滋土耳其茶之間，我們聊到年輕人如何需要在城市裡培養出一種新的方向感，他們曾用來組織世界的地理特徵是如何變成一團亂。原本應該在北邊的山脈，現在變成在西南。鄉下的房子通常是以麥加為基準在興建——有面牆會標示出人朝聖地祈禱的地點。他感覺在城市裡要定位自己難上加難，因為公寓建築的方位都是方方正正地遵照格狀的路網。如帕爾哈提．吐爾遜在《後街》中所寫：

> 我在第一次進城時失去了自己的方向感。我從小就覺得高的那一邊是北邊，低的那一邊是南邊，由此我一直有種暈頭轉向的感覺。即便在我知道自己判斷方向的辦法錯了之後，我還是糾正不過來。我故鄉的小村子位在山脈的南坡。從村子往南走，地面會逐漸往下陷入一處灌木叢生的沼澤地。我們放的羊在沼澤上吃草時，我會頭朝北往草地上一躺，心理作用讓我覺得頭比我身體其他部位都高。這種承繼自出生地的體感已經是構成我這個人的不變原則。它牢牢地抓著我，讓我沒辦法正確地理解其他地方的地理環境與東南西北（26）。

對阿比利金跟《後街》的主角而言，這種失去方向的感覺因為兩件事變得更加複雜，那就是城市裡的物質性與數位圈禁。不同於新疆以外的當代中國城市，在烏魯木齊的每家公司、每間學校、每個警察局、每處公園、每片住宅區，都圍著一圈牆壁跟大門。想進入這些空間，你必然得先得到協警的默許，因為他們與自動化攝影機系統的組合會監視所有人的進出。維吾爾年輕男性最常遭到羈押跟盤問，就是在這些瓶頸處。按阿比利金的說法：

> 城市中的守門者一天到晚想找人施展他們的權威。即使他們跟你都知道他們除了管個門以外也沒有什麼實權，他們還是會動不動就要你對他們畢恭畢敬。而且除非你想辦法跟他們打好關係，否則他們永遠不會在你跟社區官僚出現糾紛時幫你解決問題。他們一貫的說法就是「那不干我的事」。他們是城市生活中最讓人洩氣的面向。但大家還是覺得他們有存在的必要。大部分人都覺得一個地方少了他們就不夠安全。他們對待我們（維吾爾族）的方式讓人難以置信。這是一個有三百多萬人居住的現代化城市，但他們卻還是想把我們圈養起來，當我們是動物。他們覺得自己這麼做，真正能成就的是什麼？[9]

在二〇〇九年的抗議之前，許多維族移工或是像阿比利金這樣就業不足的學校教師都住在櫛比鱗次的緊密鄰里中，其組成是單層帶院子的灰色平房住宅（Uy: hoyla öy; Ch: pingfang）。這種屋主主要是維族跟回族移民的住宅常常是有人想蓋就蓋，該有的法律文件他們拿不出來。在二〇〇九年的暴力事件爆發跟後續鎮壓後的好幾年時間裡，這類住宅遭到大規模的剷平，取而代之的是政府幫登記在案的移民興建的高樓層公寓宅。維族居民比例高但沒有被剷平的鄰里則徹底變了個樣，包括當中的巷弄被新豎起的牆壁遮斷，數萬台閉路監視攝影機被安裝起來，並由在各城市街區裡的控制中心跟便民警務站負責監看。被阿比利金抱怨的協警就屬於這維安機器裡的一環——但凡有可疑活動，他們會直接通報給國家警察。他們讓阿比利金感覺即便是住在烏魯木齊的維族區域，都不再能夠真正安心。

如本書引言中所述，學者潘毅（2005）發展出一款分析供人理解在深圳，漢族女性移民的性別化與鄉村出身往往導致了一種負面的交織性（intersectionality）。在一種近似且具有剝奪效果的交織性中，年輕維族男性那被入罪化、性別化的族裔—種族定位與鄉村出身所產生的效果將社會暴力加以強化[10]。他們的身體合理化了羈押設施的大肆興建。經由其受到的削減，維族男性為各式各樣的資本積累提供了機會：開放給漢族孳殖的各個空間，有望完成商品化並取道新絲路外銷的維安科技，乃至於給數十萬警力創造的工作機會。

即便我們一同閱讀《後街》，阿比利金的缺乏安全感偶爾也會出來礙事，而且那種感覺干擾我們閱讀的方式，似乎跟它干擾著書中主角思想的方式如出一轍。有一回，我們約見在阿比利金的公寓，那是在烏魯木齊南公交站附近一處政府住宅項目內。一起待在那個空間裡對我們不無影響，主要是那裡屬於維族占多數的區域，且受到協警、檢查哨與監視攝影系統的嚴控。一直到兩星期之前，阿比利金的一名表兄弟都跟他住在一起。由於這名表兄弟並無該有的文件，因此鄰里的維安人員每隔幾晚就會進他家去查看狀況。阿比利金說每次他們來，

> 都覺得我在藏匿什麼，所以他們會逐個房間搜，包括床底都不放過。有一次他們甚至要求我開電腦給他們看。我當時的反應是，搞什麼鬼！你們這些人根本不認識我，就當我是個罪犯什麼的。我問他們有沒有搜索狀之類的東西，不然有什麼權力要求看我的電腦。結果我這話惹毛了他們。但我也在氣頭上。搞什麼東西！他們一天到晚跑來檢查我們已經夠過分了，現在他們還想這樣欺負人。搞什麼啊！

在說出這些話的同時，平日少言且內斂的阿比利金變得很是激動。他開始來回踱起步來。正常狀況下他從不會口出穢言，但此時他往每一句話裡都加進了發洩用的髒話。他的數位生活遭到入侵，社交網絡遭到定位，都產生了一種效果逼著他進一步往自己內心縮，但又同時朝收縮著他的社會生活的系統大加撻伐。

在他對我們說完這故事幾分鐘後，公寓大樓的前門響起了電鈴。我們倆面面相覷。他說，「搞什麼鬼啦！這門我才不開。」我的心思開始高速運轉，我在想自己要怎麼解釋我們在這裡幹啥——一個搞研究的美國人跟一個維族移民在一間維族的公寓裡偷偷摸摸的

——好在協警敲上門時不會愣在那兒。

但敲門聲自始至終沒有到來。那肯定只是有忘了帶鑰匙的鄰居進不了大樓，才按鈴想請他們幫忙開門。我們只是以被國家管教過的主體身分，遭到了質問。這就像是加強版的「有人走在大街上突然一怔，只因為他們聽到警察往人群裡大喊了一聲『嘿，你！』」——這舉的是阿圖賽（Louis Pierre Althusser）研究中的知名例子（1971）——圈禁系統也同樣靠著一聲電鈴入侵了阿比利金生活中至為私密的空間。在前後不過幾分鐘的過程裡，兩個朋友間的私密對話被一聲電鈴打破，瞬間我們被嚇得屁滾尿流。接著我們轉頭看著彼此說，我們要拒絕這樣的請求，在一瞬裡決定要像朋友一樣站在一起，對警察不予理會。

這個瞬間為我開了一扇窗，讓我看見讓維吾爾族受到剝奪的種族化政治裡，心理壓力是如何被配置到最弱勢的一群人身上，也讓我看見了透過故事述說所建立起的人際照顧鏈結，如何生成各種類型的反殖民友誼。就像在書中——主角連在工作單位裡都會被漢族工友恣意欺負——阿比利金過的是一種無時無刻不疑神疑鬼跟提心吊膽的生活。他說，「現在你知道我過的是哪種日子了吧。」這個瞬間也揭示了主體間的關係可以如何抗拒殖民式主體的建立。即便只是一部分，自我也可以成形於或許孱弱但至為關鍵的友誼鏈結中。

這並不是說阿比利金沒有繼續聲張他對時間與空間的所有權，藉此來覓得他個體化的專屬保護罩。即便從圈禁系統中感受到了本質性的威脅，就像《後街》的主人翁那樣，但阿比利金往往會從城市中的匿名性裡尋求庇護。他會試著以一個無名氏跟觀察者的身分在城市裡走著，藉以對抗他內心的無聊跟抑鬱。「一感覺到憂鬱，我就走路。有時候我會一走就是大半天，只為了看大家在做什麼，或是留意事物的模樣，並沉迷於其中。我小時候在鄉下從不曾做這種事情，因為忙都忙不完了，哪有時間無聊看人。鄉下人的日子就是幹活、回家、吃飯、睡覺。」惟隨著人民反恐戰爭升溫，害怕被警察盯上的恐懼讓他想走在可以融入其他維族人的圈子裡。能不被認出的匿名性讓他比較有安全感。在走路時，阿比利金會拿著他看到的景緻做一些有趣的事情。就像小說中的主角，他讓城市的氣氛展現出不假外求的生命。他有一個興趣是從人身上穿的T恤，跟城市各隅的布告欄上蒐集看到的片語。他常寫下自己看到的一些中英文，像是「你馴服不了我／Can't tame me」、「不想吊車尾，就請快一點／Fast or last」、「嘿，愛我／Hey, love me」、「我迷路了／I am lost。」、「想，想，想／Think, think, think。」他說想著這些句子讓他發噱。給他一種感覺是他在以城市為題進行敘事——讓自己迷失在城市形象創造出的感受萬花筒裡。當然啦，到了最後，他靠「閱讀城市」感受到的能動性常以一種癱瘓感作收，畢竟不可避免且在進行中的圈禁計畫似乎讓他不可能在城市裡找到自己的一席之地。往往，走在城市裡並不足以讓他克服他的無聊與抑鬱。他的說法是：

> 我只是一天到晚擔心我的前途。搞得我真的很抑鬱。主要跟我的工作有關係。我想找份真正的工作已經找了好久，但就是找不到。時間拖愈久，我愈心死。我完全

理解為什麼有人會想不開自殺。太多時候生命感覺毫無意義可言，讓我覺得活著真好的部分少之又少。

就是在這些「毫無意義」(Uy: ehmiyetsizlik) 的瞬間，阿比利金投向了主角在小說裡似乎沒有的一種資源：友誼。

友誼做為一種與剝奪共存的方式

在《後街》裡，主角反覆咕噥的一句話是：「這個城市裡沒人認得我，所以不要想說跟誰當朋友了，就算想跟誰當敵人都做不到。」我問小說作者帕爾哈提．吐爾遜，何以這句話會成為這本書反覆出現的主題，帕爾哈提說那種隱身的感覺是一種給予主角「安全感」的東西。我解讀這句話的意思是每當主角壓低聲音在咕噥著，他其實是在向自己保證他做為一種存在的安泰。但當然在小說中，這名主角並沒有不積極從在街上遇到的人身上尋求認同。他想要在眾人眼中成為一名知識的攜帶者；他想要被愛，被人需要。匿名都會生活的相對自由，就這樣折損在斷線與孤單衍生的原子化效應裡。

阿比利金固然很能與小說中的情節產生共鳴，但閱讀小說與訴說自身的故事仍給了他一個機會去凸顯虛構主角的自殺之路跟他自身生命路徑之間的差異。要是沒了他身邊的友誼，阿比利金說他早就迷失在城市裡。正因如此，他才會跟著巴圖爾的腳步跨越大半個中國，去到北京，然後又回到烏魯木齊。阿比利金說他跟巴圖爾會變得如此親近的一部分原因，就在於他們都曾嘗試以某種方式登出生產性經濟與維吾爾社會再製的體系：

在城市裡想交到朋友絕非易事。你若是一名沒有正式棲身之所的移民，那可是連想認識人都難。我去到那裡的時候，同班的有五十個人，而且我們都同年紀，社會地位也無差異，所以我們相交為友算是容易。但大學畢業後，我想跟老同學保持關係就會有很大的阻力，主要是他們放棄了自由之身，跑到鄉下當起體制內的教師或員警。我們的共通點自此蕩然無存。如今他們一開口就問：你為什麼不結婚？你為什麼不好好找份工作？面對這些問題，我們這些還沒找到答案的人只好在一起混。所以巴圖爾跟我才會是這麼好的朋友。

但巴圖爾跟阿比利金的好交情並不光是這麼簡單而已。如同許多來自鄉下的維族青年，巴圖爾自身也曾因失去至親而深受打擊。還是個孩子的時候，他就歷經了父親死於與其他維族男人的街頭鬥毆。殺死他父親的兇手自始至終都沒有受到法律制裁，而從他母親與手足那兒，他學會了要如何活下去。對他來說，不該放棄的理由很多很多。在南疆的小鎮長大，他與小學同學阿比利金發展出了緊密的鍵結。他們分享了一切。他們每天光一起吃飯就吃了好幾年。他們常討論要進城成名發大財的夢想。他們想像彼此會終其一生是對方「如命如肝」的朋友。

有一回，巴圖爾跑到土耳其茶店的角落找正在開《後街》讀書會的阿比利金跟我，我們聊起了巴圖爾與這座城市的關係。依著他一貫的風格，巴圖爾發表他張口就來的獨白。他說：

我總愛把城市生活想成笑話一場，裡面的事情無一不搞笑。用這個角度切入，凡事都沒什麼好氣餒，也沒什麼好氣憤的。當然，像是得在警察局裡枯坐大半天只為了等公文審批的那類事情，還是挺讓人火大的，所以我才會乾脆說，媽的，多一事不如少一事。我根本沒有烏魯木齊的正式戶口（Ch: hukou），雖然身分證上說我有。我完全不把這放在心上。只要他們不知道我是誰，我又何必跟他們說那麼多？他們知道得愈少愈好。且由於我身分證上寫著烏魯木齊，所以我去南疆完全沒有問題。我這樣跑來跑去不是為了成就什麼——這只是一種日子的過法。只要你不斷移動，生命中的沒有意義就無法讓你陷入低潮。生命沒有意義，所以怎麼著，你就要去死嗎？不，我必須相信生命有些部分是好玩的。所以說我要活下去。

話說到這裡他暫停了一下，用動作示意他接下來要說說坐在桌子對面的阿比利金。他說：「他自殺了兩次，或至少煞有介事地講過兩次。但我都跟他說，你何必說這種話？你這條命要好好過，要善用它。」阿比利金沒有回話。他只是微笑。我轉頭看向巴圖爾，我問他在生命感覺沒有意義的時候，友誼對他的意義是什麼。他說：

友誼很重要，因為友誼可以讓你去同情別人，去分攤彼此的痛。想撐過那些生命裡好像什麼都沒有意義的時候，能靠的就是友誼。友誼不會把你拉下來，友誼會挺你上去。它們不同於你對家人負有的責任。有些朋友會亂搞你，你只好跟他們一刀兩斷。你對家人沒辦法這樣。家人的所作所為我不用全部喜歡，但我必須照單全收。然後睜隻眼閉隻眼。我跟朋友的關係就不是這樣。朋友會彼此相挺。他們會互相幫忙，讓彼此知道在系統中跑來跑去該用什麼步調，那當中的重點在於節奏，在於呼吸的調控。

對於巴圖爾與阿比利金而言，友誼是讓他們得以內心不慌亂的關鍵。友誼讓他們想起了要繼續呼吸。缺了友誼，城市裡的生命常常看似難以為繼。他們在鄉下的家人無法提供他們需要的支援。在城市裡，他們需要「如命如肝」的朋友在身邊，他們才能搞懂自己的日子要怎麼過。

巴圖爾曾把要跳樓的阿比利金從牆邊勸下來，而他能成功，靠的是讓他想想怎麼能繼續往下走。他們聊到了哲學，也為了宗教爭辯；他們聊到了如何誠實地活著，也批評了維吾爾的流行文化偶像。他們用違法的VPN翻牆去看美國電影，讀沒被過濾過的新聞。但大多時候巴圖爾做的事都比這些要更為具體。一如我認識的許多組「如命如肝」之友，他們覺得分享食物是兩人福祉中很重要的一環。如果沒有一起吃飯，而一天就這樣過去了，他們倆都會覺得孤單。所以巴圖爾每天都會把阿比利金叫出門，兩人一起吃個飯，幾乎沒有例外。他們的友誼常常聚焦在相互支持經濟活動的無償勞動上。不只一回，巴圖爾都不惜辭掉自己的工作，只為了協助阿比利金找到工作。他說他「必須要這麼做」。那是該做的事情，所以他就做了。阿比利金的人生也是他一部分自己的人生，所以他並不覺得這是多麼大的犧牲，那只是兩人之間的一種友誼邏輯。

就許多方面而言，阿比利金都認為他的人生反映在《後街》裡。但不同於小說主角，他與許多我訪問過的維族青年都有朋友在身邊，分享他們的不穩定與委屈。他們對鄉間社會性的依附，並未如小說人物那般深刻地被切除。他們知道一起脆弱強過單打獨鬥。那種脆弱的感受源自於國家掌控，以及維族男性移民身體受到的糾察，也源自於在城市中不俱備穩定社會角色的羞辱形塑了他們，讓他們知道要關懷彼此。

他們友誼的緊密性，給了他們生活一種原本不應存在的穩定感。維語有句話可以形容這種關係所衍生出的義務：「放眼每天降臨在你身上的悲劇，就能看到一個朋友的友誼。」（Uy: dostning dostluqi bashqa kün chüshkende biliner）這句話的一種解讀是友誼有種力量可以緩和當下的失敗，讓你能繼續看到地平線上的可能性。此處格外耐人尋味的，是他們主體間敘事裡的未來能被賦予重量與希冀，倚靠的正是這份友誼的延續。巴圖爾本人並沒有能力賦予阿比利金夢想的可能性。但這份友誼所內含的義務確實有一種能動性，讓他們有意願生存下去的，正是那當中的主體性交流。他們的整體或許受到了剝奪，但在他們的困境裡相濡以沫，仍讓他們的個別敘事得以集結出大於整體的總和。那讓他們即便在維吾爾社會性面對新形態圈禁的同時，仍得以靠著集體故事的敘說，去延續一種緩解形式的維吾爾群體社會再製。一如在當代殖民支配的其他空間中，持續受到威脅的生活有一種效果是讓他們在族裔與經驗的「互為肉身性」(intracorporeality) 上產生更銳利的焦點。他們的生命暴露在一種不確定中，而就是這種不確定性讓他們得以如此直接地分享彼此受到的傷害與剝奪。畢竟暴力能對人造成最大傷害的時候，就是它傷害身邊的親近之人，而你什麼也做不了的時候（Jackson 2002, 39）。

二〇一七年六月二十九日，回到美國的我收到來自阿比利金用電郵發出的最後一封訊息。他說：「從我們上次交談已經過了好久。我要很遺憾地通知你出於維安的理由，我必須把外國人全數從微信朋友中刪除。」他說他已經回到他位於喀什附近的村中，因為他雙親已經安排他娶一名鄰里的女子為妻。幾個月後，巴圖爾做為阿比利金留在城市中的「如命如肝之友」，表示他已經斷了與阿比利金的聯絡。他擔心阿比利金已經遭到羈押，並被送進了二〇一七年初大量建起的某間再教育營中。他有可能已經被認定為準恐怖分子，因為他用了VPN翻牆下載電影跟看新聞。也許警方還發現了他在拉瑪丹月進行齋戒。又過了幾個月，小說作品對阿比利金跟另外數十名年輕移民意義深長的帕爾哈提・吐爾遜也同樣被抓。短短幾個月之間，我追蹤了超過七年的許多親密同性友愛關係，就通通碎成一地。巴圖爾嚇壞了。如同許多朋友被再教育營帶走的年輕人，巴圖爾也感覺到內疚，因為不知怎地他還能自由地待在外頭。他感覺到被閹割，感覺到無力。許多我的維族朋友都夜不成眠，只因為掛心自己的朋友。他們會在夢裡看到朋友呼喚他們。「如命如肝」之友誼遭到切斷的同時，他們一方面面對國家恐怖變得更加脆弱，一方面也更堅定地想與之奮鬥。

人類學做為反殖民友誼的工作

我在維吾爾移民男性之間發現的反殖民友誼之所以重要，是因為這些友誼讓我們看到受殖民的男性也可以透過友誼去定義他們主體性當中的重要面向。中國在維吾爾社會中推行的反恐行動與殖民化，在大眾媒體中獲得了廣泛的探討，而維吾爾族在這些報導中的定位主要是人權侵害的被動受害者。我對維族青年進行的研究教會了我一件事，那就是我必須仔細地去思考他們會如何積極地抵抗所受到的殖民化。這些年輕人讓我看到了故事的述說是如何開啟了友誼中的各種義務，假以時日建立起了緩解照顧的節奏，並由這種節奏將他們拉進依附與親密的鏈結中。那些在脆弱與恐怖的瞬間裡被啟發的故事，讓聆聽者得以將自己依附在另外一個人的生命故事上。這個過程讓人想起一個親密照顧的美麗意象，出自璜—大衛・納希歐（Juan-David Nasio）之描述（2004 in Briggs 2014），裡頭有一株常春藤攀附在一面石牆的裂縫中。男性自我的裂縫讓聽者得以攀附在他者最需要他們的地方，讓他們不至於無以為繼。巴圖爾說友誼的意義在於幫助他者在系統中維持節奏跟控制呼吸，指涉的就是那樣一幅意象。

跟阿比利金等人討論各種關於疏離的故事，讓我——這樣一個白種、美國、男性人類學者——被拉進了與阿比利金跟許多其他年輕人之間由友誼跟照顧構成的緊密鏈結。聚在一起的我們從事了訴說反殖民鬥爭故事的緩解照顧。在閱讀《後街》的同時，阿比利金開始把他自身的故事跟小說裡的敘事融為一體。他一邊說著話，一邊在一則關於殖民化烏魯木齊之敘事中，一個講述從年輕到成年與殘破旅程的故事裡，成為了核心。阿比利金的故事是關於剝奪，關於在剝奪中生存需要的友誼。城市生活的失範（anomie；一譯迷亂，意指社會突然失去控制力量時，人們容易無所適從），還有偶爾那種徹底被忽視然後又突然被注意到，而且還被預判為有罪的感覺，讓他覺得自己好像在逼近社會死亡所代表的不自由。他感覺被教師同事、被學生、被公交上的乘客、被警察，也被整個社會閹割跟消權。只有他的男性友人，他如肝如命的朋友，才能讓他感覺到他可以接著活下去。

阿比利金的故事，還有幾十名其他移民跟我分享的故事，都證明了主體也能透過與朋友的主體間交流去再製他們的主體性，而不是只能被動被塑造為主體，然後再對照政治權力與經濟生產力去意識到自身的主體性。這不只是一種政治或經濟上的權力關係。如維娜．達斯（Veena Das）與布里古帕提．辛格所主張，這是一種照顧的倫理關係：這種倫理關係既逃避也建立政治上的權力關係（Das 2007; B. Singh 2015）。這些關係所召喚出來的是人應該如何去照顧自己也照顧他者。這些關係形成了社會本身的再製基底。如斯科菲爾德所言，在當代殖民處境中，照顧的關係會讓原住民男性得以覓得各種「（他們）可以具體把（他們）自己拉進去」的存在模式（被引用於Innes and Anderson 2015, 253）。這些關係提供了他們在面對殖民暴力時一種過程式的回應。如有空間去開花結果，去殖民男性特質可以在被重生之後不再聚焦於對女性的暴力，甚至也不再聚焦於對殖民者的暴力，而是聚焦於透過照護與傾聽等作法去保護他者。這一章讓我們看到的是去殖民男性特質是維吾爾男性之間一種過程式的友誼與傾聽。其他研究則顯示了這種作法可以同時致力於生成女性與男性之間的平等關係（Allison Piché in Innes and Anderson 2015, 203; Messerschmidt 2012）。而這一點，又具有潛力去重置不分性別的各民族，使他們擁抱保護者的角色，而保護的對象除了傳統知識，還有彼此（Gregory Scofield in Innes and Anderson 2015, 251）。由此我在維族男性間看到的反殖民友誼是一種去殖民操作的開端——即便這種操作的開花結果暫且受到了圈禁與削減。

反殖民友誼在與新興的殖民暴力正面交鋒時，會產生獨特的重要性。有件事在創傷後抑鬱的文獻中被頻繁提及，那就是語言常會在訴說暴力經驗的嘗試中崩潰（Das 2003）。創傷的麻木特別是在陌生人的面前，會讓字句對應到感受上的情感勞動變得令人卻步。阿比利金很難說出他為什麼會有某種感受，而其他人也難以聽懂他想表達什麼。相較於此，旁人常注意到他的雙手會不自覺地抖動，還有他好像很退縮。藉由用一種敘事的形式跟一種與《後街》在對話的感覺去訴說他的故事，阿比利金主動「掌握住了他的……記憶」(Jackson 2002, 56)。也就是說，阿比利金不只是單純把我喚進對他情緒傷痛的同理或同情的理解；實際上，他邀請我去做，就像他邀請巴圖爾去做的一樣，都是要去聆聽他的痛苦，也參與他的痛苦——一種被心理學者羅伯特・斯托洛羅（Robert Stolorow）稱為「情感駐留」(emotional dwelling）的療癒性舉措（2014, 80）。在這麼做的過程中，我們會進入一場「駐留」在他創傷上的對話，並嘗試明確說出那傷口感覺多令人難以忍受，藉此一邊釐清他自身的生命路徑，一邊往前走。阿比利金把故事告訴我，也就是在把故事告訴巴圖爾以外的第一位其他人。他的主體間信任框定也因此得到了擴張。

在《靈魂運作中》（暫譯，*The Soul at Work*）中，法蘭柯・貝拉爾迪（Franco Berardi 2009）指出要處理抑鬱，一個辦法就是透過友誼。沿著吉爾・德勒茲（Gilles Deleuze）與菲利克斯・伽塔利（Félix Guattari）的思路，貝拉爾迪認為反憂鬱友誼意味著「分享一種感受、分享一種觀點，分享一種共有的節奏」(215)。那種伴隨著剝奪而來，緩慢與恐怖的辯證，會有一種效果是可以強化這類友誼，如由此浮現的故事可以「把心靈跟表達的流動加以重新聚焦、去領域化」，那些故事就能通往新形態的自我照顧（216）。如果剝奪的本質是「某人的存在主題不再柔軟有彈性」(216)，那與之回應的療法就是要對他者敞開心胸。這種取徑呼應了艾薇．史維澤爾（Ivy Schweitzer）近期將女性主義友誼組建成一種「讓彼此看到自我脆弱的一面，但也同時認清自我與他者的差異」的過程（Schweitzer 2016, 357–58）。她主張透過共享的情感，原本可能孤孤單單的人將可以設法堅強地活下去。如米歇爾．傅柯在他晚期的作品中所言（1986），友誼會變成一種生活方式，是因為人開始與他人一起思考，以他人為座標框定他們的行為規範，讓他人形塑他們感知到的自我。

自二〇一七年以來，我看著數十名友人隨著據估計的另外一百五十萬名其他人，一起消失在再教育營裡，由此要惦記他們的生命與未來的情感勞動，也變得愈來愈艱難。在一個維吾爾男性大舉失蹤與遭到孤立的時候，反殖民男性特質看起來跟感覺起來是什麼模樣呢？阿比利金要如何去保護他的未來呢？這些都是開放性的問題，我也拿不出令人滿意的回應，但維吾爾移民教會我的一件事情是反殖民的作為始於傾聽朋友跟保護朋友的義務。如查爾斯．布里格斯（2014）所認為，在某些脈絡下以不同的方式，「人類學做的是憑弔的工作」（335）。他認為人類學者可以接受兩樣東西的詢喚，一樣是相互交叉的知識產出模式，一個是他們所接觸社區的詩學跟習俗。人類學者對憑弔工作的貢獻，或是以我的例子來說，對反殖民友誼工作的貢獻，是從一開始就獲得形塑，而這股力量來自「參與社區就意味著被拉進一場與多股強大社會力量鬥爭」的事實。人類學做為一種反殖民友誼工作，呼喚著民族誌作者以各種方式去與剝奪、支配與占領過程交手。我在此感興趣的比較不是對殖民的壓迫結構進行反動的作為，而比較是主體間友誼實務上具有建設性的行動。

想要培育出這樣的友誼，辦法不是只有一種——不同的環境要求不同的反應——但我發現聽取受殖民之他者的故事，以及與他們分享節奏，可以產生出一種主體間的在一起感，而這種在一起的感覺又可以滋養出反殖民的作為。重點是，這樣的友誼無法抹消權力的落差，這類友誼無法提供解方。實際上，如莉拉・甘地（Leela Gandhi 2006）所主張，反殖民友誼會生成一種共享的情感舉措跟政治，而這種情感舉措與政治讓人邀請陌生人前往自我，但又同時讓人對內心想進行同化的殖民衝動說不。也就是說，反殖民友誼會生成一種自我反省的方法論，供人以一種共犯的身分去參與被殖民他者的悲傷與憤怒。把人類學框定成反殖民友誼的工作，可以召喚出兩種可能：一來是民族誌作者可能會被卡進友誼的蜘蛛網中，二是他們可能從中學會怎麼當一個朋友——他們做為說故事者與聆聽者，可以透過從做中學的方式去建立關係。這將有助於人類學者用更多的複雜性去思考他們可以如何參與並觀察一個社區，也去思考這種參與會需要以那些種類的倫理義務來做為前提。透過從細節去檢視故事如何得到訴說，照顧如何獲得實踐，本章探究了重述創傷與剝奪的故事如何讓被邊緣化的人群重新思考他們社會位置的價值，並維持一種主體間的動能，不因為殖民城市體制持續驅趕他們而受到影響。

我受到召喚去從事的工作，讓我必須去重新思考故事與傾聽的價值，也重新思考友誼成立所需要的義務。如在里納多・羅薩爾度與查爾斯・布里格斯的作品中所述，我發現我的研究計畫至少在某種程度上揪著我與學術知識產出拉出了一段距離，並稍微進入到了一種自帶知識產出的實務友誼。當我開始發展出一種與維吾爾友人天天見面的固定習性後，我便被拉進了一個不屬我自己的生命世界裡，也暴露在各種社會力量中。這些社會力量會讓年輕男性赤裸裸地攤開，也會讓他們接受到各種策略的詢喚去應付這些社會力量。我被要求去聆聽故事，因為那是他們想讓自己的世界起碼不要立刻崩潰的一部分努力。我變得有義務去參與創造一個當下，一個面對「阿比利金與數十萬年輕男性不可避免地消失在營區中」，能夠去提出挑戰的當下。

撰寫本書是以某種特定立場的方式在履行反殖民的友誼。這種不中立，讓各種「當下與未來」偕著「故事與笑語」一起活起來的暫時性成功，在名為「被抹消」的崖邊建立起一個由意象與回憶層疊出的生命世界。換句話說，民族誌的實踐在反殖民友誼的工作中，也有一個角色可以扮演。而這同樣也是人類學的工作：傾聽朋友的故事，寫下這些故事，好把這些故事搬上舞台，讓看到的讀者知道它們哪裡重要。

結論

藉由調整殖民—資本主義暴力的敘事框架，使其遠離由國家資本主義促成之體系的權威，遠離監控系統，遠離墾殖者，也遠離協警，朝著「被殖民者需要做些什麼才能再製他們的存在」靠近，《後街》一書給了阿比利金一種新的辦法去發聲，去被聽見。他說，「我感覺這本書就像是為我而寫。」這本書給他極強的共鳴，畢竟其敘事中的感受就是他自身的感受，書裡主人翁的聲音感覺就像他自己的聲音。由於公眾媒體控制在國家手裡，恐怖資本主義的體驗極少能公開上演供年輕維吾爾人思考。他們知道由朋友口中說出的創傷故事，但他們不曾看過那些故事被印成白紙黑字或登上電視螢幕。閱讀帕爾哈提·吐爾遜的《後街》因此對阿比利金而言是一次突破。他感覺自己彷彿在小說裡找到了一個朋友。在這樣的框定下，他感覺像自己的生命被授予了文化上的形式與本質。他再一次感到自己的生命彷彿算數，而且不光是對巴圖爾如此，而是對像我這樣的聽者與讀者亦同。在這層意義上，同性友愛友誼與故事述說的正向倫理促成了一款或許稍縱即逝，但不失有其新意的反殖民友誼政治。

阿比利金在二〇〇九年之後的生命故事，並不是他一個人的故事。我嘗試在此強調的重點是：阿比利金的故事並不僅限於他個人的經驗，而是也取決於巴圖爾為了保他萬全而進行的鬥爭。帕爾哈提·吐爾遜以維吾爾人體驗到的中國社會暴力為題所進行的敘事，也在恐怖資本主義系統的圈禁外提供了一種辦法，讓阿比利金可以用一種「算數」的方式去凸顯並重述他自身的故事（Butler 2009）。藉由讓他的生命與他面對的暴力可以讓人理解、讓人同悲，閱讀《後街》讓阿比利金的生命感覺重新「真實」了起來。故事述說與友誼中那共構的倫理動機，因此給了他一種辦法一方面消化委屈，一方面找出一條路，在他城市生命的冒險故事中繼續前進。在此我想要表明的一個更大的重點是在剝奪的條件下再製反殖民社會性的工作，並不僅限於單一的生命。除此之外，阿比利金的生命故事也讓我們看到，特定形式的維吾爾脆弱性如何活在烏魯木齊「怒氣沖沖」（Uy: dawalghup）的氣氛中。對在削減的過程中活著的維吾爾年輕人來說，故事述說與友誼能決定他們是死是活。威脅的迫切性讓他們奮力爭取「如命如肝」的友人，就好像他們明日的夢想取決於此。由此，維吾爾年輕男性朝著男性友誼移動的傾向獲得了強化，而一種同性友愛式的友誼倫理，也成為了他們在城市裡的生活重心。

5 少數政治 Minor Politics

在二〇〇〇年代初期，冷冽、有毒的灰霧，覆蓋著煤灰的窗戶，還有骯髒的雪，定義了烏魯木齊年復一年的漫長冬天。正是這種都會經驗，賦予了烏魯木齊的三百萬居民堅毅跟常識。在這種氣氛中，這群都會移民人口，不分漢維，拋投出他們的志向。在這寒冷與霧霾組成的現世氣氛中，也有著一種流動跟興起的感覺。如吉爾．德勒茲所說，不論在哪一座城市裡，人、基礎建設與氣候的複雜排列會「帶著城市超脫其有界的範疇」（被引用於Simone 2003, 26）。在城市四周山丘間的無主地上，那些告示板的背後，維吾爾移民嘗試要為自己切出一塊地方。烏魯木齊冬日的「大霧」教會了他們要如何同時既看得見，又看不見。

霧氣為烏魯木齊這座工業化城市宣告了其生命政治的優先順序。他們溫暖了在國家的發展計畫中被認為具有生產力的生命，也似乎掩蓋了在城市邊緣的地下聚落中被貶低的生命。在接下來的十年間，隨著城市展開一個將自己定位為科技—政治「智慧城市」的新計畫，維吾爾移民的許多鄰里將被夷平為瓦礫。同一段期間，維吾爾移民的生命會慢慢被監

圖 5.1 ｜維吾爾移民在所謂雅瑪里克山（Yamalike）的山丘上，建立了維吾爾移工的地下聚落。陳業攝。

視系統帶著新的強度去觀看。都市更新與城市「綠化」（Ch: lühua）成為了兩種話術，它們真正的意思是「都會放逐」（urban banishment）（Appadurai 2000; Roy 2019），而這種放逐又屬於以維吾爾與其他突厥少數民族為目標，是圈禁與貶低等廣大過程的一環。

在二〇〇四年，也就是我初次造訪該城市的一年之後，大致是無師自通的漢族移民攝影師陳業在這種讓人隱身的「大霧」中獲得力量，得以去漫遊這座城市。他表示，「烏魯木齊的浩然冬『霧』讓我欲罷不能。我用掉了一卷又一卷底片……而我仍舊在這冰凍世界中混身充滿力量。每一回在霧中的體驗，都讓我在這個世界覺醒，重新去想像我看到的人與事物。」陳業一開始爬上山丘，是為了鳥瞰整座城市，但一朝到達山丘上頭，他看到的是城市上方的另外一個世界。那些維吾爾移工的鄰里在俯視烏魯木齊荒涼雅瑪里克山上，也在被鉛灰雲朵覆蓋住的朦朧中，顯得與城市的其他部分格格不入。二〇一五年，在論及他過去十一年裡的紀錄攝影計畫時，他是這麼說的：

> 我一開始並沒有想要拍攝少數民族的照片。我原本完全沒有那樣的打算。我想做的是用照片記錄下城市生活。只不過我在上頭的城市邊緣，看到的就是這樣，就是這些風景（Ch: fengjing）。人也是風景的一部分。你不能對人視而不見，或對垃圾，或對上頭的每一樣東西。我拍這些照片沒有特定的目的。照片背後沒有任何特別的動機。我只是受到那種生活吸引。當然啦，我在這個過程裡增進了對這些人生活的很多認識。他們很多人都只是相當貧窮才進城來賺點錢，賣點衣服水果什麼的。偶爾他們會賺到點錢，但其他時候他們真的是一無所有。

有十年的時間，陳業這個出身北新疆戈壁高原沙漠，在國共內戰老兵組成的準軍事農業兵團（Ch: bingtuan）中一個安徽墾殖者家庭的漢族移民，都在這些維吾爾移民之間度過了冬天。他看著孩子們的臉龐慢慢變硬，變成一種沒了起伏的空白。「他們就像野草，瘋狂地在風中舞動，然後漸漸地長大，變得極為漠然。」他表示。瀏覽他約莫三十萬張影像的資料庫，讓我驚異於他是如何拚了命在傳達他們在剝奪過程中的生活是多麼孱弱。「我常常無法捕捉到他們的影像，」陳業說。「那些人歷經了酷刑一般讓人難以想像的經驗，仍只能困於極為慘澹的環境中。」就是在這樣的氛圍下，陳業開啟了「目擊他者遭到圈禁與支配符不符合倫理」以及「這類問題如何為一款新的少數政治創造出條件」的問題。

在本章中，我主張具體代表了兩種人物——盲流與老新疆（Ch: mangliu與lao Xinjiang；其中盲流即是從鄉村到都市的漢族移民；兩個詞彙我底下都會詳細分析）——的陳業，讓我得以讓代表殖民資本主義的廣大社會疑慮，與其受到的抗拒在相互衝突的張力中並陳。他以攝影進行記錄的作法與其跟某種殖民凝視之間的關係，既回應也抗拒了當代恐怖資本主義。在本章最後的幾個段落中，我描述他拍下的影像是如何佐證他主張的政治，但我並不會說他的政治圍繞著照片而生。他的政治應該是緣於他的攝影實踐，還有他挨著拍攝主體的生命讓自己被牽連進去的作為。他的維吾爾友人視他為他們的一分子——一個維吾爾的「共犯」或「親族」（Uy: egeshküchi qarandash）。[1]對維吾爾族來說，他不僅僅是個單純的攝影師、政治運動者、漢族移民、墾殖者裡的老新疆。正因為如此，我主張他可以被視為一個代表性的人物，我認為他就是新疆的少數政治該有的模樣。不同於同性友愛的友誼與這種友誼對維吾爾年輕男性衍生出的倫理義務，陳業代表的少數政治是透過「目擊」之舉跨越族裔的差別。就像如命如肝之友誼，這種少數政治培養了面對恐怖資本主義的圈禁效應可以加以抗拒的各種社會再製，也作勢要朝著一種去殖民的政治邁進。

在中國西北的生命開創

前一章，我觸及了聚焦在「做為自治場址的主體間生命世界——或所謂生命經驗的世界」（Foucault 1977, 2007; Jackson 2013）的殖民剝奪學術研究，而這一章便將以此為起點進行延展。這種理論上的框定，在獲得近期人類學研究的支持之餘（Winegar 2006; Cattelino 2008; Bernstein 2012），是從兩種截然不同的層面去探究自治的概念：首先，個別與集體行為者所獲得的具體化自治；其二，做為一種支配形式，並由某現代民族國家的統治結構行使在某主體身體上的主權權力。從中世紀國王的主權實體開始，第二種意義的主權性透過「做為國家權力轉喻場址的身體」獲得了生命。時間拉長，隨著國王的身體被分散到現代主義國家的各個懲戒機構中，主權慢慢開始透過計算與統計數據節制起了生命。這種新式的主權——一種傅柯稱為「生命權力」（biopower）的東西——慢慢開始透過我在前幾章中描述過的圈禁與評價去節制個體。

透過將注意力從規範性的政治統治形式轉移到尋常百姓的政治衝動，晚近以自治為題的學術研究已開始聚焦於做為「主權權力或支配的實施場所」的身體。身體，以及身體周遭的生命世界，可以至為清晰地被看作是極端狀態下的暴力現址，而這個極端暴力狀態可以是戰爭，可以是都會清洗，也可以是其他形式的社會驟變（Foucault 1977; Agamben 1998; Simone 2003）。但這些事件只是病徵，其背後是更大也更陰險的結構性暴力，且這種結構性暴力是伴隨「全球資本主義扎根與殖民擴張」的邊緣化中，發生在名為「正常」的迷霧底下。在探究資本主義與殖民規範——譬如勞動遷移、族裔—種族歧視，以及反恐暴力——是如何被例行化的過程中，學者們已經揭示了即便是做為主權暴力的客體，個別的自我與非正式的集團也可以是自治或抗拒的場址（Pun 2005; Hardt and Negri 2005; Simpson 2014; McGranahan 2016）。他們主張光靠著「他們繼續存在」的這項事實，精疲力盡的工廠工人、抗議者、藝術家、占屋者，被殖民者就可以被視為是在抗拒將他們的自治性拱手讓人。光靠著「他們仍生存著」的事實，被邊緣化的主體就是在不配合現代主義發展規範或不屈服於現代民族國家主權。部分少數民族正式拒絕參與，也拒絕承認那些授予他們權利與認可的國家機構權威（Simpson 2014; McGranahan 2016）。還有一部分人以較非正式、不具體的方式主張自治，這包括他們在實務上拒絕承認那些貶低他們生命的真理政權（Byler 2018d）。在原住民之抗拒中很常見的作法，是去主張原住民的知識與實踐形式應該優先。他們的存在模式先於並見證了現代國家的出現，由此他們的價值與權威也存在於國家主權與全球資本霸權之前。

這種形式的抗拒會萌生政治性，是因為少數民族群體堅持住了國家控制力出現前的時空／倫理框架，並形成了嶄新的政治團結性。在過去的幾十年間，美國文化理論家蘿倫・伯蘭特（1997, 2008a, 2008b, 2011）已經讓我們看到了歐美脈絡下的人類以何種強悍的韌性抓住生命不放，不管他們的處境是多麼脆弱。女性、查無此人者、被種族化之人，還有被殖民者都在利用能讓他們勉強支撐下去的社群資源，藉此設法活著。這種對政治的執著，對「設法一起活著」的執著，是一種由被邊緣化的主體維繫著的「有限自治」。圍繞著與「被邊緣化的性別、種族、族裔、性取向、能力、階級位置」的牽連（或這些東西偶爾的交叉點），有些少數民族社區被建立了起來，而在這些少數民族社區中，人會建立起特定的空間，並在這些空間裡展現出用情緒感染人跟被感染的能力——這些空間中的他們可以維持與自身生命的聯繫，也再製這種生命。正是靠維持住對彼此的應許，他們方得以發展出一種有政治意味的共情。即便生命中有脆弱有失敗，伯蘭特（2008b）仍讓我們看到了人如何設法感受對自己的生命有幾分掌控力，為此他們會以他們生命世界裡的共通性為中心去建立「親密的公共領域」。即使他們不在規範性的公民資格與社會權利框架中被承認，被邊緣化之人仍常能找到辦法去再製一種集體的生活方式。這些形式的「少數政治」（Deleuze 1986; Lionnet and Shih 2005）針對日常生活的危機提供了一種「情感共同管理的感受」（Berlant 2008b, 5n12）。在被邊緣化的社區中，人會建立起情感的鍵結與彼此間的友誼。他們會汲取藏於體內的經驗，會參考過往世代的知識，並藉此憑直覺去獲致活在當下的方式。

簡單講，少數政治按我的定義，就是一種以「對少數民族生活再製的共同依戀」為中心，所建立起來的少數民族團體政治。這種政治為被邊緣化的民族提供了一種有力量在世界中移動、行動與影響他人的政治敏感性，但這麼做的正當性並不在於來自國家或資本主義體制的法律或正式承認。與其說是某種形式的公民或消費主義式不服從，應該說是一種知識論上的不服從——一種對系統的「不買帳」（Mignolo 2009）。由此，這是一種對支配政治系統而言既看得到也看不到的政治生活。在恐怖資本主義於二〇一七年徹底成熟前，也在「智慧」城市檢查哨、數位圈禁、大規模拘禁與受監視的勞動系統推出之前，這種不服從跟不買帳並不受國營教育系統、警察系統、宗教系統、文化系統或金融系統圍堵。實際上，從邊緣生活發展出來的社區可以成為一種少數政治或政治「扭力」，而這種扭力可以把各種控制扭向其他非規範式的共有生活方式（Rancière 2009）。

烏魯木齊做為少數政治的舞台

烏魯木齊這個年輕的城市，處在中亞商道上的一個老交叉口上。位於天山（Uy: Tengri Tagh; Ch: Tian Shan）與神山／博格達峰（Uy: Boghda Tagh; Ch: Bogada Shan）之間的高谷之中，烏魯木齊長年聚集了不同身分的人群。要理解烏魯木齊的歷史，就不能不去理解那些落於其軌道中，將其居民吸引過來的廣大社會力量。烏魯木齊年輕歸年輕，但流通於其中的觀念卻很古老。在其三到四百萬的居民當中，有超過四分之三的人是在過去僅僅二十年間來到城裡。烏魯木齊的人來自一段毛澤東式的過往，也來自鄉間的生活方式。他們有些人視新疆為他們的原鄉，但也有人不這麼想。那兒的一切都是形塑於特定的人類工程計畫，並伴隨著中國現代國家形式而到來——譬如說，毛澤東式多元文化主義的邏輯就在一九五〇年代開始了「把人置放在本質化族裔先賦（ascriptioin，類似天賦之意）之中，而不給予其自治政治」的過程。在烏魯木齊這空間中，這些國家計畫的目標有時似乎已經順利達成，讓擁有漢族特徵之人享有相對特權；對於不擁有這種特權的人而言，這種邏輯常被體驗為一種與族裔種族暴力的親密接觸，那是一種會啃食進他們社會生活之基本質地的暴力。

城市，形成了這種區隔化文化產出的中心。隨著新疆人民出版社在一九五一年三月五日成立，烏魯木齊便成為了一個中央節點。通過這個節點，毛澤東開給維吾爾語漢族墾殖者生活的處方獲得了出版與傳播。在新疆省文化與教育委員會的領導下，毛澤東式多元文化主義被搬上了舞台，出現在出版品裡，也出現在階級鬥爭中的「族裔團結表演」裡。當一九八〇年藝術獲得解放可供商業消費用後，漢族中心社會主義解放的總目標仍持續支配著政府批准的美學。二〇二一年，位於烏魯木齊的新疆文化部仍持續擔任著所有文化產出的最終批准者，只不過文化產出已然半私人化，且其資金來源也變得多元化許多。說起維吾爾的文化創作，公共領域仍受到相當嚴密的掌控，同時隨著人民反恐戰爭的升溫，公共領域中的文化創作也益發遭到由國家實施之「多元文化支配」的宣傳工作限縮。幾乎所有的新疆文化創作都必須促進「民族團結」（Ch: minzu tuanjie），也都必須反對「反革命」，或今日強調的「恐怖主義」勢力。[2]

陳業就是這種社會環境下的其中一名內容創作者。他的家庭，如同許多在維吾爾自治區的漢人，都是在一九五〇年代隨一支準軍事性質的農業建設兵團從安徽省來到中蘇邊境，用曳引機跟深鑽水井進占了這裡的草原地。這種人類工程計畫的目的（telos）是透過漢族墾殖者—先鋒人口的創造來「開放」（Ch: kaifang）被視為荒地（Ch: huangdi）的哈薩克草地。放眼整個中國，統治這檔事的實施高度地方化，所以容許一定程度的政治參與空間（Gao 2007）。每一個個人都有自己的地方、角色、號碼、配額、配給，還有卷宗。就許多方面而言，社會秩序給人一種一個蘿蔔一個坑的感受。

在一九八〇年代與一九九〇年代，這一點開始有了改變。包含市場自由化、資源擷取，還有由這新開發計畫帶來的嶄新漢族移民洪流在內，這種種的新流動與新自由都讓陳業跟他家人這樣的漢族移民深感不安，他們的自我認同是與早期的屯墾計畫綁在一起，他們自認是新疆的「本地」（Ch: bendi）人。如同在一九五〇年與六〇年代頭幾波抵疆的漢族先鋒，陳業回頭望向在共產主義約束下那共價*的確定性，一個是均，一個是貧，心中不無一些懷念。想當年，漢族與族裔他者間的隔閡還沒有如今這麼嚴峻。在許多案例裡，早期漢族墾殖者都學會了本地的語言，入境隨俗地採用了本地的習慣。時間久了，許多這些漢人開始自認為是「老新疆」（Ch: lao Xinjiang）。但隨著數百萬新漢族工人的到來跟一九九〇年代新疆國營農場屯墾系統中的撤資，這種身分認同開始出現裂痕。突然之間，先鋒墾殖者的身分認同被看作是一種落後與沒有前途的社會位置。

如晚近的人類學學術文獻所示（Joniak-Lüthi 2015; Cliff 2016b），許多在新疆長大的漢族會發現自己在某種程度上與維吾爾族是盟友，他們會一同對抗湧入新疆，用國家跟私人資本建立基礎建設與不動產的新漢族移民。如第二章所言，晚近的漢族移民能找到工作，常常是靠沿著就業渠道移動，而創造出這些就業渠道的是省際間的勞動局處、私人的工作仲介，還有各省老家的親戚網絡（Guang 2003, 618）。相較之下新疆的漢人則不時會被排除在這些工作機會以外，主要是受制於他們的戶口狀態。由於自治區距離北京與上海等大都會可謂天高皇帝遠，因此新疆的所有身分，不分是漢人還是少數民族，都常常被一概視為漢人社會中最「落後」（Ch: luohou），也最「沒有素質」（Ch: meiyou suzhi）的一群。[3] 如一名屬於老新疆的女性告訴我，「今天，任何地方的戶口都比新疆的值錢。」很多人提到他們想在新疆以外找工作基本免談，因為他們要人脈沒人脈，要身分沒身分，同時因著自治區裡的新移民，他們有時連在自認為是自個兒家的區域都很難順利就業。

出於他出身鄉下屯墾區的老新疆身分，陳業對這種定位的迷失方向感覺特別強烈。迫於經濟體系的改變造成鄉村鄉間勞動力的貶值，他在一九九〇年代尾聲初次來到烏魯木齊，當時他的身分是學生。從鎮郊一家小學院拿到一個不上不下的商學院學位後，陳業懷抱的希望是「下海」（Ch: xiahai）到私人企業間找份工作，但就如許多在三線城市名不見經傳的院校拿到學位的農家子弟一樣，陳業想找什麼工作都不輕鬆。在月復一月找工作無果之後，陳業注意到一間職業學校的訓練課程廣告。

* 化學術語，兩顆原子共用一個電子所組成的鍵結。

我有商學院的學位，但那對找工作真的派不太上用場。所以我看到一張傳單上在宣傳一間私校。當時在烏魯木齊有很多私校。學攝影兩個月的學費只要兩千兩百塊錢。我想這不貴，而且攝影好像是我創業用得上的技術。所以我就報了名。等課程結業後，我租了一間公寓，做起了生意。但生意糟透了。我一個月才賺三五百塊錢。所以撐了九個月後我決定放棄。

創業失敗的陳業做了一件許多移工都會做的事情。他不肯回家。陳業決定在城市裡勉力活著。由於他暗房的設備都齊了，手裡還有黑白底片的大量便宜儲備，由此他主要的開銷就剩下吃，而吃的東西有他城裡的朋友跟在屯墾農場的親戚會接濟。「剛開始我只是有點像在填滿空閒時間。我找不到工作但又不想閒著……所以我就開始活得像個「盲流」（Ch: mangliu）——到處遊蕩拍照。」

中國論述裡的「盲流」

從一九五〇年代，「盲流」一詞就開始被用來形容中國城市裡的鄉村移民。若論其發明，盲流二字首見於一九五三年一份國家公文裡，當中描述了國家如何不樂見移民「盲目流動」到城市裡。被貼上這種標籤的人沒有正式的戶口，在毛澤東式社會的計畫經濟沒有一席之地。其他人眼中的他們一文不名而且無家可歸。被歸為盲流代表他們不是某個工作單位中一個有用的成員，因此也不是社會上有生產力的成員。這些「沒在看路」也「沒有方向」的身體流動，被視為是對中央計畫共產革命的一種威脅。有趣的是這種看待移民的眼光傳達了一種感覺，相當近似於阿比利金（在第四章）形容他是如何進入維吾爾社會生活那條「怒氣沖沖的激流」。在兩個案例中，移民來到城市裡都是乘著一條隱喻的水流，拚命要在專門為他們而設的結構性圈禁中找到立足點。

在後續的幾十年間，特別是在一九八〇與一九九〇年代，盲流一詞慢慢變成了一種在城市裡用來詆毀外地人的別號。這名字傳遞的是一種失敗跟不負責任的感覺。如學者光磊（Guang Lei）所示，盲流一詞慢慢指涉一種處於兩樣東西之間的「循環確認」，其中一樣是尋求控制廉價勞動力流動之都會基礎政府政策，另一樣則是尋求不給在城市生活的陌生人權利的排外都會庶民文化（Zhang 2001; Guang 2003, 615）。移民被賦予了既「不理性」（盲目）又「難捉摸」（流動）（Guang 2003, 622）的形象，所以可以被視為是不道德且不合法的存在，自然沒資格享有最低工資、醫療、教育與退休福利等基本權利。

當然了，勞權運動者曾發聲駁斥這些形象，他們指出其實絕大多數移民都是先有了安排好的崗位才會進城（Guang 2003, 623）。這一點在烏魯木齊許多近期的漢族移民中，顯然是成立的。[4]自一九九〇年代中期起，新疆與中國各地的官員已經開始改用「民工」（Ch: mingong；也稱外來工）一詞來取代盲流做為移民的代稱，但在某些狀況下，特別是論及來自新疆鄉間的漢族移民時，舊的用法仍在沿用。因此對陳業而言，自稱盲流成了一種自我認同的方式，他認同的是在他的老新疆身分內永久飄流的狀態。他不再尋求一個可以回去的家。他在他的貧窮裡，在他處於國家邊緣的失根狀態中，感覺心滿意足。

對陳業而言，牽涉到盲流二字的污名力量已經獲得反轉，反被用作是認同與尊嚴的發生地。透過使用這個詞彙，他試圖認同他自己，並與他鏡頭下的維吾爾移民有所連結，他也很常形容他拍攝的對象是「盲流」——惟如我會在下一章中討論到，這些移民往往會用另一個稍微不一樣的名稱自稱，即行者（Uy: musapir）。有些漢族的獨立藝術家與其他具有相對特權的人，也曾處理過與移民剝奪有關的相似議題。自從一九九〇年代的市場改革以來，中國各地的城市都看到了爆炸性的藝術發展（Rofel 2007; Welland 2018）。攝影是在新當代藝術現場一種快速成為重要領域的藝術類型。如孫皖寧（Wanning Sun 2014）所示，雖然新中國攝影的若干主要焦點是旅行、風景與時尚，但仍有為數不少的攝影師致力於紀實攝影或社會議題導向的計畫，藉此來關注都市移民與中國社會的工業化等主題。雖然國家當局與數位監控企業常試圖將這些攝影計畫導向對中國的歌功頌德，想看攝影師呈現中國的快速經濟發展，或是中國鄉間居民移民到城市中後的生活水準提升，但到了二〇〇〇年代初期，如張新民與宋朝等移民攝影師都開始用鏡頭描繪他們親身體驗過，移民那朝不保夕的生活。張新民的第一本攝影集著作《包圍城市：中國農民向城市的遠征》（2004），以及宋朝的《礦工》系列（Song 2012），為一整個世代移民攝影師的初試啼聲，以中國社會的移民為題找到自己聲音的同時也設下了一道標竿。他們沒有在鏡頭下把移民再現為一群「生活單調、神祕，甚至是苦難」之人（Song 2012），這些攝影計畫嘗試描繪的，是被邊緣化的盲流成員之完整感受光譜。

陳業使用盲流一詞的特別之處，在於他是想把這個詞結合他的老新疆認同跟他的維吾爾友誼。考量到他所從事的攝影工作脈絡，這種框定能夠生成一種反殖民政治。透過把自己連結到這個詞上，並形容自己跟維吾爾移民都是「老百姓」（Ch: laobaixing），也就是他心目中「沒有政治手段可用」的普通人，他的目標是在他周遭的廣大中國社會大規模移民的脈絡下，建立起一種跨族裔的橫向能動性。盲流一詞並不能完美地相容於維吾爾移民的身分認同。他們許多人並不會在自我認知中使用中文，同時他們就算想裝，也裝不成漢族的盲流。但就像陳業，他所拍攝、代言的維吾爾族也把「與家分開的人」認定是移民。由此把一個染有污名的盲流定位攬在身上，可以讓陳業多多少少從一個盟友的角度去思考，就像他是維族在苦難中的朋友或共犯一樣。

處於邊緣的少數政治

透過把自己擺放在這樣的一個處境，陳業認領了一種特別的「位置性」（社會位置）——那當中含有一種對族裔—種族、鄉村、新疆特有差異的認可。正是出於這個理由，許多漢族觀察者看著他的攝影創作，會覺得當中有某種怪誕之處。由於近期在城市裡，不同族裔群體間爆發的大量暴力，一個漢族移民跳出來又是拍照，又是抱持維吾爾移民的認同，這樣的一個攝影計畫不論對漢族或維族的觀看者而言，都會覺得與主流的政治跟經濟環境格格不入。一個漢族攝影師願意花這麼多時間跟許多漢族認為有恐怖主義傾向的維族人待在一起，究竟是所為何來？

常常陳業說起他的攝影工作，就像那是一種沒有人能真正理解的衝動：「我會跟人說你喜歡把錢拿去買菸、買酒，而我就喜歡花在攝影上。那是我的癮頭。」剛開始，他想在鏡頭中再現生活環境的維吾爾人看著他，覺得這人肯定是腦筋或邏輯有問題：

很多人覺得我一天到晚拍照，然後拍完了又把照片直接送給他們，也不收點錢，實在是很奇怪。他們有些人覺得我肯定有某種精神疾病。他們看著我對著一些垃圾或某個沒錢的老人拍照，然後他們會問我，「這些東西醜不啦嘰，你拍個什麼勁？」但對我而言，這些人事物說多美就有多美。

隨著他在這種執迷中愈陷愈深，他家人也開始與他劃清界線。他們覺得這傢伙肯定是有抑鬱人格障礙，並催促他去精神科求診。他們無法理解他為什麼要「浪費時間」拍維吾爾族的照片。在他一次次進行拍攝計畫的漫長過程中，曾多次因為想展出他的作品或出版攝影集而與藝術總監或文化部的審查員產生矛盾。這兩種人總是會問他為什麼要把藝術創作聚焦在他們認為屬於負能量的事物上，而不去讚頌那些被批准的中國多元文化主義。他們說，「那就像是我的人格有問題似的。他們說對了。我確實有人格障礙。我記錄下我看到的東西。在中國我們不准『談起』那些事情。與此相對，每件事都應該好棒，每件事都在愈變愈好。所以誰只要談起那些事情，誰就是神經有問題。」

陳業的身分定位與他的攝影計畫所激發的反應，會讓人想深究是哪些形式的政治在他的作品上匯聚。就某部分而言，陳業那些再現了「維吾爾移民不穩定生活」的作品中所內建的異常，來自於他證明了國家主權的鋪天蓋地為假。陳業深受他影像記錄下的貧窮與剝奪經驗所苦。他常說國家當局與數位媒體公司是如何試圖強行收編他的攝影計畫，想利用他的作品去描繪維吾爾的落後，好證明殖民這些人刻不容緩。許多次他在受訪時，記者都會設法將他的攝影計畫扭曲成陳業有如英雄在拯救維吾爾人，免得他們自誤的故事。孫皖寧（2014）研究中國其他地方的紀實攝影師，並有若干發現，而正如孫的那些發現，中國的國有與主流數位媒體平台常嘗試把陳業的影像框定為移民在苦中作樂，是拚命讓中國變成一個更好的地方。但同一批媒體製作人跟文化部官員卻拒絕正面回應圈禁與貶低系統，一開始是如何產生出維吾爾生活那脆弱的狀態。由於他拒絕合作，拒絕為國家所用，陳業基本上是做為一個「反抗型」的社會人物在運作。他扮演的角色是紀實攝影這一行所代表的社會關注跟墾殖者殖民主義暴力的匯聚點。陳業希望能透過他的攝影作品去框定的，正好與「許多受國家支持並參與了維吾爾再教育計畫的文化製作人」所產出的貶低性內容背道而馳。他固執地抗拒那股想要把目光撇開，忽視自己在烏魯木齊支配文化工作的圈禁／貶低過程中扮演角色的衝動。他所從事的工作，是在把自己剝離主流政治的過程中，連結到少數民族的「盲流」生活之上。

陳業感覺維吾爾移民社區與漢族墾殖者社區的生命世界有著「天壤之別」。維吾爾的生命世界「直接而清晰」，而與之形成對比的另外一個生命世界「是被模擬出來的人類存在」，他說。用十年的時間，他慢慢觀察到許多漢族人認為理所當然的正常生活——買房、買車、成家、立業——並不是每個人都能有機會做到的事情，甚至也根本不是一個完整的人生所必要的東西。他說他逐漸意會到「很多時候，我們都沒有理解到什麼是欲求，什麼是需求」。[5]維吾爾聚落中那些出自於遭貶低生活的需求，讓他重新思考他自身的堅持，以及他想要再製的生活。這讓他被推著去思考經濟主義式活動以外的社會生活。

陳業的經驗為他指出的是一種理解，一種對社會政治承認說不，或者該說是被社會政治承認說不的生活。在山上，他所拍下的維吾爾人被排除在正常生活的理性以外。做為至少有一部分位於國家視野以外的人物，山上的移工在生活中歷經了一種剝奪的過程，正是他們成為中國邊疆城市一分子的一種狀態。他們一面被承認有潛力做為數據來源跟受迫勞動主體遭到侵占，一面又不被國家當局與監控企業承認擁有規範性的政治權利。他們這群人可以捱餓、受凍、挨子彈，以各種辦法被削減而不會牽扯出該有的意義——他們就算死了也不會被當作人謀不臧或不公不義的事情來處理。惟殖民關係的支配從來不是絕對的，也因此他們做為擁權主體的難以辨認性，其實可以在反抗監控與訓誡時被當成一種有用的策略。如我會在下一章中提及，他們初始就是靠著這種能脫離人臉掃描攝影機與數位監控之凝視的部分難以辨識性，得以圍繞著清真寺的社群組織經濟運作，並操持未經核准的伊斯蘭信仰，直到遭到監控系統的圈禁為止。惟對陳業來說，靠著與這些人建立少數政治——美學關係來重新框定生命的工作，已然成為了他最主要的任務。

想建立這種新形態的團結性並不容易。許多維吾爾人眼中的陳業仍是個十足的異類。他們覺得自己是「原生者」（Uy: yerlik），而陳業是「中國人」（Uy: Khitay）——其中本意是「契丹」的Khitay是已經被禁的俄語外來語，維吾爾語中就用這個字來形容漢族墾殖者是他們原鄉土地上的異族。許多維族移民都不覺得自己擁有完整的中國公民身分，而陳業在他們眼中就有。在他從事攝影的初期，陳業常被投以懷疑與不信任的目光。維吾爾移民試圖給他一個定位。他們想搞清楚他究竟是韓國的基督教傳教士，還是政府的公務員。他們不明白這人為什麼要一天到晚往他們的鄰里跑。為什麼他拍個不停，還把拍下的照片又還給社區成員？為什麼他要協助他們獲得醫療照護，或者幫他們跟警察協調事情？

有回，一名在人民解放軍中服役時學會東北話的維族長者問陳業：「你為什麼想在這裡拍照？你明白這裡發生了什麼事情嗎？」陳業說，「這問題我得好好想想。」然後老人家「看向（另一名漢族攝影師的）相機問：『你的相機肯定值五千元以上吧!?』而我朋友說，

圖5.2｜陳業（右）在介紹某漢族攝影師給他一名維族老友認識的劇照，出處是一部名為《雅瑪里克》（*Yamalike*）的紀錄片，雅瑪里克就是陳業從事攝影工作的鄰里。

『沒有啦，它就值個三千不到（五百美元）。』（維吾爾男人）說他家裡所有的家當加一加，也不值這個數。」[6]發現他的社會地位被這樣掛勾，讓陳業意會到在移民的眼裡，他的攝影師同事就跟所有人一樣——也是個布爾喬亞的漢族墾殖者。陳業說，「看著他的臉，我感覺到了生命所有的沉重與絕望。」隨著他繼續與老人往下談，對方開始透露了能讓他們繼續在這個聚落裡成為一方人口，社會再製的基本需求有哪些：

> 他說有時候當（他與他太太跟兄弟）外出去找工作，他們三人一天還賺不到一百元（十六美元）。孩子總是得吃。他們得看醫生。住院一次就得花很多錢。今年他的孩子已經得上醫院三回了。他們沒那個錢看醫生。

所以說，想要活在社會的規範以外來抓住生命談何容易，偶爾人就得為肉體的脆弱有所妥協。許多維吾爾的城市移民都說，他們因為基礎建設的開發跟通行證系統被剝奪了土地。來到城市找工作，常常是靠著細如游絲的遠親跟鄰居關係為之，但那也是他們僅有的出路了。

說起維吾爾移民生活的脆弱之處，老人接著表示：

> 鄰里中的其他人要是有錢的，就會取代掉那些（幹到死的），他們取代了那些被**減少**的（他的說法）；那些（有人死後）先把頭抬起來的，都是有能力往前走的。（粗體強調為我所加）

所謂被「減少」（Ch: jian shao; Uy: kumeytti），講述的是一種計算。透過這種計算，人會被濃縮為工作單位中的一個有編號的環節，而節制那些工作單位的，又是由黨國指揮的生產模式。惟如我在本書中一再提及，「減少」一詞也描述了恐怖資本主義是如何把維吾爾移民化約成為政府可用的數據與勞動力，把移民的身體轉變為生物辨識的識別碼，變成一種可以從城市中被削減的「剩餘人口」（Ch: shengyu renkou）（另見Li 2017）。隨著陳業不斷深入少數民族移工的世界，他說那種圍繞著「減少」之論述打轉的對話，「來得如此自然而然，數量多到讓人窒息」。不僅整座城市的設立都是在與想進城的維吾爾移民作對，而且隨著他的新計畫開展，協警還會主動且隨機去騷擾沒被記錄到的移民，並且在固定的檢查哨索賄，或藉由讓人在警局大排長龍，把移民逼進冗長牛步且結果也是被拒的過程——其間他們首先得拿出文件供警方審查，最後還得上繳他們的生物辨識數據。

很顯然，陳業結識的許多維族人都希望陳業能聽到跟看到他們的故事。但對陳業而言，「往前走」是什麼意思？「被減少」又是什麼意思？在我與陳業的許多次討論裡，他每一次都會提到維吾爾移民是如何幫助身邊那些有需要的人：「我認識的維吾爾人都是很美好的人。他們非常之慷慨。他們不會放著彼此不管。」他說他從那些把他邀到家中，而且告訴他不跟他們吃個飯他們會生氣的人身上，深刻地學習到了一種團結的政治。他們說，「不跟他們吃飯，我們就當不成朋友。」他們提起他，嘴裡都是把他視為一家人在叫喚，這包括他們幫他取了一個維吾爾的名字叫阿里（Ali），用尊稱的「阿卡／大哥」（Uy: aka）當他是「親族」（Uy: qarandash）。他們教他維吾爾語，並肯定他來此的初衷是要分擔他們的痛苦。他們眼中的陳業是與他們一起奮鬥的「共犯」（Uy: egeshküchi）。對陳業來講，「我們該如何一起生活？」是一個政治問題，想回應這個問題只有一個辦法，那就是要繼續以一種讓你能貼近鄰居的方式生活下去。而這往往就代表著你的生活要與恐怖資本主義的目標唱反調。很多時候，當他看到維吾爾移民在街上遭到地方協警騷擾，他會試著站出來替維族說項。但往往他能出力的地方並不多。協警會對著他指城市的方向，然後不客氣地叫他「出去！」（Ch: chuqu!!）他花了很多時間協助他的朋友找法律文件，希望能藉此讓他們免於被驅離，及房子被賣給漢族墾殖者的命運。只不過這照舊是一場贏不了的戰鬥。他說，「那些事情一天到晚發生。」

少數政治做為對貶低的抗拒

陳業展開在山上的地下維族聚落攝影計畫的五年後，維族大學生在二〇〇九年的七月五日那天走上了烏魯木齊的街頭，要求平反。我在第一章提到過，是維吾爾族被動用私刑殺死的黃翠蓮事件。不同於絕大多數聽我講到那些事件的漢族移民，陳業並沒有把七月五日的事件怪到維族移民、或伊斯蘭傳統頭上，也沒有扣維族人不愛國的帽子。他並沒有以任何方式寬宥暴力，但他說他能理解那些暴力背後的挫折感與憤恨。在初始暴力事件發生後的那幾天，他曾深感駭然地看著漢族移民組成的暴民，如何在他的公寓樓外痛毆維吾爾的烘焙師傅，而員警就在一旁像沒事人一樣看著。

陳業從事攝影工作的那些區域，很快就在接下來的幾年中被夷為平地，取而代之的是一批新的基礎建設，當中有鋼筋混凝土的棋盤狀街區，外加高樓層的公寓大樓——都配有自來水、無故障之照明、閉路安防攝影機——且距離市中心的距離愈來愈遠。當然，許多維吾爾移民都無法按規定取得文件合法進駐這些新建案，要不就是單純無法負擔。此外，在二〇一四年，當嶄新的便民卡系統上線後，數十萬已經進駐新建案或持續住在地下聚落的維族都被迫遷離。

按陳業的說法：

> 二〇〇九年七月五日的事件之後，兩項重大的改變應運而生。首先，在表面上，事情出現了根本性的調整。單層樓的老式平房（Ch: pingfang）遭到拆除，由新公寓取代……基礎建設獲得了改善，但受到改建最直接影響的那群人生活並沒有同步提升。他們發現自己要麼被打散到城市的其他角落，要麼被迫離開。第二，戶口（Ch: hukou）限制被顯著增強。維吾爾移民同時遭到推離跟擠壓。他們來城裡找工作，很多（移民）第一件事就是蓋起違章建築當自己的家，而這也成了官員拆屋的藉口。我真的很不認同這麼做，因為此舉背後的心態就是維吾爾族「沒文化」（Ch: mei wenhua）（也因此不用被當回事）。有些人的論調是社會就應該透過競爭去獲得控制。有能力出頭的人可以自由在城裡生活天經地義，沒能力的人就應該被推離。當然，由於維吾爾人受到歧視，無法自由移動，也無法在中國人的世界裡暢所欲言，所以有人要被剷除時，他們也自然會被排在第一個。事實上如果遵循這種邏輯，整個新疆都應該被剷除，畢竟在大部分中國人的眼裡，新疆本身都極度「落後」（Ch: luohou）。我真的不能苟同這種看法。這種看法忽視了我們所面對的問題的複雜性。把問題推到一旁不等於解決問題。所有人都一股腦把他們的問題怪到別人頭上，但卻不去思考自己在問題中扮演的角色。

不同於新疆許多其他漢人會把暴力事件怪到那些拒絕參與中國殖民計畫的維吾爾族頭

上，陳業自認可以感同身受維吾爾移民的流離失所。雖然陳業有辦法拿到綠卡，以移民的身分在城市裡生活，但他仍能認同他們的處境。他感覺不到什麼慾望去追求其他都市人心目中可能的美好生活，那不光是因為他知道所謂的成功會以維吾爾人的損失為代價，那也是因為他不覺得透過消費去建立這樣的人設有什麼喜悅可言。

陳業住在一個沒有電梯，上樓得靠雙腳的簡單混凝土公寓裡，地板是綠白相間的磁磚拼貼。一面牆壁覆滿了書架，上頭盡是中國詩人北島與西川的詩集，還有詹姆斯·鮑德溫（James Baldwin）、朗斯頓·休斯（Langston Hughes）、約翰·史坦貝克（John Steinbeck）與蓋瑞·史奈德（Gary Snyder）等外國文學作家的作品譯本。在貼了標籤的幾罐醋上方的一張側桌上，他擺著幾張維吾爾烤饢。按照維吾爾的傳統，麵食是絕對不容許浪費的東西，所以那張老饢被撕成了一塊塊，準備拿去天葬時使用。有一次我們坐在他公寓裡喝茶，他說了一個維吾爾朋友的故事：

> 我有一個（維吾爾）朋友來自阿克蘇一帶，他（幾十年）前來到這裡生活，但始終沒能拿到身分證或在哪裡建立戶口。所以在二〇〇九年七月五日後，他們就試著要把他趕回阿克蘇，但他因為在城裡住得太久，所以在阿克蘇已經沒有人可以投奔。沒有人願意認他，讓他成了一個沒有歸宿的人。這個問題明明拖了很久，但都沒有解決。他開玩笑說他是個沒有國家的人。

說完這個故事，他意帶嘲諷地笑了。對他而言，這個故事是新疆全體居民的寫照，不分漢維（另見Bovingdon 2010）。雖然他很清楚看到維吾爾移民在剝奪的來襲中首當其衝，但這並不表示他有絲毫想對中國人的殖民計畫效忠。他也感覺自己像是個沒有國家可以相信的人。

陳業拍下的影像，就是他從事政治的工具。對陳業而言，那種投身政治的感覺，活在世上的感覺，就是他把心思放在邊緣生命之上的時候。這些感覺發生在家中，發生在炕上的桌布邊，發生在跟維吾爾友人坐在他們家門廊上或庭院中的時候，也發生在聽他們訴苦、分擔他們難過的時候。他感覺到一種連結，出現在他在警局替維族友人出頭的時候，朋友接受他送的素食食材的時候，以及在朋友跟他有飯一起吃的時候。思考著從他審美—政治實踐中所浮現出的生活哲學，他曾這樣說：

> 拍照是一種生活的實踐。在當下的混亂中，取景的過程自有其單純之處，而對純粹只想利用閒暇時間讓自己浸淫在沙龍風格藝術中的人來說，這種單純會讓人不由自主地回歸到生活中內心的平靜與素樸：你必須一個人走，必須自己去看。你必須以城市邊陲為起點，隻身繼續向前。你必須在沉默中跨出步伐，面對那些你的相機鏡頭無法掌握的場景與情緒。[7]

圖5.3｜陳業的一個維吾爾朋友跟兒子在自家拍照留念。周恩來與毛澤東的肖像被橫著，變成了他們在地下維吾爾聚落中的住家牆壁。陳業攝。

從二〇〇九年的暴力事件以來，許多人事已非，對於陳業跟許許多多的藝術家而言，攝影做為一種生活實踐已慢慢染上了一種信心的流失，你會愈來愈不相信明天會更好。當生活只能在當下過一天算一天，未來會如何只讓人感覺蒼涼而遙遠。他寫於二〇一三年的心聲是：

來自這些人有如夢一般的親近與溫暖，帶我回到了我三十年前知道的一個地方。那扇門已經關上，所以我總是冷冷地與人保持距離，就這樣四處飄蕩。我試著捕捉他們那令人難忘的臉龐，從本質去捕捉他們對生命的渴望。我認識很多人因為家鄉被剷平而流浪到其他地方，有些人至今仍住在城市邊緣。偶爾我仍能聽到手鼓聲幽幽地傳自小巷中。從那鼓聲中我可以聽到各式各樣的渴求，也常能瞥見那些已經消

> 失在過往的身影。有回在一處山溝中，我給一個孩子拍照。等我走遠，**他追了上來**。他遞給我一顆蘋果，然後就一溜煙沿原路跑掉了。然後有匹老馬平日是拖水用的。有天我往正在咀嚼反芻的食物的牠靠了過去。薄暮中牠朝我轉過頭，用一種**你想怎樣都成的空洞眼神看著我**。牠的凝望深深地觸動了我。在牠眼中我能瞅見（屬於山上的）完整的生命意索。如今我看著那片維吾爾移民住過的山坡，感覺就像是他們在一道強大的激流中，消失了。我拍照拍了好幾年。我看見了許多幸福與苦難。我也看見了許多人事物的結局。我看到了人類存在的一些基礎。**生命的構成是荒謬與蒼涼，是放縱與焦慮**。那感覺真是不可思議。（粗體強調是我所加）

雖然生命看似沒有意義，但靠著分享友誼，靠著直視身旁他人的種種失去，剝奪在間隙中變成了一種尚且要不了人命的過程。陳業伴著維吾爾人進入這個世界，為的並不是希望國家有朝一日保護起維族。雖然他也樂見這種保護真的出現，但他與維族同行只是出於名為「與他者在一起」的一種倫理與應許。只是如此而已。

陳業上述的兩場遭遇——小孩拿蘋果給他跟漠然的馬兒與他四目相交——都是可名之為「目擊」的畫面。如奈薩基．戴夫（Naisargi Dave 2014）論及在印度爭取動物權的人士時所言，與受苦之他者的一個眼神交會，就能成為一次改變生命的「目擊」瞬間。這種主體間的親密瞬間會自行擴張，並在過程中超越之前關係可能性的地平線。當陳業與他的同仁們挑起了一份直視被中國殖民資本主義貶低者的攝影工作，他們挑起的其實就是一場「目擊」行動。也就是說實際上，他們的攝影工作生成了一種倫理義務，讓他們必須無限期以目擊者之姿生活下去。在這些倫理主張的基礎上更進一步，戴夫（2014）認為這種親密關係的內涵並不如我們在那些「自成一格」*之現代主義社會中的創始神話所暗示，只是自治主體聚在一起。相較於由自由的愛所驅動，受苦的他者之所以被帶進與旁人的遭遇，正是因為他們的「不自由」，而行動者則被迫要臣服於自身之外的一款倫理。由於維族移民甩不掉身為移民者的生活，而像陳業這樣的藝術家不願甩開移民者的生活，所以他們兩造都無處可去。在這當中，在這樣一個共享的生命世界中，他們是一起的。當然啦，陳業這一邊的選擇多很多，畢竟他想以有特權的族裔—種族多數之姿活著，也是可以的。但透過對科技—政治系統的「真理主張」說不，也透過認同他在維吾爾族身上目擊到的剝奪，形同採納了被許多人解讀為異議的立場，他擁抱了一種共享的不自由，而這種不自由又通往了一種深度的相互依賴。

如戴夫（2014）所主張，目擊因此迫使行動者去拓展自我的膚肉，好去包含其他人的膚肉，把原本看似無法超越的各種差異折疊起來。由此對一名目擊者而言，某個痛苦之人

* 人類學者伊莉莎白·波維內利（Elizabeth Povinelli）區分「自成一格」（autological）與「代代相傳」（genealogical）的主體或社會，兩者區別在於前者的親密關係是由主體自由選擇而來，而後者的親密關係則是根據所屬的家庭或部族傳承而來。

的脆弱性會請求一種少數政治，一種從「經驗的共創者受邀進入面對面關係」的共有經驗中所誕生出的政治（Levinas 1979, 198）。這種立即性，或真正的接近性——相對於第一章所描述的科技—政治凝視中的假親密性——會被體驗為伊曼紐爾．列維納斯（Emmanuel Levinas 1979）所形容的一種「活生生的存在」，這種存在會拒絕被再現為一種形象，或者是拒絕在恐怖資本主義的脈絡中被再現為一種演算法的程式設計。這些遭遇做為一種生活的實踐，生成的不只是參與者在當中主張有一種道德優越感但其實無甚犧牲的假同理心。事實攸關一種迫切性，迫使目擊者不畏失敗，再接再厲讓他者的痛苦在共有的生活經驗中舉足輕重。這是一種要將他們的社會再製價值加以延伸的嘗試。

目擊會在社會紋理的正常織造中生成一種扭力或扭曲。如賈克．洪席耶（Jacques Rancière 2007）所指出，從社區中浮現的政治團結性，其圍繞的中心是共有的依附性。這些圍繞共有目標而存在的扭力，擾亂了沿著公民身分的規範性類別，或在中國脈絡下來講就是沿著族裔地位或戶口的正常社會排序。洪席耶主張在正式政治結構的規範外，讓生命圍繞著一種標誌物的共同繼承——比方說一種共有的新疆移民邊緣性——來做為其中心，可以提供空間給一種新式的政治：以社會親密性與團結性等感受做為渠道流通的友誼與平等。這種政治重新框定的關鍵處在於它是始自一種自由主義的包納政治——目標是透過將「被排除的部分」與社會規範對齊而將之正常化——而其目的地則是與「任何人與隨便一個人」開啟一種政治（Rancière 2007, 99）。在這麼做的過程中，這種政治會提供空間，讓他者得以保持她的差異性。經由此舉，他者會獲得賦權去拒絕繳出她的自治性。他者反而會被視為一種知識的攜帶者，源自「目擊／友誼／對生命之共有依附」等實踐之政治感受力的組成。

沿洪席耶的主張往下推，這種扭力必然會是一種審美，因為它會創造出一種判斷力的重新配置。非規範性的社會性，也就是我形容為少數政治的東西，「會讓觀感範疇中被排除的東西被看見」(2005, 226)。這正是陳業嘗試透過目擊之實踐與對移民生活之依附去嘗試做到的事情。他嘗試把自己拉進一種獨特的維吾爾軌道，並沿路記錄他的體驗，啟動與他同屬漢族的藝術家與鑑賞者與維吾爾移民共有一個親密的公共領域。

幾十年的工作，讓陳業在烏魯木齊的藝術家社群中廣受尊敬。他利用他的地位去替維吾爾的生命發聲。產生的效果是讓漢族藝術家收斂了自身特權，也讓維族藝術家感覺受到接納。惟如洪席耶坦承，這種形式的政治鮮少能在正規且長遠的意義上行得通。想踏出規範性的政治，難；想讓社會紋理中的扭力產生任何長遠的效應，難上加難。雖然維吾爾移民始終被放在陳業的心上，他也認同維族移民的生活狀態，他鏡頭底下的人也愈來愈視他為共犯，但時不時，維吾爾族與漢族在觀看照片時，還是難以對準他作品中的政治頻率。

二〇一五年六月六日，陳業的一個朋友協助他辦了一場攝影作品展。地點在一處私人咖啡店，而不在國家資本贊助的空間，主要是他的照片肯定通不過後者的政府審查。陳業用幻燈片播放了逾兩百幅影像，配樂搭配的是他漢族藝術家朋友所安排，布萊恩・伊諾（Brian Eno）的《機場音樂》（*Music for Airports*）。現場來了大約一百人。他們當中許多人是藝術家，有一些還在中國主流當代藝術現場中頗負盛名。我邀請了前一章故事裡的維吾爾移民阿比利金一起來共襄盛舉。正如典型由漢族贊助的文化活動，他成了觀眾裡唯一的維族。在展演結束後，我把阿比利金介紹給陳業。肇因於阿比利金這幾年歷經的創傷，他對於在大庭廣眾下講中文有點躊躇不前；陳業對於在人前說維吾爾語也有點卻步。出於這種雙向的害羞，他們倆要與彼此暢談有點障礙。為此我先與觀眾中的其他成員用中文開啟了話題。陳業講了一個小時，他聊到他的計畫是如何從無到有，也聊到他慢慢認識而且熟識的人的生命有了哪些改變。他討論到他為了不讓中國媒體硬把「笑臉」（Ch: xiaolian）掛到維族的生命上，費了多大心血。他講到他不認為自己是個英雄，只覺得自己是個朋友，是個維吾爾奮鬥中的倡議者。他對於在這麼布爾喬亞的環境中以自己的作品示人，其實內心非常不習慣。

在我們聊完天走回家的路上，我問起阿比利金覺得這場交流怎麼樣。他舉起手，把食指放到了拇指上方大約一英吋的地方，然後說道：

他距離了解維吾爾族真正的處境是什麼模樣，大概就只差這麼一點點。搞不好他已經抵達了自己的極限。漢人每次跟維吾爾族說話，翻譯總是會造成某些意思的流失。維吾爾族用的字眼會稍微有點不一樣，而漢族的理解又會有點不一樣。漢族會說出像「老百姓」(Ch: laobaixing）或「落後」(Ch: luohou）這樣的字眼形容他們身為移民的處境。所有東西都會被翻譯成屬於中國社會的語言。但事實上，維吾爾族不太會那樣思考或講話。我們的思考方式非常不一樣——我們不覺得自己比中國社會「落後」，而「老百姓」一詞則讓人感覺好像我們都是平等的一樣。或許我們講的話跟漢族講的話有某些近似的地方，但大的差別還是能感覺得出來。但我真心喜歡陳業的地方就在於他並不覺得自己是某種英雄。他只是對從事攝影之類的工作有點想法，然後他就去幹了。他沒有要出名，沒有要做一番轟轟烈烈的事業。他只是想真切地看到人生。這一點我發自內心感到尊敬。

他深切地敬佩陳業的個人操守，同時他覺得陳業的影像呈現出了一種他鮮少看到被搬上舞台的東西——一種深沉的悲傷。

我在想，為什麼他的每一幅影樣都讓人看起來如此悲傷。事實上，大家即便日子並不是那麼好過，人還是常常都開開心心的。

惟在他說話的過程中，他也已經回答了自己的問題。照片裡的悲傷，就在於維吾爾移民生活本身受到之愈來愈強烈的剝奪，也在於「讓那種生活經驗變得合理」的過程。

那些孩子，那些「行者」（Uy: musapir）的下一代大約七天裡只有兩天開心。他們的家庭已經以某種方式被「打破了精神面」（Uy: rohi sunghan）。要麼他們的父親酗酒，要麼雙親一天到晚為了錢吵架，再不然就是他們的母親被他們出身社區放逐，只因為她信仰不夠虔誠之類的。這就是他們離開鄉間，去到城裡的初衷。他們想要逃離老家村子裡的宗教限制或貧窮生活。但當然，他們人進了城，也把在鄉下的問題一起帶進了城。所以那些孩子永遠無法擺脫憤怒與恐懼等感受的圍繞。這就是為什麼他們一臉悲傷，我猜。也許陳業拍照的方式也是一部分的原因。他會刻意尋找悲傷的瞬間按下快門。

對阿比利金來說，很顯然陳業稱為「盲流」（Ch: mangliu）的身分跟維吾爾語中的「行者」（Ch: musapir）一詞有關。同樣對阿比利金而言很清楚的是他們一開始會來到城市裡，背後有著各式各樣的問題。他清楚他們的精神面遭到了「打破」。這些人歷經了某些事情，讓他們變成了這副模樣。阿比利金在陳業的政治裡所注意到的裂隙，出現在雙方各自立場之間的不可通約——一邊是維吾爾的「行者」，另一邊是中國人說的「盲流」。由於陳業拍下的影像是從中國人的立場來呈現，因此一個完整的去殖民政治並無可能性。按阿比利金所說：

漢人看著這些照片，能得出什麼想法呢？這些照片讓問題一目了然。這些照片把問題直接擺在你的面前。但就像陳業說的，他們多半只會把這些照片當成由可愛的小孩跟長相奇怪的大人組成，並由一名英勇的攝影師拍下的系列照。當然，陳業並不樂見這種結果，他也沒想著拍幾張照片就可以把問題解決了——讓人拿著這些照片當理由去擬定一些新的住宅或教育政策。你不可能這樣去解決問題。你只能嘗試去找出辦法來解決問題。你要是真心想解決問題，那就得去鄉下看問題，去看到新疆各種深層的問題。你必須看到社會結構如何造成這些破碎的家庭，歧視是如何迫使人以這種方式移動尋找工作，教育基礎建設如何阻止窮人找到真正的工作，鄉下人所受的教育是如何在社會上不具有價值。你必須看到人的聲音是如何不被聽到，如何被當成畜生在對待。

沒有人知道是什麼造成了二〇〇九年的暴力事件。各種理論說的是其背後有中心化的團體或某種東西在組織。我覺得滿清楚的是許多人心中有無能表達的怒火。許多人，像是那些窮困地區的居民，都深感挫折與絕望。他們相當輕易就能被想利用這種怒火的其他人說動。但不論如何，二〇〇九年後所發生的事情並沒有從真正的根源上去處理問題。那就像一九八九年或文化大革命一樣，領導人只是用一些非常模稜兩可的說詞表示事情都已經處理好了，如今一切都恢復了和諧。他們所做的只是忽視真正的問題，然後表現得好像什麼都沒有發生過。這種作法非常中國。我覺得多數漢人看著陳業的照片，基本上也會是同一種心態。他們看著這些人生活

> 如此艱苦，只感到到一點點難過，**但他們不會為此去採取任何行動**。大部分人只會看著照片，然後覺得（維吾爾人）是壞人，覺得他們要麼是不願意工作，要麼搞不好在從事某種犯罪的勾當。但他們之所以會淪落到那種狀態，正是因為社會本身排斥了他們。他們其實並沒有太多可以選擇的空間。（粗體強調為我所加）

阿比利金所指出的，是把一種少數政治譯入到廣大公眾中的困難。嘗試透過一種新式審美—政治的再框定去重新分配判斷力，並不必然能讓「與他者在一起」的親密感流通到藝術產出現址的即時脈絡之外。反之，貧窮與他者性的畫面也會被解讀為一種「落後」（Ch: luohou）的指標。它們甚至會被解讀成一種證據去證明暴力與貧窮的成因就是個體，而不是結構性的暴力與剝奪。但陳業就是願意去賭一把。到最後，目擊創造出自身的生命路徑與其自身的政治，且不論那樣的生命路徑與政治是何等的少數。

結論

雖然有來自科技—政治的系統性圈禁跟其他觀眾的誤解，但陳業仍在他的工作上努力不懈。不論有哪一種都市清洗遭到布署，陳業的感覺是監控系統並不能把受排斥區如葉片般冒芽出來的「一個地方的人、物體與感受」連根拔起。[8] 陳業剛開始他的攝影計畫時，

「城市非常近，」陳業表示，「近到花個十分鐘，你就可以下山來到主幹道上，那兒有隔絕掉山坡的大型看板：美女、沙發、手機、輪胎、童鞋……巨大的招牌組成的牆壁，從城市端延伸過來，為的是用遮蔽來避免難堪。」在冬天有工業污染而夏天有商業看板牆的混淆視聽下，山上的地下聚落儼然是中國城市地景上的一塊缺漏的空白。欠缺出生地的關係與世界通用禮儀的隱性知識、也不具備正式的商業頭腦跟進入自治區省會不可少的密碼，維吾爾貧民窟的人口就這樣增生，在城市邊緣的「大霧」中被隱身著。只有在系統的完整性受到重大衝擊時——像是在二〇〇九年的群眾抗議，以及後來的人民反恐戰爭開展時——那些陷於底層機構的人員才會有動力要對城市邊界外的聚落動手。[9]而且他們出手時只有一個意圖，那就是用暴力去剝奪維吾爾移民的人口：用數位圍場、拘禁營，還有再教育工廠去進行對他們的再教育。或許陳業把隱形者變得不再隱形的志業仍存在一些讓陌生人被誤解的空間，但起碼在他的藝術實踐中，內建了一種由愛、寬宏、脆弱所建構出的少數政治。雖然從新疆專屬的「盲流」或「行者」立場去共享一種世界觀，並不見得生成一種獲得公認，讓人能在城市裡生活的政治權利，但這麼做確實框定出一種日常生活觀——那是一種已經被活在了脆弱之中的生活，可供全新政治感受冒出頭來的開口。

陳業並非想要生出一種多元文化主義來讓「少數—他者」——在多數派成員沒有任何損失的狀態下——被接納進主流中。他實際想做的是藉由放大他者的聲音來放棄一些他自身的社會潛力。藉由與維吾爾移民一起進入到一種親密的少數政治中，陳業也在某種程度上修復了自己的人生。他找到了方法放棄自己被家庭、中介他生命的科技—政治系統，還有排斥他的主流社會維安圈禁加諸在他身上各種「正常」的義務。他找到了一條路去踏出正常的生活，與遭到剝奪之人分享共同的生活。與其加入由國家資本贊助的官方族裔團結隊伍，一起在經濟朝恐怖資本主義轉向的過程中，將少數民族帶進「支配」與「生產力」的類別，陳業單槍匹馬去尋找有什麼共鳴存在於他自身的生命與那些邊緣者的生命之間。這麼做的過程，他為手中的問題引入了一種新的明確性，然後透過此舉策略性地重新組裝了維吾爾行者被自己、其他漢族藝術家、藝術觀賞者看待時的規則。維吾爾人看著他的作品覺得「雖不中亦不遠」，而對陳業而言，這就已經足以讓他在模糊了維吾爾鄰里的污染霧氣開始散去，而一波波生物辨識數據蒐集與社會再教育啟動的同時，去繼續他的文化工作。

6

削減
Subtraction

二〇一四年八月的早上大概八點，我走在黑甲山（Heijia Shan）維吾爾移民社區的後街中，那是一個星期五，也就是伊斯蘭世界裡的禮拜日，我看到人在睡眼惺忪地揉著眼睛。那些人八點不到就起床，在生鏽的鐵桶裡點煤燒火。一顆顆蛋在金屬的三腳爐架上煎著。大鐵炒鍋裡裝滿著慢燉的米跟胡蘿蔔，那是叫作polu的手抓飯。屠夫在宰著這天的第二頭羊，他們手拿著小斧頭在把羊肋排的骨架劈開。以榨汁維生的人用推車把他們的榨汁機推出來，目的地是整台馬車上皺巴巴的石榴。麵包師傅撥動著襯著一層沙漠石灰的陶土烤窯裡頭的火苗。這裡是少數還會有人拿著茶壺去社區水龍頭裝熱水的維吾爾鄰里。僅存的一批平房上懸著燒煤的炊煙，當中混著溝渠裡燒保麗龍的酸臭。沒人管的小朋友依舊在街上野，殘垣斷壁是他們的遊樂場。往更山上去，維吾爾的臨時工一磚一瓦地拆除著平房，一旁則有漢族的營建組在興建著二十層的公寓大樓。政府補貼的橘黃雙色大廈的建設聲響，交織著狗吠聲、鄰近小學下課時的兒童嬉鬧，還有駐軍在社區旁的一個排在覆誦反恐口號。在毗鄰的巷弄裡，來自安徽與河南的漢族移民篩選著從報廢冰箱邊上扯下來的隔熱

圖 6.1｜黑甲山的殘垣斷壁。作者攝。

膠條，準備著要出一大批貨給回收廠，但社區中的兩萬移民裡還是以維族占絕大多數。維吾爾移民在山坡上初建這個聚落，是在一九九〇年代，在邊上的漢族與回族是後來才加入。烏魯木齊僅存幾個維族地下聚落或云貧民窟，這裡是其中一個。

從這個由磚頭、灰塵、汗水與瓦礫所構成的灰色島上看去，圍繞在其四周的城市感覺咫尺天涯。在這裡，一切感覺都是暫時存在，一切感覺都像在減去著什麼。社會生活在這裡一邊在消失，一邊卻也在持續進行著。由於這整片區域都在二〇〇九年的暴動後被排定了要進行都市清洗，因此監視攝影機較少，警力比較多。[1]這兒有許多新建的圍牆跟門禁，但看守的人卻是有一搭沒一搭。因為一切都在流動當中，社區整體給人一種調性並不一致的感受。許多住在那個空間的人都積極在抗拒城市的發展，他們只是嘗試與他們所知跟所有的一切共存。人們活著，分類城市的廢棄物，等待著被通知要離開。黑甲山的數萬名維吾爾移民的自我認同是musapir，也就是來自他方的「行者」。

即便在我剛剛描述的場景裡有種種的不確定與支離破碎，社會生活的中心依舊存在。在山腳下的巷弄中心處，有著黑甲山的清真寺。那裡扮演著社區的體制中心。在某周五的祈禱中，清真寺周遭的群眾會膨脹到數千人。朝氣蓬勃的市集應運而生，然後在幾個鐘頭的時間裡，一種獨樂樂不如眾樂樂的精神會席捲那塊空間。即便有便衣國家警察跟制服協警跑來現場湊熱鬧，在群眾中掃描有無涉嫌伊斯蘭極端主義的移民，但這市集仍在許多方面都發揮著每周鄉村市場的作用。半小時腳程內、來自四面八方的居民會每周一次匯集在這裡，一方面採購補給品，一方面分享這星期以來的見聞。出身同一個村子的移民會面彼此安慰。在市內各地出席維吾爾館子裡未授權祈禱室（Uy: namaz-xana）之人，會使用他們智慧型手機的藍牙功能來共享他們當週從微信下載的非法伊斯蘭教誨數位錄音。他們並沒有意識到這樣的活動足以讓他們被送進自隔年起在自治區各地建起的拘禁營。惟在那之前，微信仍扮演著一種半公共的私人空間，供線上的虔信社群在社群網絡上成形（Harris and Isa 2019）。我認識的每個人，好像幾乎都有各自所屬的古蘭經讀書會。他們還沒有意識到自己正遭到恐怖資本主義與新興生物辨識跟數位監控產業的鎖定，成為一種目標。

經由這種嶄新宗教社區認識的移民會利用這種空間去組建人脈。他們聊的東西包括什麼工作會開缺，有哪些鞋子、大衣、玩具或廉價電子產品的貨源可以拿去街頭賣錢獲利。藉由自認是行者，也就是musapir，他們主張自己對這個清真寺社區有一份歸屬感。這種歸屬感又回過頭來，給了他們每週一次的經濟支持與福祉。國家贊助的科技—政治系統固然努力透過對租金與商業執照的分配控制，去抹除這群人口在城市中的存在，但此處的維吾爾移民人口仍找到了辦法存活，雖然這生活終將告一段落。

這一章思考的是維吾爾行者在一種宗教式的經濟中所扮演的基礎角色，這種宗教式經濟藉由在純經濟活動之外的範疇去培養社會再製，使城市生活獲得了延續。往往活在拆卸區裡，就像活在一種落魄的空間中。窮人可被視為是被安插到了這個空間裡，去忍受一種幾乎是地下非法之存在，只能眼睜睜看著他們的家跟夢想四分五裂，埋葬在斷垣殘壁中。雖然這種落魄的意象存有一絲真理的元素，但本章會揭示維吾爾地下部落的故事有著不只如此的複雜性。維吾爾的「行者」概念——這概念相對於維族以農業社區為其根本與土地保有穩定性等常態，長久以來被視為是一種例外——隱含著一種荒蕪與失落的感覺，但這概念也同時描繪了一種虔信跟率性。維吾爾語中的musapir，或如在阿拉伯語源中被拼作musafir，指的是「行者」，也就是「旅人」，[2]但在維吾爾人中，這一詞已經慢慢被用來形容精神上暨物質上的流離失所，乃至於一種對伊斯蘭信仰的臣服。

中文裡的盲流，也就是「盲目的漂流者」一詞，在當代漢語論述中被用來表達貧窮與無家可歸等負面意涵，也被用來傳達自認的堅毅與勇氣等與移民有關的正面聯想。維吾爾語的musapir一字不同於中國的盲流概念之處，在於musapir牽涉到「文化化」思想的特定宗教歷史。對維吾爾族而言，musapir也形容了一種特定的宗教實踐——伊斯蘭神祕主義者雲遊的蘇菲派傳統——而也就是在此，在這精神、物質與宗教的匯合處，musapir開花結果成了維吾爾移民等著被社會驅趕的同時，其社會性中的一種特定概念。

許多自我認同為行者之人都會再三強調，希望有朝一日他們能在城市中取得合法的地位買棟公寓，但他們許多人也承認這種事不太可能發生。他們大部分都只能專注在下個禮拜要怎麼過。他們的日子就是一個禮拜接著一個禮拜，每週五參加伊斯蘭祈禱跟街上的市集。年輕一代的移民會倚賴行者同志的網絡設法找到更多短期的工作、金字塔直銷計畫，還有訓練課程，好讓他們在當下進行的事業失敗時不致無以為繼。強化這人脈網絡的一個辦法是透過定期會面討論未獲授權的宗教教誨，也就是革新派／虔信伊斯蘭信仰的「宣教」（tabligh），這種革新派伊斯蘭信仰在南疆的維吾爾年輕男性之間蔚為風潮，是因為他們歷經了剝奪的經驗，也是因為他們接觸網際網路與社群媒體的新渠道。老一輩的移民在都市清洗計畫中被剷平住家所導致的紛擾之中，會倚賴同一個清真寺社區勉力活著。一天天過去，他們會在被年輕一代且更為虔敬的移民所奉行的新式虔信中看到價值。一如年輕一代的移民，他們也自認在慢慢成為行者。

接下來，我會探究來自喀什地區的維吾爾移民是如何一面奮力在生活中取得經濟上的穩定，一面與在烏魯木齊興起的恐怖資本主義抗衡。自二〇〇九年以來，數位圈禁系統已經迫使數十萬維吾爾移民離鄉背井。這些驅逐會獲得執行，是因為有人會定期上門檢查，要維族居民出示前幾章提到過的「綠卡」（Uy: yeshil kart）。在我進行田野工作的期間，數十萬移民被迫撤離城市。雖說對於阿比利金而言，剝奪感覺像是一個從二〇〇九年開始在城市裡沒完沒了的削減過程，但隨著人民反恐戰爭的齒輪轉動起來，剝奪的發生也開始不斷加快。時間來到二〇一五年五月，全數的公寓建物都已經完成清空，數百間維吾爾餐館關門大吉。在黑甲山，許多人被迫撤離。另一部分人為了躲避協警，私下投靠了友人，但最終也難逃在檢查哨被逮，或被人臉辨識系統揪出來的命運。

透過專注在一個老一輩移民家庭人生中動盪的一年，加上這個人家在這非正式的聚落裡是所謂的「釘子戶」(Ch: dingzihu)，我揭示了移民生活往往會交雜著革新派伊斯蘭的宗教信仰。我檢視這家人如何拒絕接受房屋拆遷的補償金，藉此進行了名為「釘子戶」的抵抗，但又同時為了不可避免的拆除做好準備把手伸向了維吾爾的行者傳統——一種主動守望相助的伊斯蘭與社群習俗。這個社區的人常依賴人際關係的支持，但又同時自主地追尋虔信的美德。我也會揭示他們如何拒絕讓自己的人生被展示在紀錄片中，選擇以自己的條件去訴說他們的故事。我發現透過參與由他者—行者組成的清真寺社區，這個家庭得以利用「都會牧羊」——在家中跟在周遭的斷垣殘壁中飼養一小群羊——去有效地為剝奪的浪頭來襲做好準備。

我接著把焦點轉向一個年輕維吾爾行者的故事，他也跟上述的家庭住在同一個清真寺社區裡。在這年輕人的案例中，清真寺的社區與其所培育的線上社群網絡成為他社會認同的發生地暨經濟穩定性的源頭。他積極地利用了他的行者認同坐實他做為一名革新派穆斯林的宗教人設。在移民社區中，他透過他在祈禱室的討論與在伊斯蘭正行的線上論壇中的沉浸式體驗所取得的知識，將一種宗教天命建立進他做為暫時性城市居民的地位裡。我主張那名行將失去房產的「釘子戶」移民農夫，跟同社區但比較年輕的宗教移民，分處於何謂當代行者社會性之光譜的兩端。到最後，如同那幾十萬名其他的行者，他們倆也都沒有能在城市裡掙得一個安全的空間。對較年長的那名農夫而言，策略性的網路隱身性預防他被羈押，而在年輕人的例子中，網路的行為導致了他遭到削減——削減一詞描述的是代表恐怖資本主義之典型效應，由都市放逐、認知的抹除、不自由勞動所共組的整體化過程。

伊斯蘭的信仰操持與宗教經濟

這一章的靈感取材自人類學中，對革新派與「日常派」伊斯蘭日益升溫的爭論。[3]我對「日常派」伊斯蘭之新研究文獻的解讀是在許多案例中，這些研究都嘗試開啟宗教人群的民族誌去討論道德與宗教權威以外的權力結構——譬如那些墾殖者殖民主義與非西方式種族化的權力結構——是如何也在伊拉克、印度，還有我討論的中國西北等地，扮演著當代穆斯林生活紋理的一環。人類學中來自薩巴・馬赫穆德（Saba Mahmood 2005）、查爾斯・赫希金德（Charles Hirschkind 2006）與拉拉・迪布與莫那・哈博（Lara Deeb and Mona Harb 2013）等學者以宗教虔信之力量與效力為題所進行的學術研究，展現了一款具有說服力之論點說明革新派的伊斯蘭信仰是如何觸發了族裔自我培育的興起。許多日常伊斯蘭信仰的學者也做了類似的事情，惟他們常常更強調這種族裔與政治行為興起之觀念來源的多重性（Zyskowski 2014; Fadil and Fernando 2015）。比方說維娜．達斯（2010）就嘗試去理解跟接受穆斯林是如何會偶爾使用印度教的道德框架，做為一種在日常生活實務中化解族裔緊張的作法。同樣地，在這一章中，我也主張革新派伊斯蘭信仰的興起在某種程度上是對中國資本主義與殖民計畫的一種回應，中國的這種計畫將維吾爾人拒絕被消滅的行為與所謂的宗教極端主義混為一談。

社會生活在一個墾殖者—殖民計畫之中的脆弱性，構建並促成了維吾爾人理解、接洽與部署伊斯蘭道德框架的方法。這種朝新式伊斯蘭信仰而去的推進，因此既是科技—政治圈禁在新通訊基建中國家資本挹注下催生出的一種效應，也同時如本書自始至終所揭示，是恐怖資本主義鎖定的目標。智慧型手機、３Ｇ網路、ＳＤ記憶卡上的ＭＰ３音檔，還有運輸基礎建設等都是在維吾爾移民間培育出宗教性經濟的部分因素。此外，這些因素汲取了特定形式的屬地伊斯蘭知識也提供了移民資訊，讓他們得以改編革新派的伊斯蘭信仰框架來適應自己的生活。我在此處的主張並非維吾爾人的生命在多重的身分中四分五裂，那是西方自由派框架中常見的概念，我認為他們的日常伊斯蘭經驗處在由權力、影響力與資本積累所組成，不斷有所變化的架構中。

這種適應的其中一種表達方法，是透過musapir或行者的形象在維吾爾社會中意義的變遷。在一篇名為《行者的酒館》（暫譯，*The Musapir's Tavern*）的短篇故事中，人氣維吾爾小說家買買提明・吾守爾（Memtimin Hoshur 2015）描繪了在一九九〇年代初期，行者在維吾爾社會中扮演的角色。在他的刻畫中，行者一角重現了一種酒醉的詩人。這種詩人既是酒館的常客，也會在那兒針對維吾爾社會跟伊斯蘭哲學高談闊論。做為身懷一定特權的維吾爾男性，他會把大把時間花在伊斯蘭蘇菲派各種浮想聯翩的話題上，然後一面將伏特加跟高粱酒喝下肚。他被呈現為一個對生活感到百無聊賴，對家庭的需求也不抱責任感的男人。毫無疑問，吾守爾這是在暗指一九八〇年代與一九九〇年代的酗酒潮，但對於被他輕描淡寫的是酗酒潮，牽涉到就業不足的惡化與新形態消費的興起，而這兩者又伴隨著鄧小平一九八〇年代經濟改革開放後與一九九〇年代初蘇聯解體後的資本主義發展。

如我在第三章中所示，在二〇〇〇年代，隨著鄉間維吾爾人受到的經濟剝奪愈演愈烈，從鄉下移民到城市的人口也顯著變多。在此同時，一項大型的宗教運動也開始流通，特別在年輕人之間。到了二〇一二年，維吾爾男性已經大體完成了戒酒跟戒菸。隨著微信的出現，他們開始加入了線上的宗教討論群組，他們認為那是與都會生活跟「全球穆斯林社區中之公民身分」的一種連結。行者式的生活風格開始被連結上虔信的伊斯蘭生活。移民往往會說他們離開鄉下是為了逃離宗教的限制與人身的羈押。年輕一代的行者往往採行這種生活方式，為了做為一種物質性的體現來對應對伊斯蘭正義之內在精神追求。這種對美德的尋求，透過日常操持的虔誠、道德舉措、真理尋求，與對真神與對彼此的依賴，被表達了出來。這並不意味他們對俗世的事物不感興趣，而是他們努力把苦難視為廣大精神之旅的一環。這條路也提供了他們一張可以帶著走的經濟支持網，外加一個在與「無家可歸」抗戰時，仍能享有重要社會角色的辦法。對老一輩，也就是從一九九〇年代起就是行者的人而言，同樣的轉變提供了他們社會、宗教與精神資源，讓他們得以在城市的家中堅持下去。當他們自我認同為行者，並將生活融入到實質與虛擬中的行者清真寺社區裡時，他們就是將自己在經濟跟宗教上代入了一個當代虔誠穆斯林的位置，並在這個位置上藉由加入某個宗教社區嘗試逃避鄉間的殖民化壓迫。[4]

事實上，正是對行者生活的圈禁，為其社區賦予了形式與內容。對那些生活在其中的人而言，他們體驗到的社區空間是壓力與一種「舒適」（Uy: teselli）的雙重來源——每逢遭遇失業帶來的脆弱或無家帶來的污名，他們就可以為了取暖來到這個社區。這個空間可以在日常生活中提供他們一種自治的感覺。我在這裡提到自治，說的不只是自立自強的自由派主體所擁有的那種自治性，而比較是凱瑟琳・米勒（Kathleen Millar）所指的「關係性自治」（2014）。這種關係性自治牽涉到蘿倫・伯蘭特所說的「橫向能動性」（2011），在其中的主體會在食物或娛樂上尋找慰藉，藉此來保持想活下去的意志。惟對米勒而言，關係性自治是一種自然而然發生的少數政治，其內涵是找到一處社群基地供人維繫住各類重要的社會性。對維吾爾移民來說，清真寺社區讓他們得以建立跟維繫關係、發展社會角色，在不確定性當中追尋生命中的各種目標，得以相對於長遠的精神地平線來評估自身的削減。那會

圖6.2｜埃米爾與巴哈爾的家，2015年。尼可拉．佐林經許可後拍攝。

給他們撐下去的力量。

貧窮與斷垣殘壁標註了黑甲山的維吾爾行者社區，而這兩樣東西往往對於相對較為富裕的維吾爾人來說是一種污名的來源。這生成了一種不和諧音：舒適混以貧窮的污名與來自科技—政治糾察系統的削減威脅。為了理清此一宗教經濟的頭緒，我現在要說的一個故事是黑甲山上的一對夫妻如何利用行者社區，努力守護他們的家園，主角是埃米爾與他的妻子巴哈爾。對他們而言，行者移民社區的認同讓他們得以至少多撐一會兒，抓住他們熟悉的生活不放。

城市裡最後的牧羊者

那棟房子建在山坡上（見圖6.2）。當埃米爾與他的妻子巴哈爾在一九八〇年代初期首次將房子蓋起來時，他們就曾想著要把羊的存在設計進去。主門右側挨著一個用舊木門當材料做成的羊圈。一條長長的走廊用磚頭跟黏土灰泥砌進山坡裡。右邊有個小門通往家中長子的生活區。走廊的盡頭是放置煤、木頭與葉子飼料的一間間儲藏室，中間圍著一個小天井。這個露天房間的中央是一個大炕，那兒也就是夏天全家主要生活的地方。在遠遠的東南角落，更進一步深入山坡裡的，是一個土質房間，那兒已經成了冬天時他們家煮飯跟過日子的主要場所。在廚房門邊有一個儲水用的大砂鍋，砂鍋後面的牆上貼著一張海報，上頭是各種在拉瑪丹齋戒尾聲時慶祝用的點心。海報旁有一扇門通往隔壁的睡覺區。飯爐（Uy: mashq）的爐管橫著穿進了相鄰的房間——在排煙到屋外的同時也提供了暖氣。

廚房沒有窗戶，但巴哈爾在對著吃飯用的炕（Uy: supa）的牆上掛了窗簾。在炕後面的另外一面牆上則有一大張海報上是她口中「沙烏地阿拉伯的一間清真寺」，也就是麥地那的先知寺（Masjid al-Nabawi）。他們買下這海報是在人民反恐戰爭開打之前，當時這種圖還可以合法買賣。這一帶沒有自來水。煮任何一頓飯都得燒煤。巴哈爾都六十八歲了，還得費勁地抬起沉重的圓形「喀山」（Uy: kazan）鐵鍋來煮每天的湯或抓飯。她說通常埃米爾會幫忙她抬鍋，也幫她放好用來調整鍋在煤火上高度的鐵環，但他本身也沒有多強壯。他有著聽起來像是肺氣腫的毛病。

多數日子裡，你會看到要是埃米爾沒有要去清真寺祈禱或拜訪其他老人家，他就會在家周圍的斷垣殘壁中忙進忙出。他會放他的羊出去「吃草」（Uy: tokhtimay yeyish），然後再把牠們趕下山，安置進一處戶外的畜欄。午飯時間，埃米爾與巴哈爾用一個大錫碗跟我分享了他們的湯。雖然外頭的地上有積雪，但廚房裡很舒適。我可以體會他們為什麼不想離開。跟他們坐在一起，一不小心就會忘記我們人在市中心，而且四周被二十層的公寓大廈包圍。我們的周遭盡是黑甲山維吾爾鄰里的斷垣殘壁。他們的房子是在烏魯木齊要推進安全與現代化都市計畫的過程中，還沒有被夷平的「釘子戶」(Ch: dingzihu)。一如中國各地眾多城市裡的類似處境中，他們只靠著意志力這一項本錢在抵抗政府想更新城市的努力。在黑甲山地區，他們屬於還在等著被安置到政府補貼公寓大樓或從城市中被驅離的最後兩萬居民。他們奮戰著要保住自己的家，為此他們拒絕離開。

埃米爾進城那年，是一九七四，當時他在毛澤東所發動的文化大革命裡，是一名維族的紅衛兵。他跟巴哈爾結婚是在一九八二年，兩人共有三個孩子。他們靠著一小群共十一頭羊過活。埃米爾說時候到了，他會把羊賣給鄰里中的屠戶。他說，「我們沒有養老金，只有羊。」正因如此，所以他們拒絕接受政府給他們房子的補償。「他們提供了十八萬元的購房折扣讓我們買新屋，藉以交換我們的房子，畢竟我們的房子不小——超過兩百平方米，但那就意味著我們還得負擔其餘的新屋屋款(大約三十萬)，當然我們就不能養羊了，」他搖起了頭。他們不想搬進旁邊的政府住宅，因為那樣他們就不能靠土地過活了，而他們已經靠土地過了一輩子。「政府官員全叫我們走，但我們就是不肯，」他像是在昭告什麼，臉上的表情顯得堅毅。他還擔心要是他們同意搬遷，就會被遠遠地帶離黑甲山的清真寺社區，他們可是已經以成員的身分，在這個社區裡活躍了約莫二十年。因為他跟社區裡其他維吾爾移民的關係很好，所以他可以從鄰里間的餐廳取得穩定的剩飯跟菜餚。他的兒子通往清真寺一路上從街邊館子裡蒐集來的廚餘，則是他們養羊的本錢。沒有了這些補給來源跟養羊需要的空間，他不知道自己還能幹些什麼。「我一直是個行者，但如今我們真的要變得『沒家沒爐』（Uy: öy-uchaqsiz）了，」他說。

在維吾爾語中，**musapir** 一字有著深刻的文化意義。如我稍早提過，在阿拉伯文的原文當中，這個字的意思只是單純的「旅行者」。但在維吾爾的語境下，它獲致了陌生人、異鄉人、漫遊者或難民的意思。在物質層面上，一般人看著這個字都會覺得它指的就是埃米爾所謂他們要變成的東西：「那些沒家沒爐的人」。但這概念也有其精神與宗教的層面在。很多人在遭逢困境時常掛在嘴上的一句俗諺，就有這個字很普遍的一個用法：「除非你當過漫遊者，否則你成不了一個真正的穆斯林。」（Uy: musapir bolmighiche, Musulman blomas）這句話取用了屬於伊斯蘭蘇菲派苦行僧的密契者漫遊傳統，而那長年都是維吾爾操持伊斯蘭信仰的特色。自從維吾爾在九世紀接觸到伊斯蘭信仰以來，「伊斯蘭的導入者」（今天被視為是「聖者」或稱「瓦力」〔Wali〕之人）會沿著蘇菲派的網絡從伊朗、伊拉克與中亞各地旅行。幾百年間，這種接觸持續隨蘇菲派密契者的存在而發生，只因為他們一個鎮接著一個鎮旅行，也在服務蘇菲派的「謝赫／宗師」（Uy: sheikhs）與特定的蘇非宗教修行「路徑」（Uy: tariqeh）。這些漫遊者靠著沿路穆斯林的善心而活，他們往往會被視為無家的禁慾苦行者，

「執著於受苦中」（Uy: meptun bolup ketken）而「無心於自身的生活」（Uy: öle tirilishige baqmay）。

維吾爾的口述詩歌傳統，主要就是由這些行者發展而來。在過去七世紀間，行者的生活成為維吾爾民俗音樂中一支重要的主題。其反映的不只是蘇菲派密契者在隱喻或精神的意義上對所愛或神聖之存在的追尋，也反映了貧窮跟家庭義務如何迫使在家鄉習得某種手藝的年輕人跋涉過沙漠，離鄉背井前往其他綠洲城鎮謀求穩定的生活。在烏魯木齊幾乎每一個維吾爾移民都會說「我就像個行者」，他們伸手想捕捉的是遠離家園之孤獨旅人的如詩意象。但只有最最弱勢的人，像是埃米爾夫婦，會自稱是「無家亦無爐」（Uy: öy-uchaqsiz）的行者。這一點之所以重要，是因為這讓我們了解到做為維吾爾移民的生活經驗正變得愈來愈不安穩，且在這種變遷中，維吾爾心目中何謂行者的概念也變得愈來愈即時及切身。

失敗的紀錄片

對埃米爾而言，他做為行者社區成員的位置生成了一種不和諧的感受。雖然他承認社區的貧窮與城市的結構性暴力正威脅著要抹除社區，但他也很清楚他在自身生命路徑的選擇上，還有在社區中擔任穆斯林長老的地位都展現了能動性。我曾多次前去探看他與巴哈爾，有一次埃米爾跟我說了他的生涯規畫是如何把他帶到了這個地方。他首先說起了毛澤東與四人幫的崛起，彷彿那並不是什麼遙遠的往事。對他而言，國家的歷史就是個人的歷史。他說他來到烏魯木齊那年是一九七四。那時他還年輕，而成為文化大革命的紅衛兵似乎是遠離他與生俱來之貧窮一個很好的辦法。「在當時我（在政治上）非常活躍。我真心相信我知道國家正在朝著什麼地方前進，而且我不想缺席。」當然了，等到他到了烏魯木齊，他便意識到對沒有正規地位也沒有常態食物配給的人而言，生活非常困苦。頭幾年他只能吃麵包配開水度日。然後在一九七九年，毛澤東一死，鄧小平的經濟改革改變了他的人生。「八〇年代我做起了生意，賣些有的沒的，要說主力那就是南疆的水果，然後八四年我終於存夠錢娶了房媳婦。她就是那時出現的。」[5]故事說到這裡，巴哈爾插起了嘴。她嘴上說埃米爾不該把他們的私生活拿出來講，但看起來她其實很開心他對兩人的事情滔滔不絕。最終，我們聊到了他目前活在社區中的處境。按照他的說法：

在二〇〇九年的事件後，政府當即決定（如黑甲山的）各區域必須剷平。他們拿著某種通知跑來找我們。上面寫的全部都是中文。一句維吾爾語都沒有。我們其實看不太懂。所以在他們把通知張貼出來後，我們去問了鄰居一個大學畢業的女人，讓她替我們翻譯。通知上有四五點內容。第一點說的是我們依法無權住在這裡。我們沒有所需的「信函」（租約），所以我們需要搬遷。其餘幾點說的是我們需要往哪兒搬，還有政府會怎麼協助我們。當然他們其實只是在恐嚇我們，要我們搬家。我們怎麼會沒有權力住在這裡？這裡可是我親手蓋的。不過總之，只要他們按他們承諾的給錢，我們還是會考慮搬走。但他們卻說他們答應的補償是買新房的折扣。因為這個地方不算小，所以他們說會給我們兩間公寓的折扣，兩間都是八十五平米。於是我們決定等到他們給我們新房或逼我們走再說。我兒子已婚且跟我們在這裡同住，所以如果我們搬家，那他就可以有一間新房。其實我們平常只靠養羊的收入跟他偶爾孝親的一千塊錢過日子。這就是我們的人生。最近政府人員已經沒有天天來了。他們說到最後他們知道我們會搬，所以不需要在我們身上浪費時間。我們暫時可以過得下去。

雖然埃米爾說他們一邊等著不可避免的拆屋還地，一邊暫時還過得去，但等我開始抽絲剝繭，思考起故事中的細節，他開始真正害怕起來。他沒有房產的租約，也沒有可以住在城裡的綠卡。他深深擔心起要是他們反抗徵收的動作太惹眼，系統會強迫他們離開城市而且不給補償。

有天我說了他的故事給馬赫穆德聽，也就是第三章主角之一的那個維族劇作家。在當時，馬赫穆德已經在維語的微信群組「短片沙龍」上有不少人的追蹤。馬赫穆德饒富興味地聽著有人住在城市裡養羊為生。他問我可不可以把他介紹給埃米爾跟巴哈爾，好讓他們可以討論一下把埃米爾生平拍成電影的可能性。在我們抵達其住處，為其全家祈禱過，然後巴哈爾給我上了茶之後，馬赫穆德提起拍電影的話題。他解釋說他只想要把重點放在埃米爾的生命經驗上。馬赫穆德覺得他的幾十萬觀眾會有興趣，因為很多人根本不知道有一整個社區的「移民」(Uy: kuchman）住在城市裡這麼窮困的環境中。雖然馬赫穆德小心翼翼地不要把埃米爾形容為行者，畢竟musapir一詞常會被連結到無家者的污名，但從他話中的弦外之音裡，很明顯能聽出他心中籌畫的就是一部無家者的紀錄片。雖說移民／kuchman只是一個用來指人離家去找工作的中性詞彙，但行者／musapir一字以目前通行的意思被用在別人身上時，已經變成在說對方看起來很慘很可憐。馬赫穆德打算凸顯埃米爾當保全的兒子如何辛苦養家，還有埃米爾如何曾希望在兒子結婚時給他一套新房卻沒有辦法，因為他實在太窮了。在馬赫穆德的想像中，紀錄片的轉折會落在埃米爾依舊無法給他兒子一套房，只因為政府不願意提供他們足夠的拆屋補償。

埃米爾沉默了一會兒。然後他脫口而出說，「關於拍電影的事情，我們不能提到任何政府或政治的事情。但我很願意跟你聊聊我的人生。」感覺到他在步步敗退，馬赫穆德開始有所讓步，他表示他才剛開始構思影片的故事，肯定可以找到一個能讓各方皆大歡喜的方式去講述這個故事。我們又多閒聊了一下，然後埃米爾又繞回到紀錄片的話題上。

這一次他話說得相當激動。他的上唇略微顫抖，還幾次跳下炕比手畫腳。他的聲音動搖，主要是他想透了把生命進行數位化重現後的後果：

> 我還在思考拍電影的事情。我在想這不是個好主意。因為這個故事要講的是我

是個「窮」農夫，而且它只要一上網就會無所不在，到時候所有人都會覺得我是在對現況不滿。那會讓政府很不高興，然後他們會來找我，問我為什麼要做這種事情。他們會調查我，發現我孩子的居留證在這裡，但我的居住證其實還在喀什，他們會發現我沒有綠卡。然後他們會逼著我離開。還有，這個社區裡沒有一間房子帶有租約（Uy: het）。我也沒有，所以他們會直接把我的房子收走。要是電影把我講成是一個貧農，那我就不願意拍了。要是電影講的是生活在這四十年當中改善了多少，那會比較好。事實上生活也的確是有改善。剛來烏魯木齊的時候，我們還在用配給的糧票，買肉買什麼的還得偷偷摸摸。我們甚至到一九八〇年代，身上都沒有五塊錢。現在我們算是夠吃了。甚至連我們的羊都對吃人的伙食習以為常，牠們吃得比我們在過苦日子時還好。

雖然埃米爾不算多懂電腦，但他明白網路監控的危險性。如果他的故事變得「無所不在」，有關當局不可能視而不見，而那後果肯定只有壞，沒有好。不同於馬赫穆德——還有哈桑，他的故事我接下來會講——埃米爾對自己身為行者的脆弱性格外敏感，也非常在意自己不能成為科技—政治監控的凝視對象。「警方認為這裡的居民很危險，所以要是我們以此處為題拍了部電影，他們不可能被瞞過去。那是不可能的，」他如實說到。埃米爾在此處想表達的，是在二〇〇九年的民間騷動後，黑甲山被認為是維吾爾宗教極端主義與恐怖主義的一處重鎮。烏魯木齊的許多漢族居民都將此地視為是一個你膽敢夜裡前來，就沒辦法活著走出去的空間。將這裡視為宗教極端主義的溫床，認為這裡的維吾爾移民「素質很低」(Ch: suzhi hen di) 的解讀，已經是被像埃米爾這樣的移民給內化的東西。他知道住在那兒在有些人的眼中就是潛在的威脅，他知道這裡的居民受制於數位與人為監控，那背後是社區的情資工作者與軟體程式，由此任何反政府強徵土地的公開陳述，都會被解讀為呼籲恐怖主義。

埃米爾自認他在行者的宗教社區裡擁有有限度的關係性自治或舒適生活。只有從外頭被觀察時，他才會感覺自己遭到污名化，也只有在他被國家警察跟輔助國家警察的協警盯著看的時候，他才會感覺受到威脅。埃米爾拒絕讓自己的生活被拍成紀錄片，顯示出兩點，一點是他自身處境的脆弱性，另一點是他在行者社區中持有的能動性形式相當有限。這也讓人注意到「再現」的侷限性。埃米爾不是不想讓自己的故事得到訴說，但他必須要讓其以他的條件獲得訴說。針對「紀錄片無法完成他需要的工作」這一點去思考，能讓我們在更大的框架觀察到再現的失敗之處。行者社會性的侷限性在哪裡？行者社會性可以含納跟可以代表的邊界在哪裡？在一個更為聚焦方法論的討論範疇中，我們可以問的是：民族誌做為埃米爾生命路徑的一種紀實，其侷限又在何處？

伊斯蘭與行者社會性

埃米爾說自己大半輩子都不曾一天祈禱五遍。實際上，他就是在二〇〇九年他的生活方式受到威脅後，才開始如此認真地操持他的信仰。社區裡的很多人也是在暴力事件後變得更為虔誠，因為他們需要用宗教信仰去消化自身益增的脆弱。眾多維吾爾年輕男性喪生的喪生，失蹤的失蹤，孩子們頓失父親，然後包商又開始拆他們的房子。他回憶說在二〇〇九年之前，貧困待業都是很正常的事情，但如今事態變得更糟。若論暴力事件發生前就居於此地的男性移民，剩下的只有老人了。他感覺自二〇〇九年以來，來自南疆的年輕移民有增多的趨勢，而他們用在網上討論群組跟從教誨錄音中獲取的知識，對社區發揮了影響力。如今在社區裡，幾乎沒有人不認真看待一天五次的祈禱、拉瑪丹的齋戒，還有維持個人的純淨。這並不意味著社區裡完全沒有竊盜、濫用毒品，或是家庭暴力等問題，但他感覺培養美德在社區裡慢慢蔚為風氣。不論就經濟上的支持，還是精神面上的保護而言，社區居民相互依賴的程度都深於以往。自二〇〇九年以來，清真寺社區已經成為他生活的重心。他每天的生活有很大一部分，都是在清真寺跟其他老人家要麼討論伊斯蘭的話題，要麼談天說地。

在我結識埃米爾的九個月之後，他告訴我他們被限期十五天內遷離。他說這話的聲音裡有一種無助的口氣：

我們快沒時間了。下個月我們就要搬進市郊賽馬場（地區）的大廈，地點在那兒的湖邊。他們不肯就近給我們這裡的大樓空間，但在那裡他們給我們兩套房，一套給我跟我太太，一套給我兒子跟他的家庭。我們會在一樓，而他們會在二樓。那棟大廈有三十層樓！我沒辦把羊帶過去，我只能把牠們賣了。我在這裡養羊已經將近四十年。那些新房子裡什麼都沒有。它們就是間空房子。當然新房子裡面會有水，這一點會比較方便，但樣樣東西都得我們付錢：水、暖氣、電。那是間**會吃錢的房子**。那種生活最糟糕的一點是**附近沒有清真寺**。我週間得搭公交去新疆大學前面的清真寺，然後只有星期五可以到這裡。我們沒得選擇。這就是我們的政府。他們只會想拿走什麼就拿走什麼，只會對我們發號施令。他們不會給我們錢補償房子，也不會讓我們有選擇的空間。他們要是真那麼做，那就還不錯。問題是那間新房子也不真正是我們的，他們只是讓我們無限期借住罷了。要是想把我們踢出去，他們是可以的。我們不能把房子賣了。我們沒有這個選擇。這個政府只會拿我們維吾爾族的東西去送給漢人。他們讓我們日子愈來愈苦。我們什麼選擇都沒有。我的痛苦來自四面八方，真神會確保我們所需無虞。（粗體強調為我所加）

對埃米爾而言，搬進格狀街區公寓大樓中的「吃錢」房子裡，最痛苦的一點不只在於需要負擔水電暖氣所衍生的財務風險，甚至不在於他沒辦法繼續從事養羊的生計。他甚至都已經接受了他一手打造的房子要淪為瓦礫堆的事實。他嘴裡那句「政府只會拿我們維吾爾族的東西去送給漢人」，說的是他的房子會被改建成只有漢族墾殖者才買得起，也才能合法購買的商品房，畢竟都市重劃規定了維族不得在維族占多數的市區租房或買房。

關於這次搬家最痛苦的一點，在於與他的清真寺社區斷了連結。之前他有物質上、精神上，或宗教上的需求，都有來自清真寺的鄰居可以尋求支持。他曾經進行日常的儀式來賦予他生命一種節奏感與意義感。他與他的妻子都非常善於在爐邊照顧好一家溫飽等基本需求，一如行者社區讓他們感覺好像在一個由旅人組成的社區中，有其做為老練旅人的社會地位跟尊嚴。就像有諺語提到行者的生活是「真正穆斯林體驗」的先決條件，生活經驗的深度讓他們有資格主張自身在宗教、精神與物質層面上的成熟。那讓他們在脆弱之中獲致了一種舒適（teselli）的感覺。二〇一五年五月一日，他們的舊家與暖爐被夷為平地。

哈桑的故事

我現在要來談的第二個故事，主角是同社區裡的另一名維吾爾移民，他是一名叫作哈桑的年輕人。我要談的，是他在社區中做為一名年輕有信仰之行者，此角色為他帶來的象徵性價值。做為一名社區裡比較新的成員，他也致力於所謂「宣教」（伊斯蘭虔信教誨）之事的教學者與操持者，而利用此一地位，他進入了一種穩定的生涯規畫中。如同埃米爾與巴哈爾，他也視他的行者自我認同為一種工具，藉此他可以轉變並維繫住他的自我意識。雖然兩人在社區中花的時間長度相差甚遠，但不論是對埃米爾還是對哈桑而言，他們都因為進入了革新派穆斯林社區中的關係性自治而發展出一種錯置感，讓他們不論想回到他們的家鄉還是去到政府住宅都變得不可能。當然這種離開的恐懼會變得更加嚴重，是因為在更大格局上，結構性的殖民與資本主義的暴力。

我跟哈桑初見面時，他跟我說他是行者。他走在街上，身邊的一台小推車上綁著一疊水果箱。他在兜售一種特別的饢，原料據說是有助消化的鷹嘴豆粉。他跟我說他原本出身的小村位於葉爾羌的郊外——那裡算是南疆數一數二的窮鄉僻壤，不遠處就是與巴基斯坦的邊界，距離烏魯木齊將近一千五百公里之遙。[6]他中學輟學，二〇〇八年父親過世母親改嫁後，他便展開了旅外的生涯。他的繼父打他，要求他賺錢拿回家，所以他就跟他「如命如肝的朋友」（Uy: jan-jiger dost）踏上了旅程。有幾年的時間他跟一些朋友在和田的河床上挖掘玉礦，然後把玉石帶到城裡去販賣。這回他們已經把備貨賣完了，所以他才會改賣饢。因為二〇一四年有新的旅行限制實施於人民反恐戰爭期間，因此他難以往返於南疆跟烏魯木齊之間。他說身為一名穆斯林，如今在老家已經生活不下去了。那兒的警察實在太多。

哈桑以一種非常迂迴的方式在城市裡穿梭。我提議他直接一點，但遭到他的拒絕，他說他知道路。他走起一條不是那麼直接，而是由清真寺跟維吾爾市集生活連結起來的路徑。

我們走在臨近手機推銷員與簡陋的電影院之間無名的巷弄中，避開了大馬路。哈桑不會說也不會看中文，但他懂其他的東西。哈桑對市內的行者區瞭若指掌，包括當中每一處祈禱室與清真寺的精確位置。他在市區裡當過七年的旅人，所以他有一個廣大的旅人同志人脈，上頭的成員只要透過他在微信上的許多聯絡人，就可以隨叫隨到。他堅決地跨著大步跑跑跳跳，就像是個長年手拿十字鎬跟寬刃鋤頭在鍛鍊的農夫似的。他走得快歸快卻不匆忙，至少沒有匆忙到耽誤他每兩個小時停下來祈禱。他日常吃飯也是同一種風格，又快又猛，這一口與下一口中間會短暫停下來小聲祈禱。他在跟其他小販講話時，都很清楚自己想要的是什麼。在禮拜五的祈禱後，他常常撞見熟人跟他說他們有大衣或鞋子的貨源——他們會擬定計畫相互串連，集中資源頂下一大批貨，然後一起在三輪卡車的後方叫賣。他很珍惜能幫助其他行者的機會，但他也沒怠慢在我們周遊各清真寺時詢問每間寺的維安狀態。他需要掌握當下的現狀：協警在何處檢查手機，哪裡的祈禱室正遭到關閉。

「我以前有很多朋友在這裡（各行者聚落），但自從新的『綠卡』政策與那些鄰里遭到消滅之後，他們很多人要麼離開，要麼換到別的地方，」他有感而發。「我好多朋友都不存在（Uy: yoq）了。我不知道他們去了哪。沒有人知道。他們（被）消失了。」他回想起他旅行到這個城市裡的七年當中，事情歷經了多少的改變；不僅他的許多朋友遭到了削減，他們的家庭與友誼網絡的缺席日益明顯，並且像他這樣沒了父親的年輕人也愈來愈普遍。如同社區另一名年輕行者告訴我：

在二〇〇九年七月五日後，超多男人被抓。很多人就這樣死在牢裡，不然就是受不了折磨而自我了斷。他們會直接把人弄到崩潰。所以外頭現在才這麼多像我這樣跑來跑去，家裡一團亂的年輕人。有些人的內心也已經破損。他們現在壓迫我們手段很狠。想活下去一年比一年難。如今在三屯碑（Sandongbei）、山西巷子（Sanxi Hangzi）、賽馬場與黑甲山等移民鄰里中，警察真的很仔細在檢查我們。狀況幾乎跟在南疆一樣糟糕，尤其是在山西巷子。他們在那兒會天天檢查我們的身分證跟手機。我們只是想工作，但他們卻一天到晚騷擾我們。去他媽的。去他媽那些背叛穆斯林去幫助他們的維吾爾混蛋。他們是「叛徒」(Uy: kafir)。你在這一帶行動真的必須小心再小心，他們有監視器可以看著你的一舉一動。要是覺得你行跡鬼鬼祟祟，他們十分鐘內就會帶著突擊步槍出現。很多人因為拿不到綠卡而警察又追查到他們住的地方，只得被迫離開。一旦知道了你住哪兒，他們就能讓你的日子生不如死。我有很多朋友都是這樣走的。我們大多數在街上賣東西的人都沒有烏魯木齊的居住證，也沒有那張卡，但還好他們還沒查出我們的住處，所以我們還能暫且在這裡待著。

很顯然，哈桑跟社區中其他年輕人覺得數位圈禁系統是他們的敵人。他們很多人都相信要是沒了移民社區圍在他們周邊，他們就會沒得選擇，只能回到自己的村子。而這個未來嚇壞了他們，因為一旦回到鄉下，等著他們的恐怕就是不斷在增長的營區系統與將遭到的羈押。

有天哈桑跟我步行穿越維吾爾的市集，市集另一頭是黑甲山清真寺前方的新大門，突然他轉頭對我說，「身在此處，真的會『讓你的心輕鬆下來』（Uy: köngülge yaqidighan），是不？」當我追問他這話何意，他告訴我，「在這裡，在清真寺的周圍，我們會覺得可以自由自在地跟彼此聊天說笑，可以買東西、做生意、吃美食，我們不用像在葉爾羌跟在市區的其他地方那樣非得一直回頭看，生怕警察在盯著我們。在這裡，我們是自由的。」對哈桑來講，在拆除區的中央被同為旅人的夥伴包圍著，有一種舒適感。雖然他人在無家可歸的邊緣，但他仍感覺他在那兒有個容身之所。

事實上在接下來的幾週裡，我在社群媒體app微信上追蹤他，持續跟他見面的過程中，我慢慢意識到哈桑在虔信年輕維吾爾行者的線上社群中涉入之深。

他常常會張貼自己人在烏魯木齊街上或在市內各餐廳祈禱室裡祈禱的即景。他會以伊斯蘭的正行或阿拉的權柄為題貼出激動人心的引文或宣言。他最鍾愛的一句雋語很顯然陳述了他與社區中那宗教經濟之間的關係：「阿拉從來不會只關上一扇門而不開啟另外一扇門。」當我問他為何如此活躍於社群媒體上，還有他如何挑選發布的內容，他表示他感覺自己在社會上的角色應該是一個老師，而他要教授的對象就是其他的年輕穆斯林。許多人並沒有機會能像他這樣學習伊斯蘭的信仰，所以他想盡一己之力鼓勵他們。透過讓他的追隨者看見連一名行者都可以成為宗教導師，他便能啟發其他人更熱中於信仰。當然啦，在

圖6.3｜哈桑的朋友發布在微信上的其中一幅畫面跟伊斯蘭的講道內容。上頭的文字意思如下：「先知蘇萊曼走向他的兒子並問道：『我收到阿拉的一則訊息，我要你去周遊世界，去看有沒有更多人（在精神上）還活著，或是有沒有更多人已死。』在一段時間後，蘇萊曼的兒子回來覆命說：『父親，我去了許多地方，而不論去到何方，我看到的都是死者多於生者。』蘇萊曼說『靠著阿拉賜予我的知識，我知道以前有更多的人在精神上活著。』」

公共論壇上刊登太多內容是一種鋌而走險的行為，所以他會在書寫時採用一種他認為協警就算掃描到他的帳號也可以接受的風格。他嘗試將他的虔信框定為一種省略且隱晦，只有其他信徒可以完全理解的狀態。比方說他跟他的朋友常轉述古蘭經中可以適用於當下維吾爾宗教操持的段落（見圖6.3）。而往往那些附加在虔信訊息中的影像與影片，會展現出某人網路人格的宗教熱忱，或是發表更多明目張膽的宗教訊息，因為他們認為監控系統想要偵測出影像中的維吾爾語文字或影片中的聲音，並不是那麼容易。偶爾，哈桑跟朋友也會張貼與政府立場一致的訊息與影像主張「民族團結」(Ch: minzu tuanjie),「以防有警察在看著」。哈桑說他需要微信帳號來找工作跟聯繫其他行者。他們誰也沒想到自己在二〇一四年貼出的東西,會在二〇一六年的大規模羈押中被用來當成極端主義的罪證。即便他們已經小心再小心,年輕行者所張貼的內容仍不是徹底安全。一如我在第三章介紹過的阿齊茲,哈桑說在人民反恐戰爭之前,在公共論壇上稍微公開一點談論伊斯蘭信仰,還是有可能的。在3G網路於二〇一〇年首次建立後,他跟他許多的朋友開始組織線上讀書會。利用智慧型手機,他們分享錄成MP3檔的烏茲別克與維吾爾語的伊斯蘭教誨,那些不被科技—政治與法律系統的參數准許的伊斯蘭教誨。他們稱這些教誨為tabligh/宣教。當我問起tabligh是什麼意思,他告訴我那只是維吾爾裡的一個單字,意思是「伊斯蘭的教誨」。

事實上,哈桑最有可能在指涉的——雖然他無法自行去追蹤這條族譜——是由「宣教會」(Tablighi Jamaʿat)之類的全球伊斯蘭虔信運動所啟發的教誨。[7]一九二七年於印度成立在穆罕默德·伊勒亞斯·坎德拉維(Muhammad Ilyas al-Kandhlawi)手裡的宣教會有一個對外宣告的宗旨,那就是要透過「勸誘」(dawah)去召喚穆斯林,讓眾人集合到一場屬於非政治精神鬥爭(jihad除了與伊斯蘭之敵的聖戰之外,也有人在內心與罪惡對抗的意思,這個字的本意就是奮鬥跟努力)的永恆國度中。為了達成這項任務,徒眾逾千萬的宣教會運動高層發展出一個蜂巢狀的組織結構,並藉此把焦點放在草根性小團體中的口語傳播(Balci 2015)。宣教會的領導階層鼓勵那些對運動有興趣的人去祈禱室參加日常的會議,那兒會有宣教會的幹部用模型說明什麼是正行。如同其他形式的革新派伊斯蘭信仰，宣教會也尋求讓成員去適應一種以穆罕默德的人生為模範的伊斯蘭生活風格，藉此過起一種跟周遭的不虔誠者有所區別的生活。哈桑與許多其他的維吾爾年輕人都告訴我說在過去幾年，隨著智慧型手機科技的普及，數以千計的維吾爾鄉間居民變成了類似地下示範團體中的一員。雖說維吾爾宗教操持的轉變是否與特定的全球虔信運動直接相關，這點並不清楚，但單看組織結構與口語傳授這兩項共通處，維族起碼受到了這類運動的間接影響，這點是可以確定的。維吾爾版宣教會運動的崛起演繹出維吾爾傳統的復興，包括進門要用右腳跨過門檻、側睡時要往右躺，還有自然不會少的，國家當局、監控企業與維族穆斯林之間的激烈矛盾，他們爭的是女子在公開場合要不要把面紗戴好，男子要不要蓄鬍。

在大部分的案例中，這些教誨似乎都是透過口說錄音在流通，而這些錄音按照監控演算法與反恐框架的陳述，是出自無師自通的伊瑪目或「野阿訇」（Ch: ye ahong）之口，就像在第三章出現過的阿齊茲的父親。[8]維族的這些教誨往往衍生自伊斯蘭世界其他地方找到的教誨，然後再進入到維吾爾的私人—公共領域中產生出自己的生命（另見Harris and Isa 2019; Harris 2020）。總而言之，一種非政治性的革新派伊斯蘭信仰慢慢占據了最主流的地位。維吾爾人中最嚴肅看待這種教誨的一群，常被稱作是「那些穿短褲的人」（Uy: kalte ishtanliqlar），因為他們學南亞跟中東的穆斯林穿起了褲子。宣教會等虔信運動組織的一大要求是穆斯林必須穿褲腳在踝部以上的褲子，因為據說先知穆罕默德覺得衣物拖地象徵人的自傲。哈桑還沒有開始這麼穿，但他已經開始把收聽到的教誨融入他的生活日常，並透過他在網路上的公共人格進行表達。他也意識到協警跟監控系統有特別鎖定做此打扮的年輕人，因為系統參數認定這些表現形式是所謂具體化極端主義的主要標誌。

恐怖資本主義之目標的擴張

隨著削減透過數位圈禁的操作化來轉向形式上更廣泛的大規模羈押，其帶有的威脅性也開始升高。哈桑說雖然在烏魯木齊的行者社區中，監控與暴力長年都讓人憂心忡忡，但時間拉回到二〇一四年底，當時他家鄉的狀況還是比現在好。他如實地告訴我：

> 在烏魯木齊，一切感覺都很自由，你可以做生意，可以祈禱，你可以溝通，你可以想怎麼活就怎麼活。在葉爾羌，這些都不可能。你走在那兒巴扎（市集），警察永遠會把你攔下來問你要身分證。所有人都隨時在監控你在做什麼；你也很難賺到什麼錢，因為大家都沒錢也沒機會賺錢。他們會試著控制你。今年在（三個月前的）拉瑪丹期間，他們把我鎖了起來，讓我沒辦法祈禱。他們逼我打破齋戒。警察是穆斯林的敵人，他們永遠不會幫你——他們只會讓你的日子更難過。

他最後一句話說得非常安靜，且邊說邊把手舉到了臉上。我問他是不是害怕回到葉爾羌。

其實我下禮拜就要回去了，他們在逼我走。葉爾羌的警察天天打來跟我說我必須回去。他們讓我爸媽打給我，跟我說一樣的話。我問為什麼，他們也不會給我個理由。他們說只要我回去，一切都會好好的。他說我繼續留在這兒，他們會通知烏魯木齊警方，讓我被逮捕。我沒有選擇。要是我去到別的城市，他們也可以追查到我，因為我有登記綠卡。我其實什麼文件都有，我理應可以合法住在這裡，但現在他們卻要我回去。所以我很害怕。我很多朋友都回到了葉爾羌，因為警察叫他們回去，如今他們都不見了。我不知道他們在哪兒，誰也不知道，他們就這樣消失了。我妻子對這情況沒說一句話，但她也很怕。她也不想回鄉下。她知道我們一回去，他們就會把我們的綠卡收走，讓我們哪兒也去不了，而且我搞不好會消失不見。

哈桑把頭埋進雙手。他淚眼盈眶，但沒有哭出來。他輕聲說道：

我在想這個問題應該牽涉到今年拉瑪丹尾聲（在葉爾羌）發生的事情；[9]一定是有人指控了我什麼，或是舉報了我在網上的行為。這個世間沒有自由。對維吾爾人來說，生活很不好過，而且我們還沒有自由。我甚至不曉得自己被指控了什麼，但我仍得接受他們的判決。我沒有選擇。哪裡沒有自由，哪裡就很緊繃（Uy: jiddiy weziyet）；哪裡很緊繃，哪裡就會出事；那裡一出事，哪裡就有警察；哪裡有警察，哪裡就沒有自由。

哈桑夢想著到國外旅遊、夢想著看看世界，夢想著去爬山、航海，但他知道這些夢想永遠都不可能成真。他說想都不用想，手機就是他用來因應城市生活最重要的一項設備。手機給了他知的自由，給了他移動的自由，給了他自認活得像個穆斯林的自由。就是這樣的自由讓他得以去教導他人，讓他感到自己的生命被賦予了意義。那將是他消失在葉爾羌之後，最想念的東西。

那感覺很奇怪，看著一個被定罪的人思索著自己即將到來的被捕，還有他網路聲量的消聲匿跡。就在這裡，在這關係性自治的邊境，我看到了可以用來阻卻殖民關係支配的各種再現、少數政治或友誼形式走到了極限，表現出了無力感。正如埃米爾之所以拒絕被拍成紀錄片，是因為忌憚科技—政治監控系統的圈禁，哈桑在此是因為眼看著要被消失對我暢所欲言。他已經放棄了希望，他明白原本就有限的自治正在減少。人在城市裡，他做為一名城市行者的自由是由伊斯蘭的儀式所中介，是由他揮之不去怕被消失的恐懼所中介，是由他對妻子跟一歲女兒的責任所中介。他需要錢去度過每一天，而他發現他有在行者社區內的關係性自治供他既維持生活方式，也去獲致一種社會歸屬感。如今他感覺到的是自身立場的脆弱。

接下來的幾日當我們走在後街裡，我們仍持續討論著他即將返回葉爾羌之事。比起之前任何時候，他都更常用身為獵物的眼神回頭觀望。我們再一次聊到了警察持續騷擾維吾爾年輕人生活所產生的效應。他說：

> 人在警察局，你會學著絕不主動開口。你一開口，一對遭到的指控有任何回應，他們就會把你打到不醒人事。所以你很快就會學著什麼都不說。在美國他們沒有這樣的警察，是吧？這裡超多這樣的警察，但葉爾羌更多。

如同阿比利金——第四章的主角——哈桑說他跟我講話很放鬆，因為我是外人。他覺得我被抓然後被迫把他供出來的機率很低。但如果是跟他的其他朋友聊天，他就沒那麼有把握了。

終於，該來的日子還是來了，哈桑跟他的小家庭搭上了開往葉爾羌的臥鋪巴士。他們帶上了所有的家當：兩個小袋子。在道別的訊息中，他寫道：「老天保佑，我會活下來的。」

不到兩天，我又收到了一則他偷傳來的訊息。他人在一個綠洲小鎮上的醫院內，小鎮的位置在他老家跟烏魯木齊之間的半路上。他們出了場車禍。他太太不幸身亡，他則斷了幾根肋骨，外加肩胛骨骨折。他還是嬰兒的女兒缺了根手指。「這是真神的旨意。讚美阿拉，」他在訊息裡寫道。兩週後我去那個小鎮看他。他告訴我這麼做應該還算安全，因為小鎮上沒人認識他。看得出很不舒服的他跟我約在醫院旁的餐館見面。臥鋪巴士的司機開到睡著，讓車子撞進高速公路路肩上一台裝滿煤炭的傾卸卡車。[10]他妻子撐不到五分鐘就死了——她的喉嚨被一塊煤炭飛過來壓扁了。他用平穩的聲音，回憶著事發過程：

> 一開始我沒看到她的喉嚨被壓扁，那是別人後來跟我說的。我只看到她在吐血。我們在寒天中坐了四十分鐘，才等到救護車來。我眼睜睜看著妻子死去。當下我束手無策。要是我在她鋪子上，連我也會一起被煤炭砸死，但由於我孩子跟我睡——我們一家三口當時都在睡——所以我們父女沒有傷得那麼重。很多人都斷了手腳，四個人當場死亡，三個人送醫不治。

哈桑還很年輕。人不過二十出頭。但如今他光是走路就會臉部扭曲加身體瑟縮。他會伸手去撫腰，把手插在外套口袋裡來撐起雙臂。他穿著雙新鞋，因為舊鞋在車禍中不見了。他把他的身分證跟綠卡也一併丟失了。他表示醫院沒有提供他任何「安慰」(Uy: teseli)。那兒有一眾漢族護士讓他覺得自己是個不值得照顧的陌生人，她們說話的口氣就像他人不在房間裡似的，包括她們會針對他不會說中文這點出言不遜。但即便如此，他還是感覺自己終將恢復到能夠旅行的狀態，屆時靠著他母親的照顧，一定會徹底痊癒。他接著說：「我會回到葉爾羌監獄——我們管葉爾羌叫監獄——那裡沒有網路，甚至連簡訊都發不了，但即便如此那兒的日子還是好的。我家人會照顧我。」因為受了傷，所以他確信警察不會抓他。我們聊起了他家的處境跟他自身的未來。雖然痛失愛妻，但他依舊準備好了要重啟人生。當我在公交站跟他告別時，他跟我說的是：「我們烏魯木齊再見，願神保佑！」

他在城裡的朋友跟我說很快在三星期後，在他傷勢復原後，哈桑就被國家警察帶走了。他消失不見的第一個徵兆是電話被屏蔽了。我打給他，收到的訊息是該號碼已經因為非法活動而遭到切斷。等我跟他在城裡的朋友打聽，他們說他已經被帶進「黑大門」（Uy: qara derweze）。他們不清楚他會被無限期關在再教育營裡，還是會被判一個有期徒刑。沒有人知道他被控什麼罪名，也不知道到底存不存在一個具體的罪名。他的家人與朋友都無從干預他的處境，也無力反抗。他們甚至不敢多問，畢竟光是流露出關心都會被視為極端主義的表徵。很顯然哈桑已然被消失了，他已經從行者社區中被「減少」了。

削減

由於監控系統的參數被設定為要認出種族化的標記，如今幾乎所有維吾爾族都被罪證確鑿地視為有極端主義傾向，並生活在羈押與再教育的威脅陰影下。也因為這樣，數十萬維吾爾人，特別是五十五歲以下的男性，被置入了無限期的羈押或削減中，其中所謂的削減便是：一種與現行社會生活共存被強迫執行的消失。由於維吾爾家庭常不被告知他們的家人被關押在哪裡、被控什麼罪名、會被關押多久，或他們還能不能再見到消失了的家人，因此維吾爾人常常形容被帶走的人是處於一種「不存在」（Uy: yoq）的狀態，或者他們會說那些人被「減少」（Uy: kmeytti）了。不過重點是，這個消失的過程不同於其他形式的種族滅絕暴力，你看不到不被需要的身體被單純殺死後埋進萬人塚。在這個脈絡下，國家當局與其在民間的代理人會設法在削減的過程中，讓維吾爾人產生生產力，具體而言是靠收割他們的數據，還有逼迫他們勞動。

如我在本書中一直主張，維吾爾人遭到的削減是以三種方式被算計為恐怖—資本主義與殖民邊疆中的一種策略。第一，以數字計算關於多少比例的人口需要被再教育。放眼整片自治區，國家當局使用了補貼與罰金實施有明確數字的情資跟羈押配額，而他們的目標就是要在自治區裡的維吾爾與各穆斯林少數民族，在整體成年人口中達到一定的比例，且維族年輕人又是這裡頭的重中之重（Leibold 2019）。第二，削減的作為會將那些還沒有被物理上減去之人控制在一種暫停而行動不自由的狀態中，做為一種剝奪形式會導致勞動力與數據遭到侵占。失蹤者的缺席，組織了殘存者的人生，動員著殘存者去從事警察工作，也讓他們在恐懼的驅使下努力展演一己的愛國心跟對國家的忠誠。第三，維吾爾人那無法計算的生命價值被用數值算數進行轉換，由此他們的生命被化約為數據、不同形式的種族化糾察、對工廠裡受到再教育的勞工之規畫，也化約為對殖民者感恩戴德的情緒勞動。他們的生命被變成了識別碼，被劃歸到監視攝影機與協警帶有成見的凝視裡。機器學習圈禁了他們，將它們變成了各種行為模式，讓他們化身為國家主導資本主義積累的新邊疆。恐怖資本主義的動能首先貶低了他們所知與所為之事的價值，並透過新科技與基礎建設的使用剝奪了他們的自治性，藉由追蹤他們對科技與基建的使用來迅速削減他們身體的社會性自治。

在本章中，我勾勒出一種脆弱的關係性自治，且正是這種關係性自治的興起，讓自我認同為行者與旅人的維吾爾移民有了一個求助的對象。透過自我認同為無家的虔信穆斯林，讓一種由數位社群網絡培養出的日常伊斯蘭信仰變成自己的寄託。這些社群網絡所回應的，是他們生命所感受到的殖民支配，但弔詭的是這也讓他們成為了數位圈禁的目標。最終，旅人的自治成為他們被拘禁的唯一理由。成為實體與虛擬維吾爾行者社區的一部分，可以提供一種基礎供人建立一種暫時性的政治，而這種政治的訴求，就是讓人緊抓住那正被奪走的生活。我在這一章討論的兩個案例，埃米爾與巴哈爾這對老夫妻，還有哈桑這名被「減少」的年輕人，分別來自行者社區之宗教性經濟光譜的兩個極端。老夫婦用過去三十年蓋了個在城市裡的家，他們對線上討論群組的參與並不深。但，就像哈桑——他在那兒只待了五年，但擁有一個虔信的網路人格——在恐怖資本主義的氣候中，社區只能在短時間內維繫他們的生活方式。雖然社區想庇護他們生活的嘗試以失敗告終，但住在烏魯木齊貧民窟斷垣殘壁中的維吾爾移民，仍不啻將某種形式的自治握在手裡。

惟有個重點必須一提，那就是這種自治不同於第五章的陳業所為，它並非誕生自某種出於選擇的政治計畫。這部分說明了何以維吾爾語裡的musapir／行者一詞並不隱含跟陳業所用的中文「盲流」二字相同的意涵。這兩個詞都可以經過翻譯產生「旅人」或「盲目漫遊者」的解釋，但它們分別出身於中華民族中非常不一樣的「文化化」思想跟社會定位。對某個群體而言，一名漫遊者的生活方式可能先產生出某種短期的經濟穩定，然後再面臨到社會的削減，如哈桑就是一例；而對另一群體而言，一種頗為類似的生活方式則可能創造出我在第二章提及的長期經濟穩定，外加在某些案例中會產生我曾描述過的一種有意為之的「少數政治」。對維吾爾移民來說，成為行者是果，得不到固定居所、工作與宗教自由是因。整體而言，漢族移民就沒有這樣的問題。這種差別性際遇起源自不分城市與鄉間，在節制著維吾爾族人生的墾殖者—殖民式圈禁與評價。

在此同時，行者社區自治性的效果，類似於少數政治在陳業與漢族「盲目漫遊者」身上所為，在兩邊的案例裡，科技—政治監控系統決定人該如何在一起生活的直接力量都被隔開，或是被延後了時間。這種相似性證明了雖然自治中也存在分歧，但不論在維吾爾或漢族的移民社區中，我們都能看到居民以各種方式去「逃離中國的國家權威與中國民間科技業者的監控能力，追求其他類型的穩定存在，設法以其他方式逆來順受」。哈桑與埃米爾各自對伊斯蘭虔信不斷提升的興趣，給了他們各種辦法修改他們在社區中的地位，也去延長他們在城市裡的逗留。這兩個案例在不同的程度上，都證明了米勒（2014）形容為「經由不穩定的當下展現出的生活藝術，一種在如履薄冰的時期中讓持續、共有的存在變得可能的藝術」(2014, 48)。

結論

我在本章的一開始討論過日常的伊斯蘭信仰，也講述了日常的伊斯蘭信仰如何與宗教經濟體相關。伊斯蘭信仰很顯然是年輕維吾爾移民生活中不可或缺的一部分。對於大部分自封的行者而言，伊斯蘭信仰是他們自我認同的核心元素。往往他們會告訴我他們經由非正式的線上讀書會皈依伊斯蘭的故事。正好與大衛・蒙哥馬利（2016）近年在吉爾吉斯進行的伊斯蘭民族誌內容反其道而行，維族移民往往會對宗教產生興趣，是因為信仰中的道德框架給了他們一種生存上的穩定感。宗教也成了一種移民的朋友與家人期待他們去奉行的東西，但這種實用功利主義屬性的衝動似乎並不是維吾爾移民信仰宗教的主要推手。不同於在蒙哥馬利的民族誌中享有較高度自治的吉爾吉斯穆斯林，維吾爾移民的信仰基礎在於拒絕遭受科技—政治系統的削減。投身虔信穆斯林的全球化社區，讓他們得以將很多人所謂對現狀的「無助感」(Uy: ümidsizliq）轉化為一種歸屬感。隨著他們開始奉行伊斯蘭虔信，他們說他們慢慢懂得了信仰的意義，也產生了是與非的意識。在與像哈桑這樣的年輕人交談時，我發現他們會頻繁詢問我身為一名背景是不可知論的前基督徒，丟出各種關於人生選項的假設性問題來測試我的道德底線。往往能說服他們我這人值得相信的，是我針對以色列對巴勒斯坦領土的殖民，與對他們自身在中國西北所面臨的處境所表達的立場。對他們來講，伊斯蘭信仰提供了他們一種在城市環境中有社會角色可以扮演的強烈感受，也讓他們找到了精神穩定性的源頭。一名年輕人這麼告訴我：

> 在離家成為行者之前，我整天無所事事。我除了睡跟吃，就是上清真寺。我跟一幫也輟了學的男生混在一起。我們以前會去跟其他幫派打群架，會偷東西，會試著幫彼此找到工作。但後來我開始一天祈禱五遍，那年我十二歲。那是我們的傳統。所有人都知道一滿十二歲，你就得開始祈禱。事實上在開始周遊四處之前，我曾經只是有一搭沒一搭地祈禱。那是因為我沒有真正弄明白。現在我搞清楚了。你必須一天祈禱五次，不然你就等著下地獄。

但當然，加入宗教經濟體所獲得的相對自治，拯救不了像哈桑這樣的年輕人。他們常常覺得自己毫無遮蔽。

在行者社區的宗教經濟體裡，存在著一種脫離社會圈禁的舒適與放鬆，但那種舒適與放鬆相當脆弱。一如在米勒的案例中那些在巴西里約（Rio）被邊緣化的人群（2014），維吾爾的行者社區中存在著一種「淡漠的政治」，那可不只是被蓋伊．史坦丁（Guy Standing 2011, 19）

指認為勞動不穩定性的「憤怒、失範、焦慮與疏離」等狀態。實際上，維吾爾移民是很積極的在組織一種互助性的平行經濟。行者的生活同時做為污名與舒適的來源，讓鏈結得以發展在主體之間，也讓生涯規畫或許不能被永久維持，但至少可以短暫獲得延長。行者的生活也讓維吾爾人傳統的伊斯蘭信仰知識，得以在壓迫、墾殖者殖民主義與全球宗教運動的新狀態下進行調整跟改變。維吾爾宗教經濟會讓各種形式的關係性自治得以暫時曇花一現，但這些自治最終只變成科技—政治系統用來確認維吾爾社會中整個社會再製現址的一個辦法。宗教經濟或許可以提供若干保護傘，但它也會讓社區成員淪落入不設防、憤怒與受到驚嚇的狀態。

有次我跟哈桑的一名熟人走在我們常去的一間清真寺附近，走著走著我們遇到一組武裝國家警察。有那麼一瞬間，我身邊的年輕人陷入了驚慌。然後他抽出他在鄰近職校參與一門電腦課程取得的學生證。等警察走遠，應該聽不見了，他便大小聲了起來，嗓音中聽得出一絲顫抖：

> 媽的、媽的、媽的，我恨死他們了。但我們根本沒東西跟他們對抗，所以我們其實沒辦法跟他們爭。媽的、媽的、媽的。我知道自己不該罵髒話，但那些狗雜種讓我氣炸了。

到最後，宗教行者的身分往往會以失敗告終。雖然哈桑在微信上有許多人追蹤，但他從眾人追捧中汲取的權威只是暫時的現象，他活動過的痕跡將難以徹底抹去。他一被捕，帳號就立刻遭到封禁，而且很可能會被用來當作是他從事所謂極端主義的證據。最終，埃米爾與巴哈爾也失去了他們的家，被迫離開社區，進入到國家體系中成為朝不保夕的政府住宅租戶。當有紀錄片製片想要在螢幕上再現他們的掙扎，他們感覺自己必須拒絕讓自己的故事被搬到微信論壇上公開展示。再現自身的不配合所隱含的威脅，超乎了行者社區所提供的自治極限。同一時間，哈桑積極地在他許多線上追蹤者面前將自身再現為宗教行者。如同其他數十萬維吾爾年輕人，他沒能想像到這種活動本質上就是將自己在恐怖資本主義圈禁裡的元數據中標註出來。被這些科技—政治工具的程式進行評估，下場就是兩年後遭到的大規模羈押。

行者社會性讓我們看到的再現失敗點出了一個問題，那就是嘗試將一路以來在烏魯木齊失去了家的幾十萬人記錄下來的過程中，紀錄片與民族誌到底有沒有用，我自身對於反殖民友誼跟少數政治的投資究竟值不值得。埃米爾與哈桑的故事功虧一簣，沒能呵護好他們的生活，乃至於數十萬名在人民反恐戰爭中被消失的人的生活。當然，相對於自由派的西方讀者或許想拯救他們，中國國家當局與他們的代理人會想要知道關於行者生活的一切，藉此來支配他們。再深入一點來說，紀錄片與本書這一章想要鞏固他們的生活、讓他們有重要性而不可得的事實，反映了行者所能達成之自治性的極限。紀錄片與本章只能訴說一種特定的故事，提供一種有限的、緩解用的保護傘。他們的故事裡，不會有幸福快樂的結局。

不為了消費而是為了提高他們的聲量而去訴說他們的故事，就得承擔如上的賭注。所以說，這篇民族誌做為維吾爾生活在殖民統治下的一次再現，永遠沒有勝算。就像維吾爾的移民社區，生活的再現只是他們的聲音一次暫時的放大，一次簡短侷促的迴響。聽取他們的故事，試著重述那些故事，可以狠狠地提醒人民族誌必然的失敗。惟那當中也有一種能緩解痛楚的安慰，來自於與那些故事靠得如此之近的過程，即便時間如此短暫。我希望那種親密感，與這些不吝與我分享如此多生命經歷的人們，一次次的促膝長談可以將他們身為自身生命作者的身分，在這個過程中交還。

結語 Conclusion

這本書所思慮的根本問題，是資本主義邊疆的創造過程如何在中國西北建立起當代的殖民關係。在我剛開始本書的研究與撰寫工作之際，也就是在二〇一〇年代初期，我主要感興趣的是去理解移民如何無畏於受剝奪的狀態，在城市裡活出意義。起初我的研究重心是陳業在黑甲山等維吾爾旅人聚落中實現的少數政治，還有阿比利金等一眾年輕人偕他們「如命如肝」之友人在建立的正向倫理。在我的研究過程中隨著人民反恐戰爭的升溫，我也看到了這些嶄新形式的社會性，並不足以呵護那些被鄉村生活剝奪的人的生命。時間長了，我多達幾十個人脈與朋友被圈禁系統驅逐出城市，被羈押在大規模的拘禁營裡，被逼迫在不自由的環境下勞動。廣大新數位媒體發展看似許諾給馬赫穆德等文化創作者與哈桑等旅人一種屬於叛逆與慾望的空間，因為這空間與新舊形式的監控與羈押糾纏不清遭到了破壞。當二〇一五年，我的報導人開始在我田野工作的尾聲消失不見時，由像陳業等當代藝術家所培育的反種族歧視政治或由阿比利金與巴圖爾所示範的友誼網絡，顯然都已經無法在削減他們的社會性力量中徹底保護維吾爾人。

維吾爾社會再製受到鎖定帶領我以拓寬的焦點去思考物質性的剝奪與慾望的誘導，如何驅使維吾爾人在二〇〇〇年代初期開始往城市移民。與城市裡的自治空間分不開的，是舊有的殖民衝動跟毛澤東式多元文化主義。這些剪不斷理還亂的關係獲得強化，受到新形態伊斯蘭虔信崛起的影響。主要是在二〇一〇年代，3G網路與社群媒體app讓維吾爾人得以跟廣大的穆斯林世界還有全球宗教運動搭上線。城市中對更大自治性的應許，在二〇一四年變成了一種進一步的剝奪，人民反恐戰爭的開打讓被視為所謂準恐怖分子的年輕維吾爾旅人在外界觀感中變成一種威脅，與這種威脅感相關的一道新的種族化序列，也因此變得強硬起來。文化產出得以被培養出來的新空間，益發成為基於科技的陷阱。以都會疏離為題的小說、帶有族裔—國族主義意涵或與廣大穆斯林世界有所連結的短片或廣告，還有分享在微信上的虔信訊息，都被用作使得維吾爾年輕人「消失」(Uy: yoq）無限期羈押的罪證。

伴隨著過程的強化，年輕的維吾爾女性與男性日益被迫要做出二擇一的決斷，他們要麼效力於國家當局，在國家警察的嚴密督導下擔任協警、再教育營講師、情資工作者，要麼就得被送進營區或工廠體系。如我在第一章所說，多達九萬名年輕女性與男性選擇了民間的警察工作來避免被羈押的生活（Greitens et al. 2019）。惟一加入系統，成為了「數據管理員」(Irani 2015)，他們很快就會意識到自己被賦予的任務是要拆散家庭、審問鄰居、監控他們的朋友。在加入數位圈禁產業之後，他們會意識到在人民反恐戰爭中當警察是一輩子的事。他們不准辭職。那些辭職的人會被逮捕，然後在對國家不忠的嫌疑下被送去羈押。年輕人一開始從事警察工作，就會被迫終其一生自我糾察。當我在二〇一八年走訪自治區時，甚囂塵上的傳言就是年輕維族協警有自殺問題。

人民反恐戰爭創造出屬於它自身的政治與經濟生產力。每個維族年輕人都會在當中找到一個立足點跟角色。這種人類改造工程計畫由從軍年齡之身體所組成，聚焦於當事人發現自己在營區裡接受重新訓練的廣大人口，但也同時牽涉到一支由維吾爾年輕人構成的大軍，而這些年輕人會執行將上述身體從整體人口中削減的任務，會執行營區中的規定，還有監視那些留在城市維吾爾區的人。住在營區外頭且加入了維族與漢族警力的維吾爾人會被要求透過數位圈禁去中介他們的生活。他們會透過社群媒體、身體外貌，還有他們對政治典禮的出席，來公開上演他們的愛國主義。那些留在營區外的普通人會成為文化工作者，透過日常生活表演他們接受的再教育。他們會被要求展演他們對國家意識形態與對漢文化的渴望，而且是天天如此（A. Anderson and Byler 2019）。透過這種方式，人民反恐戰爭給所有人都創造了角色：被羈押者、警察、被羈押者的親戚。每個人都參與了這個計畫。

人民反恐戰爭的經濟正常化了協警與廣大人口之間的對峙。每一天都充滿了各種遭遇會再製出順服權威的舉措。維族年輕人預計得在隨機的檢查哨被檢查身分證，一天可以多達十次。這些對峙與羈押的例行化會產生一種效果，把人類改造工程計畫的暴力變成一種標準作業程序的系統掩蓋家庭與人生的破碎。把人送進營區的決定似乎既屬系統性，也有其隨機性。其讓人感覺有系統性的部分是每次的對峙與消失總是依循相同的軌跡。由於針對犯罪性進行的科技與人工評估有鋪天蓋地的特性，因此被認定為維族的任何人都有被羈押的可能性。這麼一來，羈押常又給人一種偶然的隨機感。如同新疆地方當局自計畫開始以來所表示，大部分被羈押者都不知道他們在被羈押跟再教育前犯了什麼罪（Qiu 2015）。剛開始，與地方警察的私交可以決定你會不會被送去羈押。但後來，人往往會被推定為有罪，再由數位圈禁程式的「黑箱」把這個罪羅織出來。所以某人不該被羈押之事想站得住腳，就要視其被認定的順服程度，以及是否有令人憐憫的條件——像是體弱、年老或殘疾——值得審問者網開一面。由於判決人有罪或無辜的司法流程並不存在，因此官員有很大的權限可以決定某人要不要被送進羈押營。這麼一來，協警的絕對權威就被固定在未被羈押之人的心目中。我交談過的維吾爾人說這些脆弱性與削減的邏輯具有一種效果，那就是進一步針對整體人口去「打破其精神面」（Uy: rohi sunghan Byler 2020b）。

這種脆弱性進一步被強化，是因為——訴說維吾爾集體歷史的——文化作品開始被國家當局視為極端主義的象徵並加以削減。二〇一七年，就在——我在第四章討論過其小說的——帕爾哈提·吐爾遜與幾十個其他公共知識分子在一波對公共人物的羈押中被掃到時，國家當局啟動了一個計畫是要溯及既往評估近幾十年來由國有出版社發行的維吾爾語出版品。根據二〇一八年四月與維吾爾作家們的訪談，維吾爾語出版品總數約有三成在這個過程中被下架（見圖C.1）。知名的突厥英雄冒險事蹟與講述維族自發參與毛澤東革命的

圖 C.1｜2018年烏魯木齊延安路上的新華書店裡，維吾爾語區內空蕩蕩的書架。作者攝。

歷史小說都成了禁書，理由是這些作品在提倡族裔—國族式的分離主義。有些書討論的是國家批准的伊斯蘭信仰形態跟維吾爾文化節慶，但依然被禁，理由是鼓吹宗教極端主義或族裔分離主義。所有的電視製作、音樂、數位媒體都一律經由數位圈禁遭到重新評價。許多樂手、詩人、藝術家、演員與製片都因為這種遲來的審查而遭到抓捕。我對談過的知識分子形容這過程有點像一九五〇年代尾聲的百花運動，當時是毛澤東鼓勵知識分子對共產黨提出批評，結果這些人後續都遭到了整肅。維吾爾作家們說在一九九〇與二〇〇〇年代，他們常被國家的文化部要求以伊斯蘭信仰或族裔為題進行書寫，藉此去緩和民間對宗教虔信或族裔自豪感的討論。如今他們卻得為了替國家辦事受到懲罰。

同一時間，國家工作者在民間社群媒體公

司的協助下──包括微信與抖音──開始肆無忌憚地推廣政治教條與具體化的中國文化傳統來做為獲准的文化實例（Wang Xiuli 2018）。在一篇政治聲明中，新疆社會科學院的學者王秀麗表示文化工作者「必須自信地執行面對面的政治宣傳」來服務「中國的現代文化」（Wang 2018）。她主張只有透過這種關鍵工作，才能緊密地整合「現代化的實際成就跟廣大群眾的個人感受，而這得用上一種……深入人心的意識形態」（2018）。此外，她提出文化工作者必須認真去留意「無意識的教育」。

首先，意識形態的政治宣傳必須獲得善用，好讓文學與藝術、電視與電影中可閱讀跟可觀賞之優勢獲得發揮。這種宣傳必須對我們的意識形態存在敏感度，必須吸收我們的……意識形態。第二，意識形態的政治宣傳必須強調國家改革開放的巨大成就……好讓人民可以感同身受，可以發自內心深處想去提升、體認到黨與……系統的價值。

王秀麗表明要啟動這個過程，第一步就是要去「清理跟端正」現存的媒體市場。第二步是用意識形態的媒體與教育去收編生活的各個層面。她寫道：「我們必須用科學理論、先進的文化，還有美麗的心進占所有意識形態跟文化的據點，並真正去做到。」（2018）最後一句「真正去做到」所對應的，是在維吾爾人的描述中，數位圈禁計畫「打破他們精神面」的整體過程。他們說有某種事情，被行在了他們身上。維吾爾人在這件事裡是被動的行為者，他們沒有選擇，只能被迫用愛國的紅色去改寫自身的審美感知。他們在家中掛起習近平的海報，並貼出他們的小孩親吻「習大大」（Uy: Xi Dada）照片的視頻。維吾爾人會辦舞會，並在當中讓樂手即興用歌詞感謝習大大、習叔叔教導他們如何當個「現代」的中國公民。人類改造工程與支持這種工程的文化工作，被施加在了他們身上。他們的自治精神遭滅，被取代成一種嶄新的諂媚精神。如王秀麗之流的人是「真正在做著」人類改造工程的工作。他們有科技、有營區、有工廠，三者都是他們的後盾。剩下的維族開始感覺到他們彷彿沒有選擇，只能加入這樣的情感與文化工作去生成要加諸他們自身的當代殖民。

這種策略性與長期的恐怖資本主義邏輯，是把重心放在王秀麗（2017）所稱的「長治」（Ch: changzhi）穩定。她形容人民反恐戰爭是一種「延長的戰爭」，鎖定著出生在一九九〇年代與二〇〇〇年代的維吾爾年輕世代。其中隱含一整個世代的維吾爾人都會被群體羈押系統乃至於管理這些系統的勞動力按在原地（另見Cha 2020）。她的想法呼應了來自區域發展委員會在更大格局上的主張，那就是營區系統將是一個「經濟穩定的載體」，因為它吸引了許許多多來自中國各地的紡織與成衣製造商。反映了許多私人科技產業領導者的行銷訴求，那就是新疆是一個「市場潛力無窮」的空間供人發展自動化評估與圈禁的工具——目的是創造出順從但又不失有生產力的人口。[1]

但在二〇一八年四月的烏魯木齊，當我走在屬於維吾爾各區的街上，穿越維吾爾的原鄉，不論是那些被系統鎖定為目標之人，還是那些負責系統運作之人，臉上都毫無喜悅之色。正在發生的一切所含有的悲傷呼之欲出，頂多就是每個人分到的部分稍有不同。許多跟我在計程車裡、在公園中須臾談過的維吾爾人，都表示他們「沒有希望」(Uy: umidsiz)。當我最後一次去到我們在土耳其茶館的老位子，腦中想著從我第一次見到阿比利金以來，事情有了多少改變。組曲有了點不同，茶館也幾乎空了，但仍足以讓我回憶起我們曾有過的對話，還有這段時間發生在他身上那可怖的一切。他最深沉的恐懼已然實現，他再也不能控制自己的人生。他的故事已經進入了「減少」的過程。為免變成在角落啜泣的外國人，我去到店外，抽起了兩根紅河香菸，一根給他，一根給我。

逃離

數位圈禁的程式設計沒有能完全捕捉住新式維吾爾虔信與其對殖民支配之抗拒背後，有著什麼樣的動機。如本書所示，新式的維吾爾社會組建並非觸發於意識形態。實則，反抗與拒絕的動機來自於激烈的社會損失，也來自於一股想要保護維吾爾社會再製的慾望。種族化剝奪的新序列挾其暴力，在二〇〇〇年代與二〇一〇年代直撲維吾爾人，而正是這個觸發點，迫使維吾爾人投身新的辦法讓他們的生命不至於無足輕重。許多維吾爾人寧可在回應損失或損失的威脅時不拿出反動的暴力，而是拿出其他形式的手段去拒絕繳出他們的自治。若有機會，他們寧可離開，嘗試從那科技—政治的改造工程計畫中逃離。馬赫穆德身為第三章的主角，做的就是這樣的事情。二〇一六年十月，靠著一些身居高位的朋友跟一名在美贊助者的幫忙，馬赫穆德獲准取得了護照與簽證赴美，名義是去學習語言。接下來的幾個月中，馬赫穆德向美方申請了政治庇護，展開了屬於移民的新生活。對他來說，飛往美國就是飛向自由與自治的行動。那感覺就像一場實現了的夢。人生在世他第一次體驗到生命屬於自己。

離開，成為一名永遠的旅人，自帶其內建的剝奪。政治庇護一申請下去，馬赫穆德付出的代價是此生或許再無法踏上維吾爾原鄉。他切斷了與其他維吾爾族人的許多關係，疏遠了他「如命如肝」之友人。隨著人民反恐戰爭那隻手愈抓愈緊，並羈押了他的兄弟，他愈來愈難與家中聯繫。由於跟在外國的人接觸會遭到嚴密的監視，家人要他別太頻繁來電。他們已經無法在財務上給他支援。在赴美生活的新社區裡，他找了份工作是在家餐館裡當洗碗工，負責從盤子上刷掉德州烤肉的豬肉。他說雖然這份工作並不符合清真標準，但他並不介意，因為這份活兒讓他可以繼續學業，不用拖欠房租。他說有其他移民也在餐廳裡工作，而且他們對他都很尊重。他來自何方他們並不放在心上。他開始覺得自己得以在社會上軋上一角，那是一種人在流亡中會感受到的「逃離能動性」(runaway agency)(Faier 2008)。

做為一名永遠的旅人，馬赫穆德的行動就是一個實例，讓人看到了有種「生命開創」

是如何既支持、又削弱了維吾爾的社會再製。馬赫穆德一逃離就重新進入了一個具有自治性的行動領域，至少部分脫離了中國科技—政治監控圍場的掌控範圍。在美國，馬赫穆德可以裝作是日本人、墨西哥人，或南亞血統的人。看著他，沒有人會直接推定他是一個中國的主體或潛在的伊斯蘭極端分子。大部分的時候，中國特有的種族化序列已經失去對公眾生活的掌控。在美國，他得以透過自治與人觀的實踐維繫自身的生活，一方面克服了做為一個種族化之中國主體的不易辨識性，一方面也得益於這種不易辨識性。他的男性化特質不再被解讀為一種威脅。相較於此，他開始在來自其他出身的黑色與棕色人種之間找到容身之所。他身為維吾爾都會居民的知識與「素質」（Uy: sapa）被轉化為一種移民生活的實踐。

馬赫穆德開始想像新形態的文化工作。他想要在電影中敘述維吾爾族的生存故事。他開始撰寫電影劇本，且劇情的核心就是他如何逃脫中國國家當局與國家支持的數位圈禁。但他其實永遠無法徹底逃脫。在他的語言課上，漢族的國際學生很訝異地發現馬赫穆德來自中國西北。他們會問他維族是不是充斥著恐怖分子。他覺得這些漢族學生無時無刻不拚了命在提醒他，要他別忘了自己在世界上的定位。在屬於美國的空間中，遭到IJOP（一體化聯合作戰平台）與其情資工作者察覺的微線索變成了平庸的「微歧視」*，一而再再而三地讓他忘不了深植於漢族心中的偏見。惟這些微歧視看似威脅性並不高。身處美國的語境中，這些微歧視會變成一種「黃黃相殘」的種族偏見——一種根深蒂固於美國社會裡的「身分錯認」(disidentification)(Reddy 2011)。如同各種形式的種族化，中國的「恐伊斯蘭症」也有其地域性。恐伊斯蘭症要得到完整的發揮，必須得在維吾爾跟哈薩克原鄉的脈絡下。

活在削減中

人類改造工程的各種計畫——建立一個中國的邊疆城市，實施人民反恐戰爭——是全球性的資本主義計畫。這些計畫有連通到其他的空間、基礎建設，還有世界各地的其他科學技術。比方說在烏魯木齊，技術官僚取材了全球反恐戰爭、美國的戰爭經濟，還有矽谷的人工智慧實驗，最終打造出了一個形式上屬於中國特有的恐怖資本主義。雖然當中有很多中國特色，進行剝奪的規模很大，其殘酷之處切身地深入人的生活，但恐怖資本主義的核心主旨是維吾爾社會的「減少」，是全球社會系統的一道邊疆。這些計畫——不論它們發生在喀什米爾、巴勒斯坦，或是維吾爾與哈薩克的原鄉——都同樣構築在對族裔—種族化他者的剝奪與削減上，也都同樣圖利了財富與權力這兩種處於支配地位的系統。

這些計畫裡有一種「侵占邏輯」、一種原始積累，會將生產價值建構到特定的客體裡

* microaggression，即不假思索地重述或轉述刻板印象，或輕描淡寫駁回別人的某些觀點，都算是「微歧視」。這些微歧視在看似不值一提的同時，卻能令個體感覺遭受排擠。值得一提的是微歧視的行為人不見得意識到自身觀點中的歧視成分。

面。這些客體——土地、人的群體、硬式基礎建設、慾望的空間——都會透過價值的轉變被賦予生產力。維吾爾與哈薩克土地被賦予的生產力，來自於自然資源的擷取、工業化農業、不動產開發與觀光。維吾爾人做為一個整體被賦予的生產力，來自於他們做為數位圈禁／貶低／糾察／再教育的客體，也來自於他們做為受監視而不自由的勞工。他們被認定對國家具有威脅性，觸發自源源不絕從國家資本流向民間科技業者處的金錢、工作機會，還有研發成果。恐怖資本主義做為資本主義—殖民邊疆開創的一種嶄新實例化，讓整個維吾爾自治區的經濟產生了質變。這種新經濟製成的產品，是表現為「經過再教育的心靈」的社會控制，是一支維吾爾、哈薩克與漢族年輕人的協警大軍，也是被動員為恐伊斯蘭代理人來代行國家控制與資本主義邊疆拓展的漢族墾殖者。伴隨這個系統的正常化，居於其中之人也會去調整適應。他們會想辦法活下去，想辦法創造意義。但一個全球性的計畫也必然會招致全球得共同承擔的後果。這計畫挪動了框架，改變了我們容許的東西，也改變了我們可以去想像的東西。一路以來透過將維吾爾人的生命轉變為數據，作用在其上的權力與知識都有了極端的擴張。而透過這種擴張，維吾爾的生命，再外推到所有人的生命，都將步上削減的命運。

Yining County Zero Distance. 2018. "Yiningxian 'qing fang chanye qu' de chanye gon- gren: Xingfu shi fendou chula de!" [Industrial workers in the "Textile Industry Zone" of Yining County: Happiness comes from struggle!]. http://archive.md/Cv6w5.

"You Shall Sing and Dance: Contested 'Safeguarding' of Uyghur Intangible Cultural Heritage." 2021. *Asian Ethnicity* 22, no. 1: 121–39. doi:10.1080/14631369.2020.1822733.

Yuan Weimin. 2019. "Dali jiaqiang nan jiang nongcun jiti jingji zuzhi jianshe [Vigorously strengthen the construction of rural collective economic organizations in southern Xinjiang]." Economic Research Institute of the Autonomous Region Development and Reform Commission. July 8, 2019. https://archive.fo/rb16r.

Zang, Xiaowei. 2011. "Uyghur–Han Earnings Differentials in Ürümchi." *China Journal*, no. 65: 141–55.

Zenz, Adrian. 2019. "Beyond the Camps: Beijing's Grand Scheme of Forced Labor, Poverty Alleviation and Social Control in Xinjiang." *SocArXiv*. July 14. doi:10.31235/osf. io/8tsk2.

Zenz, Adrian, and James Leibold. 2020. "Securitizing Xinjiang: Police Recruitment, Informal Policing and Ethnic Minority Co-optation." *China Quarterly* 242:324–48.

Zhang, Everett Yuehong. 2015. *The Impotence Epidemic: Men's Medicine and Sexual Desire in Contemporary China*. Durham, NC: Duke University Press.

Zhang, Li. 2001. *Strangers in the City: Reconfigurations of Space, Power, and Social Networks within China's Floating Population*. Palo Alto, CA: Stanford University Press.

Zhang, Li. 2010. *In Search of Paradise: Middle-Class Living in a Chinese Metropolis*. Ithaca, NY: Cornell University Press.

Zhang, Li, and Aihwa Ong, eds. 2008. *Privatizing China: Socialism from Afar*. Ithaca, NY: Cornell University Press.

Zhang Xinmin. 2004. *Baowei chengshi: Zhongguo nongmin xiang chengshi de yuanzheng* [Besieging the city: The expedition of China's farmers in the city]. Xi'an, China: Shaanxi Normal University Press.

Zhu Hailun. 2017. "Opinions on Further Strengthening and Standardizing Vocational Skills Education and Training Centers Work." *Autonomous Region State Organ Telegram: New Party Politics and Law*, no. 419. https://www.documentcloud.org/documents /6558510-China-Cables-Telegram-English.html#text/p1.

Zuboff, Shoshana. 2019. *The Age of Surveillance Capitalism: The Fight for the Future at the New Frontier of Power*. New York: PublicAffairs Books.

Zyskowski, Kathryn. 2014. "Curated Collection: Everyday Islam." *Cultural Anthropology Online*. http://www.culanth.org/curated_collections/19-everyday-islam/.

Wasserstrom, Jeffrey. 2020. *Vigil: Hong Kong on the Brink*. New York: Columbia Global Reports.

"'We Are Afraid to Even Look for Them' Enforced Disappearances in the Wake of Xinjiang's Protests." 2009. Human Rights Watch, October 20, 2009. https://www.hrw .org/report/2009/10/20/we-are-afraid-even-look-them/enforced-disappearances-wake-xinjiangs-protests.

Weeks, Kathi. 2011. *The Problem with Work: Feminism, Marxism, Antiwork Politics, and Postwork Imaginaries*. Durham, NC: Duke University Press.

Welch, M., E. A. Price, and N. Yankey. 2002. "Moral Panic over Youth Violence: Wilding and the Manufacture of Menace in the Media." *Youth and Society* 34, no. 1: 3–30.

Welland, Sasha Su-Ling. 2018. *Experimental Beijing: Gender and Globalization in Chinese Con- temporary Art*. Durham, NC: Duke University Press.

Wilcox, Emily. 2018. *Revolutionary Bodies: Chinese Dance and the Socialist Legacy*. Berkeley: University of California Press.

Winegar, Jessica. 2006. "Cultural Sovereignty in a Global Art Economy: Egyptian Cultural Policy and the New Western Interest in Art from the Middle East." *Cultural Anthropology* 21, no. 1: 173–204.

Wolfe, Patrick. 2006. "Settler Colonialism and the Elimination of the Native." *Journal of Genocide Research* 8, no. 4: 387–409.

World Urbanization Prospects. 2019. United Nations. https://population.un.org/wup/Publications/Files/WUP2018-Report.pdf.

Xinjiang Reform and Development Commission. 2018. "Zizhiqu jingji jiegou wen zhong you huo fazhan lianghao" [The economic structure of the Autonomous Region is stable, alive, and well-developed]. December 5, 2018. https://web.archive.org/web/20190520143306/http:/www.xjdrc.gov.cn/info/9923/23516.htm.

Xiong, Yihan. 2015. "The Broken Ladder: Why Education Provides No Upward Mobility for Migrant Children in China." *China Quarterly* 221:161–84.

Yan Hairong. 2008. *New Masters, New Servants: Migration, Development, and Women Workers in China*. Durham, NC: Duke University Press.

Yang, Jie. 2010. "The Crisis of Masculinity: Class, Gender, and Kindly Power in Post-Mao China." *American Ethnologist* 37, no. 3: 550–62.

Yang, Mayfair M. H. 2002. "The Resilience of Guanxi and Its New Deployments: A Critique of Some New Guanxi Scholarship." *China Quarterly* 170:459–76.

Yeh, Emily T. 2007a. "Tibetan Indigeneity: Translations, Resemblances, and Uptake." In *Indigenous Experience Today*, edited by Marisol de la Cadena and Orin Starn, 69–98. New York: Bloomsbury.

Yeh, Emily T. 2007b. "Tropes of Indolence and the Cultural Politics of Development in Lhasa, Tibet." *Annals of the Association of American Geographers* 97, no. 3: 593–612.

Yeh, Emily T. 2012. "On 'Terrorism' and the Politics of Naming." In Hot Spot Forum, *Cultural Anthropology* Online. https://culanth.org/fieldsights/93-introduction-self -immolation-as-protest-in-tibet.

Yeh, Emily T. 2013. *Taming Tibet: Landscape Transformation and the Gift of Chinese Development*. Ithaca, NY: Cornell University Press.

Yi Xiaocuo. 2019. "'Saved' by State Terror: Gendered Violence and Propaganda in Xinjiang." *SupChina*, May 14, 2019. https://supchina.com/2019/05/14/saved-by-state-terror-gendered-violence-and-propaganda-in-xinjiang.

Cambridge University Press.

Tohti, Ilham. 2009. "Xinjiang jingji fazhan yu minzu guanxi" [Xinjiang's economic development and the relationship among the nationalities]. https://archive.fo/6s4dj.

Tohti, Ilham. 2015. "Present-Day Ethnic Problems in Xinjiang Uighur Autonomous Region." Translated by Cindy Carter. *China Change*. April 22, 2015. http://bit.ly/1KDYTfo.

Toops, Stanley. 2004. "Demographics and Development in Xinjiang after 1949." *East- West Center Working Papers*. Washington DC.

"Transfer of 400,000 Young Uyghur Women into Eastern China." 2008. Human Rights without Frontiers. June 20, 2008. http://www.david-kilgour.com/2008/Jun_20_2008 _01.htm.

Tripp, Charles. 2006. *Islam and the Moral Economy: The Challenge of Capitalism*. Cambridge: Cambridge University Press.

Tuck, Eve, and K. Wayne Yang. 2012. "Decolonization Is Not a Metaphor." *Decolonization: Indigeneity, Education and Society* 1, no. 1: 1–40.

Tursun, Bakhtiyar. 2003. "Xinjiang nanjiang diqu shehui jingji fazhan mianlin de wenti, duice ji qi yiyi" [The existing problems and the countermeasures during the course of economic development in Southern Xinjiang]. *Xibei Minzu Yanjiu* [Northwest minorities research] 2, no. 37: 74–79.

Tursun, Perhat. 2021. *The Back Streets*. Translated by Darren Byler and Anonymous. New York: Columbia University Press.

Tynen, S. 2019a. "Belonging between Inclusion and Exclusion: Dimensions of Ethno-Cultural Identity for Uyghur Women in Xinjiang, China." *Geopolitics*, November, 1–24.

Tynen, S. 2019b. "Uneven State Territorialization: Governance, Inequality, and Survivance in Xinjiang, China." PhD diss., University of Colorado at Boulder.

Tynen, S. 2020. "Dispossession and Displacement of Migrant Workers: The Impact of State Terror and Economic Development on Uyghurs in Urban Xinjiang." *Central Asian Survey* 39, no. 3: 1–21.

United Front Work Department. 2014. "Shibie zongjiao jiduan huodong (75 zhong juti biaoxian) jichu zhishi" [Identify the basics of religious extreme activities (75 specific manifestations)]. *Xinjiang Uygur Autonomous Region Committee of the Communist Party of China*. New icp No. 16000115-1. https://xinjiang.sppga.ubc.ca/policy-documents/government-sources/online-sources/identifying-religious-extremism/.

Vimalassery, Manu. 2013. "The Wealth of the Natives: Toward a Critique of Settler Colonial Political Economy." *Settler Colonial Studies* 3, nos. 3–4: 195–310.

Von Schnitzler, Antina. 2016. *Democracy's Infrastructure: Techno-Politics and Protest after Apartheid*. Princeton, NJ: Princeton University Press.

"Wages and Working Hours in the Textiles, Clothing, Leather and Footwear Industries." 2014. International Labor Organization. https://www.ilo.org/wcmsp5/groups/public/@ed_dialogue/@sector/documents/publication/wcms_300463.pdf.

Wang Xiuli. 2018. "Yingxiang Xinjiang wending he changzhijiu'an di zhuyao yinsu ji duice fenxi" [Main factors influencing stability and permanent peace in Xinjiang and their countermeasures]. *Zhongguo Lunwen Wang*. http://www.xzbu.com/1/view-288968 .htm.

Wark, McKenzie. 2017. *General Intellects: Twenty-One Thinkers for the Twenty-First Century*. New York: Verso.

Wark, McKenzie. 2019. *Capital Is Dead: Is This Something Worse?* New York: Verso.

Zang, 176–93. Philadelphia: Routledge.

Smith Finley, Joanne. 2019. "Securitization, Insecurity and Conflict in Contemporary Xinjiang: Has PRC Counter-Terrorism Evolved into State Terror?" *Central Asian Survey* 38, no. 1: 1–26.

Sneath, David. 2007. *The Headless State: Aristocratic Orders, Kinship Society, and Misrepresentations of Nomadic Inner Asia*. New York: Columbia University Press.

Song Chao. 2012. "Interview." *Photography of China*. http://www.photographyofchina.com/blog/interview-song-chao.

Standing, Guy. 2011. *The Precariat: The Dangerous New Class*. London: Bloomsbury Academic.

Steenberg, Rune. 2017. "Erik Prince Weighing Senate Bid While Tackling Xinjiang Security Challenge." *EurasiaNet Analysis*. October 17, 2017. http://www.eurasianet.org/node/85571.

Stoler, Ann Laura. 2010. *Carnal Knowledge and Imperial Power: Race and the Intimate in Colonial Rule*. Berkeley: University of California Press.

Stoler, Ann Laura, and Carole McGranahan. 2007. "Refiguring Imperial Terrain." In *Imperial Formations*, edited by Ann Laura Stoler, Carole McGranahan, and Peter Perdue, 3–42. Santa Fe, NM: School of Advanced Research.

Stoller, Paul. 1989. *The Taste of Ethnographic Things: The Senses in Anthropology*. Philadelphia: University of Pennsylvania Press

Stolorow, Robert D. 2014. "Undergoing the Situation: Emotional Dwelling Is More Than Empathic Understanding." *International Journal of Psychoanalytic Self Psychology* 9, no. 1: 80–83.

Sun, Wanning. 2014. *Subaltern China: Rural Migrants, Media, and Cultural Practices*. Lanham, MD: Rowman and Littlefield.

Swarr, Amanda L. 2012. "Paradoxes of Butchness: Lesbian Masculinities and Sexual Violence in Contemporary South Africa." *Signs: Journal of Women in Culture and Society* 37, no. 4: 961–86.

Tadiar, Neferti X. 2015. "Decolonization, 'Race,' and Remaindered Life under Empire." *Qui Parle* 23, no. 2 (spring/summer): 135–60.

Tadiar, Neferti X. 2016. "City Everywhere." *Theory, Culture and Society* 33, nos. 7–8: 57–83.

Taghdumbashi, Nurdoukht Khudonazarova. 2020. "'We Have Not Heard from My Baba-jaan's Relatives in Kashgar for Almost Two Years Now': The Work of Resistance and Dismantling All Systems of Oppression Is Messy." *Lausan*. September 19, 2020. http://lausan.hk/2020/we-have-not-heard-from-my-baba-jaans-relatives/.

TallBear, Kim. 2013. *Native American DNA: Tribal Belonging and the False Promise of Genetic Science*. Minneapolis: University of Minnesota Press.

Tan Jie, and Jerry Zhirong Zhao. 2019. "The Rise of Public–Private Partnerships in China: An Effective Financing Approach for Infrastructure Investment?" *Public Administration Review* 79, no. 4: 514–18.

Teague, Matthew. 2009. "The Other Tibet." *National Geographic*, December 2009. https://www.nationalgeographic.com/magazine/2009/12/uygurs/.

Thum, Rian. 2014. *Sacred Routes of Uyghur History*. Cambridge, MA: Harvard University Press.

Tobin, David. 2015. "Between Minkaohan and Minkaomin." In *Language, Education and Uyghur Identity in Urban Xinjiang*, edited by Joanne Smith Finley and Xiaowei Zang, 55–74. London: Routledge.

Tobin, David. 2020. *Securing China's Northwest Frontier: Identity and Insecurity in Xinjiang*. Cambridge:

Cultural Anthropology 31, no. 3: 359–86.
Sautman, Barry. 2000. "Is Xinjiang an Internal Colony?" *Inner Asia* 2, no. 2: 239–71.
Schein, Louisa. 2000. *Minority Rules: The Miao and the Feminine in China's Cultural Politics*. Durham, NC: Duke University Press.
Schielke, Samuli. 2012. "Capitalist Ethics and the Spirit of Islamization in Egypt." In *Ordinary Lives and Grand Schemes: An Anthropology of Everyday Religion*, edited by Samuli Schielke and Liza Debevec, 131–45. Oxford: Berghahn Books.
Schielke, Samuli. 2015. *Egypt in the Future Tense: Hope, Frustration, and Ambivalence before and after 2011*. Bloomington: Indiana University Press.
Schluessel, Eric T. 2020. *Land of Strangers: The Civilizing Project in Qing Central Asia*. New York: Columbia University Press.
Schumpeter, J. A. 1942. *Capitalism, Socialism and Democracy*. New York: Harper & Row. Schweitzer, Ivy. 2016. "Making Equals: Classical Philia and Women's Friendship." *Feminist Studies* 42, no. 2: 337–64.
Scott, Joan W. 1999. *Gender and the Politics of History*. New York: Columbia University Press.
Sedgwick, Eve Kosofsky. 1985. *Between Men: English Literature and Male Homosocial Desire*. New York: Columbia University Press.
Shih, Shu-mei. 2001. *The Lure of the Modern: Writing Modernism in Semicolonial China, 1917–1937*. Berkeley: University of California Press.
Shih, Shu-mei. 2016. "Theory in a Relational World." *Comparative Literature Studies* 53, no. 4: 722–46.
Sidnell, Jack. 2000. "*Primus inter pares*: Storytelling and Male Peer Groups in an Indo- Guyanese Rumshop." *American Ethnologist* 27, no. 1: 72–99.
Simon, Scott. 2020. "Yearning for Recognition: Indigenous Formosans and the Limits of Indigeneity." *International Journal of Taiwan Studies* 3, no. 2: 191–216.
Simone, AbdouMaliq. 2003. "The Visible and Invisible: Remaking Cities in Africa." In *Under Siege: Four African Cities—Freetown, Johannesburg, Kinshasa, Lagos: Documenta 11_Platform 4*. Berlin: Hatje Cantz.
Simpson, Audra. 2014. *Mohawk Interruptus: Political Life across the Borders of Settler States*. Durham, NC: Duke University Press.
Singh, Bhrigupati. 2015. *Poverty and the Quest for Life: Spiritual and Material Striving in Rural India*. Chicago: University of Chicago Press.
Singh, Nikhil Pal. 2017. "On Race, Violence, and 'So-Called Primitive Accumulation.'" In *Futures of Black Radicalism*, edited by Gaye Theresa Johnson and Alex Lubin. New York: Verso.
Smart, Alan. 1999. "Expressions of Interest: Friendship and Guanxi in Chinese Societies." In *The Anthropology of Friendship*, edited by S. Bell and S. Coleman, 119–36. Oxford: Berg.
Smith Finley, Joanne. 2007. "'Ethnic Anomaly' or Modern Uyghur Survivor? A Case Study of the Minkaohan Hybrid Identity in Xinjiang." In *Situating the Uyghurs between China and Central Asia*, edited by Ildikó Bellér-Hann, Joanne Smith Finley, and M. Cristina Cesàro, 245–64. Philadelphia: Routledge.
Smith Finley, Joanne. 2013. *The Art of Symbolic Resistance: Uyghur Identities and Uyghur-Han Relations in Contemporary Xinjiang*. Leiden: Brill.
Smith Finley, Joanne. 2015. "Education, Religion and Identity among Uyghur Hostesses in Ürümchi." In *Language, Education and Uyghur Identity in Urban Xinjiang*, edited by Joanne Smith Finley and Xiaowei

the Move: Selected Case Studies, edited by Robin Iredale, Naran Bilik, and Fei Guo, 89–105. Armonk, NY: M. E. Sharpe.

Rhodes, Lorna A. 2004. *Total Confinement: Madness and Reason in the Maximum Security Prison*. Berkeley: University of California Press.

Roberts, Sean R. 1998. "Negotiating Locality, Islam, and National Culture in a Changing Borderlands." *Central Asian Survey* 17, no. 4: 673–99.

Roberts, Sean R. 2018. "The Biopolitics of China's 'War on Terror' and the Exclusion of the Uyghurs." *Critical Asian Studies* 50, no. 2: 232–58. doi:10.1080/14672715.2018.1454111.

Roberts, Sean R. 2020. *The War on the Uyghurs: China's Internal Campaign against a Muslim Minority*. Princeton, NJ: Princeton University Press.

Robinson, Cabeiri deBergh. 2013. *Body of Victim, Body of Warrior: Refugee Families and the Making of Kashmiri Jihadists*. Berkeley: University of California Press.

Robinson, Cedric J. 1983. *Black Marxism: The Making of the Black Radical Tradition*. Chapel Hill: University of North Carolina Press.

Roche, Gerald, and Zoe Ju-HanWang. 2021. "Urbanizing Minority Minzu in the PRC: Insights from the Literature on Settler Colonialism." *Territory, Politics, Governance*. https://doi.org/10.1177/0097700421995135.

Rofel, Lisa. 2007. *Desiring China: Experiments in Neoliberalism, Sexuality, and Public Culture*. Durham, NC: Duke University Press.

Rofel, Lisa, and Sylvia J. Yanagisako. 2018. *Fabricating Transnational Capitalism: A Collaborative Ethnography of Italian-Chinese Global Fashion*. Durham, NC: Duke University Press.

Rollet, Charles. 2018. "Dahua and Hikvision Win Over $1 Billion in Government-Backed Projects in Xinjiang." *IPVM*. https://ipvm.com/reports/xinjiang-dahua-hikvision.

Rosaldo, Renato. 1993. *Culture and Truth: The Remaking of Social Analysis*. With a new introduction. Boston, MA: Beacon Press.

Roy, Ananya. 2019. "Racial Banishment." In *Keywords in Radical Geography: Antipode at 50*, edited by the *Antipode* Editorial Collective, T. Jazeel, A. Kent, K. McKittrick, N. Theodore, S. Chari, P. Chatterton, V. Gidwani, N. Heynen, W. Larner, J. Peck, J. Pick- erill, M. Werner, and M. W. Wright. doi:10.1002/9781119558071.ch42.

Roy, Ananya, and Aihwa Ong, eds. 2011. *Worlding Cities: Asian Experiments and the Art of Being Global*. London: Wiley-Blackwell.

Rudnyckyj, Daromir. 2009. "Spiritual Economies: Islam and Neoliberalism in Con- temporary Indonesia." *Cultural Anthropology* 24, no. 1: 104–41. http://dx.doi.org/10.14506 /.

Ryan, Fergus, Danielle Cave, and Vicky Xiuzhong Xu. 2019. "Mapping More of China's Tech Giants." *Australia Strategic Policy Institute*. November 28, 2019. https://www.aspi.org.au/report/mapping-more-chinas-tech-giants.

Sadowski, J. 2018. "Potemkin ai." *Real Life*, August 6, 2018. https://reallifemag.com /potemkin-ai/.

Salimjan, Guldana. 2020. "Mapping Loss, Remembering Ancestors: Genealogical Narratives of Kazakhs in China." *Asian Ethnicity* 22, no. 1: 105–20. doi:10.1080/14631369.2 020.1819772.

Samimian-Darash, Limor. 2016. "Practicing Uncertainty: Scenario-based Preparedness Exercises in Israel."

by David Pettigrew and François Raffoul. Albany: State University of New York Press.
Newton, Esther. 1979. *Mother Camp: Female Impersonators in America*. Chicago: University of Chicago Press.
"Niaokan rengong zhineng yingyong shichang" [A bird's-eye view of the artificial intelligence market]. 2017. Yi Ou Intelligence, September 2017. https://web .archive.org/web/20200820001947/http://img1.iyiou.com/ThinkTank/2017/HowAIBoostsUpSecurityIndustryV6.pdf
Oakes, Tim. 2012. "Looking Out to Look In: The Use of the Periphery in China's Geopolitical Narratives." *Eurasian Geography and Economics* 53, no. 3: 315–26.
Oakes, Tim. 2019. "China Made: Infrastructural Thinking in a Chinese Register." *Made in China Journal*, July 23, 2019. https://madeinchinajournal.com/2019/07/23/china-made -infrastructural-thinking/.
O'Neill, Kevin Lewis. 2013. "Left Behind: Security, Salvation, and the Subject of Prevention." *Cultural Anthropology* 28, no. 2: 204–26.
Ong, Aihwa, and Stephen Collier, eds. 2004. *Global Assemblages: Technology, Politics, and Ethics as Anthropological Problems*. Oxford: Wiley-Blackwell.
Ouzgane, Lahoucine. 2006. *Islamic Masculinities*. London: Zed Books.
Pan, Jennifer. 2020. *Welfare for Autocrats: How Social Assistance in China Cares for Its Rulers*. New York: Oxford University Press.
Pasternak, Shiri. 2015. "How Capitalism Will Save Colonialism: The Privatization of Reserve Lands in Canada." *Antipode* 47, no. 1 (January): 179–96.
Pazderic, Nickola. 2004. "Recovering True Selves in the Electro-Spiritual Field of Universal Love." *Cultural Anthropology* 19, no. 2: 196–225.
Petraeus, D. H., J. F. Amos, and J. C. McClure. 2009. *US Army US Marine Corps Counterinsurgency Field Manual* (nos. 3–24). Kissimmee, FL: Signalman.
Povinelli, Elizabeth A. 2002. *The Cunning of Recognition: Indigenous Alterities and the Making of Australian Multiculturalism*. Durham, NC: Duke University Press.
Powell, Jessica, and Amber Kelly. 2017. "Accomplices in the Academy in the Age of Black Lives Matter." *Journal of Critical Thought and Praxis* 6, no. 2: 3.
Pun Ngai. 2005. *Made in China: Women Factory Workers in a Global Workplace*. Durham, NC: Duke University Press.
Qiu Yuanyuan. 2015. "Jin jin weirao zong mubiao zuo hao 'qu jiduan hua' jiaoyu zhuan- hua gongzuo" [Closely focus on the overall goal to enact the "depolarization" education transformation]. *Xin Silu* [New Silk Road], no. 12: 74–77. http://www.cqvip.com /qk/72122x/201712/672372336.html.
Rana, Junaid. 2011. *Terrifying Muslims: Race and Labor in the South Asian Diaspora*. Durham, NC: Duke University Press.
Rancière, Jacques. 2005. *The Politics of Aesthetics. The Distribution of the Sensible*. Translated by Gabriel Rockhill. New York: Bloomsbury.
Rancière, Jacques. 2007. "Does Democracy Mean Something?" In *Adieu Derrida*, edited by C. Douzinas, 84–100. Basingstoke, UK: Palgrave Macmillan.
Rancière, Jacques. 2009. *Aesthetics and Its Discontents*. Boston, MA: Polity.
Reddy, Chandan. 2011. *Freedom with Violence*. Durham, NC: Duke University Press.
Ren Qiang and Yuan Xin. 2003. "Impacts of Migration to Xinjiang since the 1950s." In *China's Minorities on*

International Publishers.
Marx, Karl. [1846] 1978. "The German Ideology." In *The Marx-Engels Reader*, edited by Robert Tucker. New York: W. W. Norton.
Masco, Joseph. 2014. *The Theater of Operations: National Security Affect from the Cold War to the War on Terror*. Durham, NC: Duke University Press.
McCarthy, Susan. 2009. *Communist Multiculturalism: Ethnic Revival in Southwest China*. Seattle: University of Washington Press.
McGranahan, Carole. 2016. "Theorizing Refusal: An Introduction." *Cultural Anthropology* 31, no. 3: 319–25.
McGranahan, Carole. 2019. "Chinese Settler Colonialism: Empire and Life in the Tibetan BordBaimuratds." In *Frontier Tibet: Patterns of Change in the Sino-Tibetan BordBaimuratds*, edited by Stéphane Gros, 517–40. Amsterdam: Amsterdam University Press.
McNamara, Laura A. 2011. "'Torture Is for the Incompetent': Toward the Ethnography of Interrogation." In *Dangerous Liaisons: Anthropologists and the National Security State*, edited by L. A. McNamara and R. A. Rubinstein, 25–50. Santa Fe, NM: School for Advanced Research Press.
Memet, Mijit. 2011. "Jiashi xian laowu shuchu wenti diaocha yanjiu" [Survey of labor transfer problems in Payzawat County]. Master's thesis, Xinjiang Normal University.
Messerschmidt, J. W. 2012. "Engendering Gendered Knowledge: Assessing the Academic Appropriation of Hegemonic Masculinity." *Men and Masculinities* 15, no. 1: 56–76.
Mignolo, W. D. 2009. "Epistemic Disobedience, Independent Thought and Decolonial Freedom." *Theory, Culture and Society* 26, nos. 7–8: 159–81.
Millar, Kathleen. 2014. "The Precarious Present: Wageless Labor and Disrupted Life in Rio de Janeiro, Brazil." *Cultural Anthropology* 29, no. 1: 32–53.
Millward, James. 2021. *Eurasian Crossroads: A History of Xinjiang*. London: Hurst Publishers.
Mitchell, K. 2006. "Geographies of Identity: The New Exceptionalism." *Progress in Human Geography* 30, no. 1: 95–106.
Mitchell, Timothy. 1991. *Colonising Egypt*. Berkeley: University of California Press. Mitchell, Timothy. 1999. "Society, Economy, and the State Effect." In *State/Culture: State-Formation after the Cultural Turn*, edited by George Steinmetz, 76–97. Ithaca, NY: Cornell University Press.
Mitchell, Timothy. 2002. *Rule of Experts: Egypt, Techno-Politics, Modernity*. Berkeley: University of California Press.
Montgomery, David W. 2016. *Practicing Islam: Knowledge, Experience, and Social Navigation in Kyrgyzstan*. Pittsburgh: University of Pittsburgh Press.
Moore, Jason W. 2015. *Capitalism in the Web of Life*. Brooklyn, NY: Verso.
Moreton-Robinson, Aileen. 2015. *The White Possessive: Property, Power, and Indigenous Sovereignty*. Minneapolis: University of Minnesota Press.
Muehlebach, Andrea. 2012. *The Moral Neoliberal: Welfare and Citizenship in Italy*. Chicago: University of Chicago Press.
Mullaney, Thomas. 2011. *Coming to Terms with the Nation: Ethnic Classification in Modern China*. Berkeley: University of California Press.
Nasio, Juan-David. 2004. *The Book of Love and Pain: Thinking at the Limit with Freud and Lacan*. Translated

1900–1949. Berkeley: University of California Press.

Larkin, Brian. 2008. *Signal and Noise: Media, Infrastructure, and Urban Culture in Nigeria*. Durham, NC: Duke University Press.

Lee, Ching Kwan. 2018. *The Specter of Global China: Politics, Labor, and Foreign Investment in Africa*. Chicago: University of Chicago Press.

Leibold, James. 2019. "The Spectre of Insecurity: The CCP's Mass Internment Strategy in Xinjiang." *China Leadership Monitor.* March 1, 2019. https://www.prcleader.org/leibold.

Leibold, James. 2020. "Surveillance in China's Xinjiang Region: Ethnic Sorting, Coercion, and Inducement." *Journal of Contemporary China* 29, no. 121: 46–60.

Levi, Primo. 2015. *The Complete Works of Primo Levi*. New York: W. W. Norton.

Levinas, Emmanuel. 1979. *Totality and Infinity: An Essay on Exteriority*. New York: Springer Science and Business Media.

Li, T. M. 2017. "After Development: Surplus Population and the Politics of Entitlement." *Development and Change* 48:1247–61. doi: 10.1111/dech.12344.

Lindtner, Silvia M. 2020. *Prototype Nation: China and the Contested Promise of Innovation*. Princeton, NJ: Princeton University Press.

Lionnet, Françoise, and Shu-Mei Shih. 2005. *Minor Transnationalism*. Durham, NC: Duke University Press, 2005.

Lionnet, Françoise, and Shu-Mei Shih. 2011. *The Creolization of Theory*. Durham, NC: Duke University Press.

Lipsitz, George. 1998. *The Possessive Investment in Whiteness: How White People Profit from Identity Politics*. Philadelphia: Temple University Press.

Litzinger, Ralph. 2000. *Other Chinas: The Yao and the Politics of National Belonging*. Durham, NC: Duke University Press.

Liu, A. H., and K. Peters. 2017. "The Hanification of Xinjiang, China: The Economic Effects of the Great Leap West." *Studies in Ethnicity and Nationalism* 17, no. 2: 265–80.

"Lixian Huawei Gloves Factory." 2019. https://huaweiglove.en.alibaba.com/company_profile.html?spm=a2700.icbuShop.conu5cff17.1.4af811a5izQHdr.

Lokyitsang, Dawa. 2017. "Are Tibetans Indigenous?" *Lhakar Diaries*. December 27, 2017. https://lhakardiaries.com/2017/12/27/are-tibetans-indigenous/.

Luo, Yu. 2017. "An Alternative to the 'Indigenous' in Early Twenty-First-Century China: Guizhou's Branding of Yuanshengtai." *Modern China* 44, no. 1: 68–102. doi:10.1177/0097700417696830.

Luxemburg, Rosa. 1951. *The Accumulation of Capital*. Translated by Agnes Schwarzschild. London: Routledge.

Mahmood, Saba. 2005. *Politics of Piety: The Islamic Revival and the Feminist Subject*. Prince- ton, NJ: Princeton University Press.

Makley, Charlene E. 2007. *The Violence of Liberation: Gender and Tibetan Buddhist Revival in Post-Mao China*. Berkeley: University of California Press.

Mamdani, Mahmood. 2002. "Good Muslim, Bad Muslim: A Political Perspective on Culture and Terrorism." *American Anthropologist* 104, no. 3: 766–75.

Mann, Susan. 2000. "The Male Bond in Chinese History and Culture." *American Historical Review* 105, no. 5: 1600–1614.

Marx, Karl. [1848] 1963. *The Eighteenth Brumaire of Louis Bonaparte*. Translated by C. P. Dutt. New York:

Regeneration. Winnipeg: University of Manitoba Press.

International Labor Organization. 2014. "Wages and Working Hours in the Textiles, Clothing, Leather and Footwear Industries." September 25, 2014. https://www.ilo .org/wcmsp5/groups/public/@ed_dialogue/@sector/documents/publication/wcms _300463.pdf.

Irani, Lily. 2015. "Justice for 'Data Janitors.'" *Public Books*, January 15, 2015.

Irani, Lily. 2019. *Chasing Innovation: Making Entrepreneurial Citizens in Modern India*. Princeton, NJ: Princeton University Press.

Jackson, Michael D. 1998. *Minima Ethnographica: Intersubjectivity and the Anthropological Project*. Chicago: University of Chicago Press.

Jackson, Michael D. 2002. *The Politics of Storytelling: Violence, Transgression, and Intersubjectivity*. Copenhagen: Museum Tusculanum Press.

Jackson, Michael D. 2013. *Lifeworlds: Essays in Existential Anthropology*. Chicago: University of Chicago Press.

Jefferson, Brian Jordan. 2020. *Digitize and Punish: Racial Criminalization in the Digital Age*. Minneapolis: University of Minnesota Press.

Jin, Wen. 2012. *Pluralist Universalism: An Asian Americanist Critique of U.S. and Chinese Multiculturalisms*. Columbus: Ohio State University Press.

Joniak-Lüthi, Agnieszka. 2015. *The Han: China's Diverse Majority*. Seattle: University of Washington Press.

Joyce, Patrick. 2003. *The Rule of Freedom: Liberalism and the Modern City*. London: Verso.

Kanna, Ahmed. 2010. "Flexible Citizenship in Dubai: Neoliberal Subjectivity in the Emerging 'City-Corporation.'" *Cultural Anthropology* 25, no. 1: 100–129.

Kashgar Regional Office. 2018. "Guanyu yinfa 'kashen diqu kunnan qunti jiuye peixun gongzuo shishi fang'an' de tongzhi" [Notice on Issuing the "Implementation Plan for Employment Training for Groups with Difficulties in Kashgar"]. https://web.archive .org/web/20181204024839.http:/kashi.gov.cn/Government/PublicInfoShow.aspx?ID =2963.

Kaul, Nitasha. 2019. "The Political Project of Postcolonial Neoliberal Nationalism." *Indian Politics and Policy* 2, no. 1: 3–30.

Kaul, Nitasha. 2020. "China: Xinjiang:: India: Kashmir." *Made in China Journal*, October 5, 2020. https://madeinchinajournal.com/2020/10/05/china-xinjiang-india-kashmir/.

Kelley, Robin D. G. 2017. "What Is Racial Capitalism and Why Does It Matter?" Simpson Center for the Humanities, University of Washington. November 7, 2017. https://www.youtube.com/watch?v=REo_gHIpvJc.

Kimmel, Michael S. 2004. "Masculinity as Homophobia: Fear, Shame, and Silence in the Construction of Gender Identity." In *Toward a New Psychology of Gender*, edited by M. M. Gergen and S. N. Davis, 223–42. Boca Raton, FL: Taylor and Francis.

Kipnis, Andrew B. 2007. "Neoliberalism Reified: Suzhi Discourse and Tropes of Neoliberalism in the People's Republic of China." *Journal of the Royal Anthropological Institute*, n.s., 13:383–400.

Kipnis, Andrew B. 2011. *Governing Educational Desire: Culture, Politics and Schooling in China*. Chicago: University of Chicago Press.

Kleinman, A. K., Y. Yan, and J. Jing. 2011. *Deep China: The Moral Life of the Person: What Anthropology and Psychiatry Tell Us about China Today*. Berkeley: University of California Press.

Lam, Tong. 2011. *A Passion for Facts: Social Surveys and the Construction of the Chinese Nation- State,*

221–38. Hong Kong: Hong Kong University Press.

Grose, Timothy. 2019. "'Once Their Mental State Is Healthy, They Will Be Able to Live Happily in Society': How China's Government Conflates Uighur Identity with Mental Illness." *China File*, August 2, 2019. http://www.chinafile.com/reporting-opinion/viewpoint/once-their-mental-state-healthy-they-will-be-able-live-happily -society.

Guang Lei. 2003. "Rural Taste, Urban Fashions: The Cultural Politics of Rural/Urban Difference in Contemporary China." *positions: asia critique* 11, no. 3: 613–46.

Gupta, Akhil. 2012. *Red Tape*. Durham, NC: Duke University Press.

Gutiérrez-Rodríguez, Encarnación. 2011. *Migration, Domestic Work and Affect: A Decolonial Approach on Value and the Feminization of Labor*. New York: Routledge.

Gutmann, Matthew C. 1997. "Trafficking in Men: The Anthropology of Masculinity." *Annual Review of Anthropology* 26, no. 1: 385–409.

Hansen, Mette H. 2007. *Frontier People: Han Settlers in Minority Areas of China*. Vancouver: University of British Columbia Press.

Hardt, Michael, and Antonio Negri. 2005. *Multitude: War and Democracy in the Age of Empire*. London: Hamish Hamilton.

Harrell, Stevan. 1995. *Cultural Encounters on China's Ethnic Frontiers*. Seattle: University of Washington Press.

Harrell, Stevan. 2001. *Ways of Being Ethnic in Southwest China*. Seattle: University of Washington Press.

Harris, Rachel. 2020. *Soundscapes of Uyghur Islam*. Bloomington: Indiana University Press. Harris, Rachel, and Aziz Isa. 2019. "Islam by Smartphone: Reading the Uyghur Islamic Revival on WeChat." *Central Asian Survey* 38, no. 1: 61–80.

Harvey, Adam, and Jules LaPlace. 2019. "MegaPixels: Origins, Ethics, and Privacy Implications of Publicly Available Face Recognition Image Datasets." https://megapixels.cc.

Harvey, David. 2005. *The New Imperialism*. Oxford: Oxford University Press.

Harvey, David. 2014. "The 'New' Imperialism: Accumulation by Dispossession." *Socialist Register* 40:63–87.

Hathaway, Michael. 2010. "The Emergence of Indigeneity: Public Intellectuals and an Indigenous Space in Southwest China." *Cultural Anthropology* 25, no. 2: 301–33.

Hess, Stephen. 2009. "Dividing and Conquering the Shop Floor: Uyghur Labour Export and Labour Segmentation in China's Industrial East." *Central Asian Survey* 28, no. 4: 403–16.

Hirschkind, Charles. 2006. *The Ethical Soundscape: Cassette Sermons and Islamic Counterpublics*. New York: Columbia University Press.

Hoshur, Memtimin. 2015. "The Musapir's Tavern" [Musapirning Qawaqxana]. Translated by Darren Byler and Anonymous. Manuscript.

Hoshur, Shohret. 2014. "'At Least 2,000 Uyghurs Killed' in Yarkand Violence: Exile Leader." Radio Free Asia. August 5, 2014. https://www.rfa.org/english/news/uyghur /yarkand-08052014150547.html.

Huang, Cindy Y. L. 2012. "Muslim Women at a Crossroads: Gender and Development in the Xinjiang Uyghur Autonomous Region, China." PhD diss., University of California at Berkeley.

Ili Television. 2018. "Zhou zhi fangzhi fuzhuang chanye qiao kai qunzhong jiuye men" [State-directed textile and apparel industry knocked on the masses' employment door]. December 4, 2018. http://archive.md/KSe5r.

Innes, Robert Alexander, and Kim Anderson. 2015. *Indigenous Men and Masculinities: Legacies, Identities,*

Foucault, Michel. 1977. *Discipline and Punishment*. New York: Vintage Books.
Foucault, Michel. 1986. *The Care of the Self: The History of Sexuality*. New York: Pantheon.
Foucault, Michel. [1975] 1995. *The Birth of the Prison*. New York: Vintage Books.
Foucault, Michel. 2007. *Security, Territory, Population: Lectures at the Collège de France, 1977–78*. New York: Springer.
Fraser, Nancy. 2016. "Expropriation and Exploitation in Racialized Capitalism: A Reply to Michael Dawson." *Critical Historical Studies* 3, no. 1: 163–78.
Fraser, Nancy, and Rahel Jaeggi. 2018. *Capitalism: A Conversation in Critical Theory*. Hoboken, NJ: John Wiley and Sons.
Friedman, Eli. 2020. "Why China Is Capitalist." *Spectre Journal*, July 15, 2020. https://spectrejournal.com/why-china-is-capitalist/.
Furlan, Laura M. 2017. *Indigenous Cities: Urban Indian Fiction and the Histories of Relocation*. Lincoln: University of Nebraska Press.
Gandhi, Leela. 2006. *Affective Communities: Anticolonial Thought, Fin-de-Siècle Radicalism, and the Politics of Friendship*. Durham, NC: Duke University Press.
Gao, Mobo. 2007. *Gao Village: Rural Life in Modern China*. Honolulu: University of Hawai'i Press.
Ghannam, Farha. 2013. *Live and Die Like a Man: Gender Dynamics in Urban Egypt*. Palo Alto, CA: Stanford University Press.
Gilmore, R. W. 2007. *Golden Gulag: Prisons, Surplus, Crisis, and Opposition in Globalizing California*. Berkeley: University of California Press.
Gladney, Dru C. 1993. "Hui Urban Entrepreneurialism in Beijing: State Policy, Ethno-Religious Identity, and the Chinese City." In *Urban Anthropology in China*, edited by G. E. Guldin and A. W. Southall, 296–307. Leiden: Brill.
Gladney, Dru C. 1996. *Muslim Chinese: Ethnic Nationalism in the People's Republic*. Harvard East Asian Monographs, no. 149. Cambridge, MA: Harvard University Asia Center.
Gladney, Dru C. 1998. "Internal Colonialism and the Uyghur Nationality: Chinese Nationalism and Its Subaltern Subjects." *Cahiers d'études sur la Méditerranée orientale et le monde turco-iranien*, 25:1–12.
Goldstein, Alyosha. 2017. "On the Reproduction of Race, Capitalism, and Settler Colonialism." In *Race and Capitalism: Global Territories, Transnational Histories*. Institute on Inequality and Democracy at UCLA Luskin. https://challengeinequality.luskin.ucla .edu/wp-content/uploads/sites/16/2018/04/Race-and-Capitalism-digital-volume.pdf.
Grauer, Yael. 2021. "Millions of Leaked Police Files Detail Suffocating Surveillance of China's Uyghur Minority." *The Intercept*, January 29, 2021. https://theintercept.com/2021/01/29/china-uyghur-muslim-surveillance-police/.
Greitens, Sheena Chestnut, Myunghee Lee, and Emir Yazici. 2019. "Counterterrorism and Preventive Repression: China's Changing Strategy in Xinjiang." *International Security* 44, no. 3: 9–47.
Gro Intelligence. 2019. "Provincial Data Shows China's Shifting Agricultural Trends." March 6, 2019. https://gro-intelligence.com/insights/articles/provincial-data-shows-chinas-shifting-agricultural-trends#Cotton.
Grose, Timothy. 2014. "Challenging the Minkaomin/Minkaohan Labels." In *Minority Education in China: Balancing Unity and Diversity in an Era of Critical Pluralism*, edited by James Leibold and Yangbin Chen,

Das, Veena. 2010. "Moral and Spiritual Striving in the Everyday: To Be a Muslim in Contemporary India." In *Ethical Life in South Asia*, edited by Anand Pandian and Daud Ali, 232–53. Bloomington: Indiana University Press.

Dautcher, Jay. 2009. *Down a Narrow Road: Identity and Masculinity in an Uyghur Community in Xinjiang China*. Cambridge, MA: Harvard University Asia Center.

Dave, Naisargi N. 2014. "Witness: Humans, Animals, and the Politics of Becoming." *Cultural Anthropology* 29, no. 3: 433–56.

Dawson, M. C. 2016. "Hidden in Plain Sight: A Note on Legitimation Crises and the Racial Order." *Critical Historical Studies* 3, no. 1: 143–61.

Day, Iyko. 2016. *Alien Capital: Asian Racialization and the Logic of Settler Colonial Capitalism*. Durham, NC: Duke University Press.

Deeb, Lara, and Mona Harb. 2013. *Leisurely Islam: Negotiating Geography and Morality in Shi'ite Beirut*. Princeton, NJ: Princeton University Press.

Deleuze, Gilles. 1986. *Kafka: Toward a Minor Literature*. Minneapolis: University of Minnesota Press.

Deleuze, Gilles. 1990. "Postscript on Control Societies." *October* 59 (winter): 3–7. Deleuze, Gilles, and Claire Parnet. 1987. *Dialogues*. London: Athlone Press.

Desai, A., and E. Killick, eds. 2010. *The Ways of Friendship*. London: Berghahn Books.

Desjarlais, Robert. 2003. *Sensory Biographies: Lives and Deaths of Nepal's Yolmo Buddhists*. Berkeley: University of California Press.

Duhu Xiyu. 2019. "Zheyang de jiaoyu peixun gao de hao!" [This kind of education and training is being done very well!]. http://archive.md/WWSIy.

Dwyer, Arienne M. 2005. "The Xinjiang Conflict: Uyghur Identity, Language Policy, and Political Discourse." *Policy Studies* 15:1–106.

Elliott, Mark. 2015. "The Case of the Missing Indigene: Debate over a 'Second-Generation' Ethnic Policy." *China Journal* 73:186–213.

Essence Securities. 2017. *Yingjie xueliang gongcheng jianshe gaofeng* [Meeting the peak of safe city project construction]. http://pdf.dfcfw.com/pdf/H3_AP201807091164665904_1.pdf.

Fadil, Nadia, and M. Fernando. 2015. "Rediscovering the 'Everyday' Muslim: Notes on an Anthropological Divide." *HAU: Journal of Ethnographic Theory* 5, no. 2: 59–88.

Faier, Lieba. 2008. "Runaway Stories: The Underground Micromovements of Filipina Oyomesan in Rural Japan." *Cultural Anthropology* 23, no. 4: 630–59.

Fanon, Frantz. 1967. *Black Skin, White Masks*. New York: Grove Press.

Fassin, D. 2013. *Enforcing Order: An Ethnography of Urban Policing*. New York: Polity. Federici, Silvia. 2004. *Caliban and the Witch*. Brooklyn, NY: Autonomedia.

Feldman, Allen. 1991. *Formations of Violence: The Narrative of the Body and Political Terror in Northern Ireland*. Chicago: University of Chicago Press.

Fernando, Mayanthi L. 2014. *The Republic Unsettled: Muslim French and the Contradictions of Secularism*. Durham, NC: Duke University Press.

Fischer, Andrew M. 2013. *The Disempowered Development of Tibet in China: A Study in the Economics of Marginalization*. Lanham, MD: Lexington Books.

參考書目
References

Byler, Darren. 2020b. "The Xinjiang Data Police." *Noema*, October 8, 2020. https://www .noemamag.com/the-xinjiang-data-police/.

Byler, Darren. 2021. "Chinese Infrastructures of Population Management on the New Silk Road." Wilson International Center for Scholars. Washington DC: Wilson Center.

Byrd, Jodi A., Aloysha Goldstein, Jodi Melamed, and Chandan Reddy. 2018. "Predatory Value: Economies of Dispossession and Disturbed Relationalities." In "Economies of Dispossession," special issue, *Social Text* 36, no.2: 1–18.

Cao, Huhua. 2010. "Urban–Rural Income Disparity and Urbanization: What Is the Role of Spatial Distribution of Ethnic Groups? A Case Study of Xinjiang Uyghur Autonomous Region in Western China." *Regional Studies* 44, no. 8: 965–82.

Cappelletti, A. 2015. "Developing the Land and the People: Social Development Issues in Xinjiang Uyghur Autonomous Region (1999–2009)." *East Asia* 32, no. 2: 137–71.

Cattelino, Jessica R. 2008. *High Stakes: Florida Seminole Gaming and Sovereignty*. Durham, NC: Duke University Press.

Cha, N. 2020. "Witness to Discrimination: Confessions of a Han Chinese from Xinjiang." *Amnesty International*. June 2020. https://www.amnesty.org/en/latest/news/2020/06/witness-to-discrimination-confessions-of-a-han-chinese-from-xinjiang/.

Cheek, Timothy. 2015. *The Intellectual in Modern Chinese History*. Cambridge: Cambridge University Press.

Chen, Christopher. 2013. "The Limit Point of Capitalist Equality: Notes Toward an Abolitionist Antiracism." *Endnotes* 3:2. http://endnotes.org.uk/en/chris-chen-the-limit -point-of-capitalist-equality.

Chin, Joshua, and Liza Lin. 2021. *Surveillance State: Inside China's Quest to Launch a New Era of Social Control*. New York: St. Martin's Press.

"China: Free Xinjiang 'Political Education' Detainees." 2017. Human Rights Watch. August 10, 2017. https://www.hrw.org/news/2017/09/10/china-free-xinjiang-political -education-detainees.

"China: Visiting Officials Occupy Homes in Muslim Region." 2018. Human Rights Watch. May 13, 2018. https://www.hrw.org/news/2018/05/13/china-visiting-officials -occupy-homes-muslim-region.

"China's Algorithms of Repression." 2019. Human Rights Watch. May 1, 2019. https://www.hrw.org/report/2019/05/01/chinas-algorithms-repression/reverse-engineering-xinjiang-police-mass-surveillance.

Chumley, Lily. 2016. *Creativity Class: Art School and Culture Work in Postsocialist China*. Princeton, NJ: Princeton University Press.

Cliff, Tom. 2016a. "Lucrative Chaos: Interethnic Conflict as a Function of the Economic 'Normalization' of Southern Xinjiang." In *Ethnic Conflict and Protest in Tibet and Xinjiang: Unrest in China's West*, edited by B. Hillman and G. Tuttle, 122–50. New York: Columbia University Press.

Cliff, Tom. 2016b. *Oil and Water: Being Han in Xinjiang*. Chicago: University of Chicago Press.

Cornwall, Andrea, and Nancy Lindisfarne, eds. 2017. *Dislocating Masculinity: Comparative Ethnographies*. Boca Raton, FL: Taylor and Francis.

Coulthard, Glen Sean. 2014. *Red Skin, White Masks: Rejecting the Colonial Politics of Recognition*. Minneapolis: University of Minnesota Press.

Crapanzano, V. 1985. *Tuhami: Portrait of a Moroccan*. Chicago: University of Chicago Press. Das, Veena. 2007. *Life and Words: Violence and the Descent into the Ordinary*. Berkeley: University of California Press.

Brophy, David. 2017. "The 1957–58 Xinjiang Committee Plenum and the Attack on 'Local Nationalism.'" Wilson Center. https://www.wilsoncenter.org/blog-post/the-1957-58-xinjiang-committee-plenum-and-the-attack-local-nationalism.

Brophy, David. 2019. "Good and Bad Muslims in Xinjiang." *Made in China*, July 9, 2019. https://madeinchinajournal.com/2019/07/09/good-and-bad-muslims-in-xinjiang/.

Browne, Simone. 2015. *Dark Matters: On the Surveillance of Blackness*. Durham, NC: Duke University Press.

Bulag, Uradyn E. 2012. "Good Han, Bad Han: The Moral Parameters of Ethnopolitics in China." In *Critical Han Studies: The History, Representation, and Identity of China's Majority*, edited by Thomas S. Mullaney, James Leibold, Stéphane Gros, and Eric Vanden Bussche, 92–109. Berkeley: University of California Press.

Butler, Judith. 1997. *Excitable Speech: A Politics of the Performative*. London: Routledge. Butler, Judith. 2009. *Frames of War: When Is Life Grievable?* New York: Verso Books.

Butler, Judith, and Athena Athanasiou. 2013. *Dispossession: The Performative in the Political*. London: John Wiley and Sons.

Byler, Darren. 2014. "'Encounter on the Silk Road' at the 2014 Xinjiang Art Biennale." *The Art of Life in Chinese Central Asia*. July 26, 2014. https://livingotherwise.com/2014/07/26/encounter-on-the-silk-road-at-the-2014-xinjiang-art-biennale/.

Byler, Darren. 2015. "Uyghur Women and Memetjan Semet's Film 'Dad, I Love You.'" *The Art of Life in Chinese Central Asia*. April 25, 2015. https://livingotherwise.com/2015/04/25/uyghur-women-memetjan-semets-film-dad-i-love-you/.

Byler, Darren. 2016. "Uyghur Internet and Social Media." In *Encyclopedia of Popular Culture in Asia and Oceania*. Santa Barbara, CA: ABC-CLIO, Greenwood Press.

Byler, Darren. 2017. "Imagining Re-Engineered Uyghurs in Northwest China." *Milestones: Commentary on the Islamic World*, April 20, 2017. https://www.milestonesjournal.net/photo-essays/2017/4/20/imagining-re-engineered-muslims-in-northwest-china.

Byler, Darren. 2018a. "'As If You've Spent Your Whole Life in Prison': Starving and Subdued in Xinjiang Detention Centers." *SupChina*, December 5, 2018. https://supchina .com/2018/12/05/starving-and-subdued-in-xinjiang-detention-centers/.

Byler, Darren. 2018b. "China's Government Has Ordered a Million Citizens to Occupy Uighur Homes: Here's What They Think They're Doing." *Chinafile*, October 24, 2018. http://www.chinafile.com/reporting-opinion/postcard/million-citizens-occupy-uighur -homes-xinjiang.

Byler, Darren. 2018c. "Claiming the Mystical Self in New Modernist Uyghur Poetry." *Contemporary Islam* 12, no. 2: 173–92.

Byler, Darren. 2018d. "Native Rhythms in the City: Embodied Refusal among Uyghur Male Migrants in Ürümchi." *Central Asian Survey* 37, no. 2: 191–207.

Byler, Darren. 2019. "Preventative Policing as Community Detention in Northwest China." *Made in China*, October 25, 2019. https://madeinchinajournal.com/2019/10/25/preventative-policing-as-community-detention-in-northwest-china/.

Byler, Darren. 2020a. "Global Implications of Reeducation Technologies in Northwest China." Center for Global Policy. June 8, 2020. https://cgpolicy.org/articles/the-global-implications-of-re-education-technologies-in-northwest-china/.

for the Study of Capitalism." Theorizing the Contemporary, *Fieldsights*, March 30, 2015. https://culanth.org/fieldsights/gens-a-feminist-manifesto -for-the-study-of-capitalism.

Becquelin, N. 2000. "Xinjiang in the Nineties." *China Journal* 44:65–90.

Becquelin, N. 2004. "Staged Development in Xinjiang." *China Quarterly* 178:358–78. Behar, Ruth. 1993. *Translated Woman*. Ann Arbor: University of Michigan Press.

Bellér-Hann, Ildikó. 2008. *Community Matters in Xinjiang, 1880–1949: Towards a Historical Anthropology of the Uyghur*. Leiden: Brill.

Bellér-Hann, Ildikó. 2015. *Negotiating Identities: Work, Religion, Gender, and the Mobilisation of Tradition among the Uyghur in the 1990s*. Munich: lit Verlag Münster.

Bellér-Hann, Ildikó, and Chris Hann. 2020. *The Great Dispossession: Uyghurs between Civilizations*. Munich: lit Verlag Münster.

Benjamin, Ruha. 2019. *Race after Technology: Abolitionist Tools for the New Jim Code*. New York: John Wiley.

Benjamin, Walter. 1986. *Illuminations: Essays and Reflections*. Translated by H. Zohn. New York City: Random House.

Beraja, Martin, David Y. Yang, and Noam Yuchtman. 2020. "Data-Intensive Innovation and the State: Evidence from ai Firms in China." NBER Working Paper No. w27723, available at NBER. https://www.nber.org/papers/w27723.

Berardi, Franco. 2009. *The Soul at Work: From Alienation to Autonomy*. Cambridge, MA: MIT Press.

Berardi, Franco. 2015. *and: Phenomenology of the End*. South Pasadena, CA: Semiotext(e). Berlant, Lauren. 1997. *The Queen of America Goes to Washington City*. Durham, NC: Duke University Press.

Berlant, Lauren. 2008a. *The Female Complaint*. Durham, NC: Duke University Press.

Berlant, Lauren. 2008b. "Thinking about Feeling Historical." *Emotion, Space and Society* 1, no. 1: 4–9.

Berlant, Lauren. 2011. *Cruel Optimism*. Durham, NC: Duke University Press.

Bernstein, Anya. 2012. "More Alive Than All the Living: Sovereign Bodies and Cosmic Politics in Buddhist Siberia." *Cultural Anthropology* 27, no. 2: 261–85.

Bhattacharya, T., ed. 2017. *Social Reproduction Theory: Remapping Class, Recentering Oppression*. London: Pluto Press.

Biehl, João. 2005. *Vita: Life in a Zone of Social Abandonment*. Princeton, NJ: Princeton University Press.

Bornstein, Erica. 2005. *The Spirit of Development: Protestant NGOs, Morality, and Economics in Zimbabwe*. Palo Alto, CA: Stanford University Press.

Bourgois, Philippe, and Jeff Schoenberg. 2009. *Righteous Dopefiend*. Berkeley: University of California Press.

Bovingdon, Gardner. 2010. *The Uyghurs: Strangers in Their Own Land*. New York: Columbia University Press.

Boyle, James. 2003. "The Second Enclosure Movement and the Construction of the Public Domain." *Law and Contemporary Problems* 66, nos. 1–2: 33–74.

Bray, Alan. 2003. *The Friend*. Chicago: University of Chicago Press.

Bray, Francesca. 2007. "Gender and Technology." *Annual Review of Anthropology* 36:37–53.

Briggs, Charles. 2014. "Dear Dr. Freud." *Cultural Anthropology* 29, no. 2: 312–43. https://doi.org/10.14506/ca29.2.08.

Brophy, David. 2016. *Uyghur Nation: Reform and Revolution on the Russia-China Frontier*. Cambridge, MA: Harvard University Press.

參考書目
References

Abu-Lughod, Lila. 2008. *Writing Women's Worlds: Bedouin Stories*. Berkeley: University of California Press.
Abu-Lughod, Lila. 2013. *Do Muslim Women Need Saving?* Cambridge, MA: Harvard University Press.
Agamben, Giorgio. 1998. *Homo Sacer: Sovereign Power and Bare Life*. Stanford, CA: Stanford University Press.
Ahmed, Sara. 2006. *Queer Phenomenology: Orientations, Objects, Others*. Durham, NC: Duke University Press.
Albro, Robert. 2018. "Troping the Enemy: Metaphor, Culture, and the Big Data Black Boxes of National Security." *Secrecy and Society 2* 1, no. 3: 1–42.
Althusser, Louis. 1971. *Lenin: Philosophy and Other Essays*. London: nlb.
Amrute, Sareeta. 2016. *Encoding Race, Encoding Class: Indian it Workers in Berlin*. Durham, NC: Duke University Press.
Anagnost, Ann. 2004. "The Corporeal Politics of Quality (suzhi)." *Public Culture* 16, no. 2: 189–208.
Anagnost, Ann. 2006. "Strange Circulations: The Blood Economy in Rural China." *Economy and Society* 35, no. 4: 509–29.
Anagnost, Ann. 2013. "Life-Making in Neoliberal Times." In *Global Futures in East Asia: Youth, Nation, and the New Economy in Uncertain Times*, edited by Ann Anagnost, Andrea Arai, and Hai Ren, 1–27. Palo Alto, CA: Stanford University Press.
Anand, Dibyesh. 2019. "Colonization with Chinese Characteristics: Politics of (In) Security in Xinjiang and Tibet." *Central Asian Survey* 38, no. 1: 129–47.
Anderson, Amy, and Darren Byler. 2019. "'Eating Hanness': Uyghur Musical Tradition in a Time of Re-Education." *China Perspectives*, no. 3 (2019): 17–26.
Anderson, Michael. 2017. "Genealogical Analysis of Discourse on Ethnic Minority Pro- tests and Its Manifestation and Reinforcement in News Media and State-Sponsored Art." PhD diss., University of Washington.
Andrejevic, Mark. 2007. "Surveillance in the Digital Enclosure." *Communication Review* 10, no. 4: 295–317.
Anwar, Mutallip, and Darren Byler. 2021. "Alienation and Educational 'Reinvestment': English Learning and Uyghur Subject-Formation in Xinjiang, China." Manuscript.
Appadurai, Arjun. 2000. "Spectral Housing and Urban Cleansing: Notes on Millennial Mumbai." *Public Culture* 12, no. 3: 627–51.
Arendt, Hannah. 1958. *The Human Condition*. Chicago: University of Chicago Press.
Arendt, Hannah. 1978. *The Life of the Mind*. Vol. 1. New York: Harcourt Brace.
Asad, Talal. 2007. *On Suicide Bombing*. New York: Columbia University Press.
Balci, B. 2015. "Reviving Central Asia's Religious Ties with the Indian Subcontinent? The Jamaat al Tabligh." *Religion, State and Society* 43, no. 1: 20–34.
Barker, Joanne. 2015. "The Corporation and the Tribe." *American Indian Quarterly* 39, no. 3: 243–70.
Bear, Laura, Karen Ho, Anna Lowenhaupt Tsing, and Sylvia Yanagisako. 2015. "Gens: A Feminist Manifesto

8 在二〇一四年，全新疆只有一間政府核准的伊斯蘭學校。所有獲准授課的伊瑪目都必須在這間伊斯蘭學校中受訓。此外，授課只能在星期五的祈禱後政府核准的星期五清真寺進行。相關教誨常常都是拿著政府審查過關後的文稿照本宣科。也因為如此，政府核准之伊瑪目的教誨根本不太被當成是正牌的伊斯蘭教誨，反倒廣泛被認為是政府的政治宣傳。考量到星期五清真寺受到的嚴密審查，許多穆斯林會另行約在這些指定地點以外的處所去討論伊斯蘭教誨並祈禱。黑甲山的清真寺就是一間受到嚴密監視的星期五清真寺。那兒因此主要是做為一個祈禱與跟其他信徒有所接觸的地方；虔信教誨的分享主要是在清真寺的外圍（而非本體中）進行。

9 他指的是緊接著拉瑪丹齋戒月後爆發的大規模起事，事因是在一名維族農夫的家中，女性的面紗問題造成了涉及警方的糾紛。同時參考中國政府與維吾爾流亡政府兩造殊異甚大的統計數據，在抗議中死於警察之手的非武裝維族平民人數落在九十六到兩千人之間。這次事件造成了葉爾羌縣被宣布進入緊急狀態，那也意味著在二〇一五年，縣內近百萬維吾爾人受制於宵禁、日常的警察訪查，還有義務性的政治教育集會。如同在許多其他的縣境內，數萬維吾爾男性被捕，未經審判就被押進再教育營（進一步的討論見S. Hoshur 2014）。

10 在新疆，長途旅行想橫越沙漠最便宜的辦法，就是搭乘臥鋪巴士。這種巴士配備有三層窄床。巴士撞上運煤卡車時，哈桑與他的家人在巴士的後方。

結語

1 Xinjiang Reform and Development Commission 2018; Zhang Dong, "Xinjiang's Tens-of-Billion-Scale Security Market, the Integration Giant Tells You How to Get Your Share"（數百億的新疆安防市場，集成巨頭告訴你如何才能分杯羹）[Ch: Shu bai yi de xinjiang anfang shichang, jicheng jutou gaosu ni ruhe caineng congzhong fen bei geng], *Leiphone*, August 31, 2017, https://web.archive.org/web/20190406231923/https://www.leiphone.com/news/201708/LcdGuMZ5n7k6sepy.html.

城市裡一種宗教徙志(hijrah；亦有音譯為希吉拉、黑噬拉等說法、原意為「出走」、「離去」，後來變為公元六二二年先知穆罕默德領信眾離開麥加，遷移到葉斯里卜這個事件的簡稱。由於這是伊斯蘭史上的大事件，因此後世將六二二年定為伊斯蘭曆元年，伊斯蘭曆因此得名「希吉拉曆」)或云「流亡」脈絡中，某種形式的聖戰或云「奮鬥」。在此我的設想一如Robinson的主張，是她在她研究中遭遇的穆斯林使用了穆哈吉爾人的概念，而維吾爾移民使用了行者的概念去做為調和「各式新遜尼派信仰」與「各式舊原住民性蘇菲派傳統」的一個辦法，也做為在宗教經濟中覓得歸屬感的一個辦法。值得一提的是行者／musapir與穆哈吉爾人／muhajir這兩個詞在南亞的語境中，不時是可以通用的。惟我並沒有發現維吾爾人在日常的語言交流中使用muhajir一詞。

5 在後來的討論中，他說：「我首先進了『口裡』(Ch: kouli；長城內，長城以南)，在一九六六年來到了華東。在當時我還只是個高中生（雖然學校已經停課)。所以我跟一些同學去到了北京見毛澤東。我們在那年的十月出發。從喀什到吐魯番得一路搭便車。再來我們搭了輛公交車。接著在蘭州，我們換搭了火車。最終我們到了。天安門廣場上有數萬名跟我們一樣的運動參與者。然後毛走了出來，我們對他唱起了歌。那一幕真的很感人（他也唱了幾句)。幾週後我們返回新疆。我留在烏魯木齊，幫忙當地某派系鬥爭了幾個禮拜，然後返回了喀什。

我在一九七四年重返烏魯木齊，繼續幫忙鬥爭。在一九八〇與一九九〇年代，我以在大巴扎（市集）賣農產、水果、堅果還有牧羊營生。我成年後就這麼幹了一輩子。如今我要退休了！也許你可以把我裝兜裡，帶到美國！」

6 葉爾羌的另一個羅馬拼音是Yarkand，中文裡叫作莎車。

7 整體而言，觀察過去二十年的伊斯蘭信仰，我們可以在維吾爾族之間看到一種廣泛的變遷朝著更外顯的規範性／跨國性（遜尼派）哈納菲法學派移動；這種學派的復興得以獲得傳播，主要靠的是新式的各種非正式指導，也就是民眾口中的「宣教」。值得提的一個重點是維吾爾的宣教其實並不專指宣教會運動的正規教誨。宣教會做為一股以南亞為核心的運動，倡議的是對十七世紀伊斯蘭正行的一種「回歸」。這類運動傳入維吾爾人之間，主要是經由其在土耳其的烏茲別克成員與維吾爾教師所提供的教誨。另一支運動也影響了一小部分的維族，那就是以倫敦為中心的伊扎布特（Hizb ut-Tahrir；伊扎布特為一國際性泛伊斯蘭信仰與伊斯蘭基本教義派政治組織，其公開的宗旨是要重建哈里發國，以藉此團結穆斯林社區，並履行伊斯蘭教法。成立於一九五〇年代初期的伊扎布特最早活躍於阿拉伯世界，蘇聯解體前夕迅速進入中亞，目前則在英國倫敦跟巴勒斯坦各設有一總部)，其倡議的是以非暴力方式「回歸」一個伊斯蘭哈里發國。Sean Roberts (2020) 曾提及這些形式的薩拉菲（Salafi；遜尼派穆斯林中一種極端保守的正統運動，主張包括基本教義與伊斯蘭復古，拒絕宗教上的創新或「異端」，支持實施「伊斯蘭教法」）正行已經導致一小群少數的維吾爾年輕人受吸引而倒向特定團體的偏鋒政治，包括較早的蓋達組織與距離現在較近的伊斯蘭國（Daesh）。

and Kelly 2017。

2 見Cheek 2015; and Rofel 2007，當中討論到了從宣傳國家到「受掌控之公共領域」之轉向是如何被市場自由化培育出來。

3 見第二章，當中會探討到這種「素質」(Ch: suzhi)概念如何關係到不同人口之不同定位。

4 事實上，不同於在漢族移民被視為國家計畫違反者——如我在第二章所言——的其他城市(Guang 2003, 620)，近期漢族移民在烏魯木齊被捧為為新疆帶來文化素質的潛在墾殖者。

5 陳業在這段文字中被引用的發言是取自一段已出版的中文訪談。為了保護他的真實身分，可以連結到這些公開內容的引用資料我在此按下不表。

6 這一段剩下的引言都是出自兩段與陳業的訪談，均已發表。

7 這段引言與下一段的引言都是摘錄並翻譯自陳業出版於二〇一三年的日記。

8 在此我被提醒了在整片寬廣的開放草原上，草是如何發芽在石頭與石頭之間至薄的土層中。亨利・米勒(Henry Miller)說得很好的是：「草只存在於那沒有被耕作的一個個廣大空間之間。草填滿了虛空。草成長在其他東西的夾縫中——空檔中。花很美、高麗菜很有用，罌粟讓你發瘋。但草只會滿溢著盎然生意，它以道德性為我們上了一課。」(寫於Deleuze and Parnet 1987, 30)。

9 往往，一種社會系統的複雜性只會在一種狀況下被揭露出來，那就是當它被某道創傷炸開的時候；隨之而來在一種安全環境裡，會出現「一種空間被『拉開間距』、被創造、被摺疊、被延展的過程，且在這過程中地圖繪製會始終保持落後，只能掙扎著想要『跟上腳步』」(Simone 2003, 26)。Agamben (1998)告訴我們這類創傷，如Walter Benjamin (1986)所預期，正在變成一種常態而非例外。

CHAPTER 6——削減

1 Wang Yuanyuan, "Wulumuqi shi penghu qu gaizao 2012 nian jiang touzi 50 yi jian wan taofang"(烏魯木齊市棚屋區改造二〇一二年將投資五百億建萬套房) [Ürümchi Will Invest 50 Billion Yuan to Build 10,000 Homes in Urumqi's Shantytowns in 2012], Tianshan.net, March 28, 2012, https://web.archive.org/web/20120503050242/http://www.xj.xinhuanet.com/2012-03/28/content_24970063.htm.

2 行者／Musafir在波斯語、烏爾都語與印地語（印度語）中也有「旅人」的意思。

3 比方說可見由Kathryn Zyskowski於二〇一四年取材自期刊《文化人類學》(*Cultural Anthropology*)資料庫中的一本論文集，名為Curated Collection: Everyday Islam。

4 如在Cabeiri Robinson(2013)關於穆哈吉爾人在阿薩德喀什米爾的誕生的研究中所言，移民遷徙（阿薩德喀什米爾〔Azad Kashmir〕，是巴基斯坦控制的喀什米爾地區的一部分。面積一萬三千餘平方公里，人口近四百萬，首府穆扎法拉巴德，主要語言有喀什米爾語、烏爾都語等；穆哈吉爾人〔muhajir〕本意是「來自印度的穆斯林移民」，組成是印巴分治後從印度各地遷徙至新巴基斯坦者的多民族穆斯林移民／難民，外加他們的後裔）成為了在

14 有些維吾爾職業學校的學生有另外一個身分是註冊的大學生，他們需要來這兒是為了學習英語等技能。但有很多職校學生單純只是輟學的高中生，他們懷抱著即便書讀不好，仍能把日子愈過愈好的夢想。

15 詳見第一與第二章的討論。

CHAPTER 4 —— 友誼

1 欲進一步得知男性特質的社會建構，見Eve Sedgwick 1985; Matthew Gutmann 1997; Michael Kimmel 2004; and Andrea Cornwall and Nancy Lindisfarne 2017。

2 比方說可見Michael D. Jackson (2002), Robert Desjarlais (2003), Veena Das (2007), Lila Abu-Lughod (2008), and Robert Innes and Kim Anderson (2015)等研究著作。

3 欲見一些以中國的性別、族裔跟權力為題，最傑出的人類學書寫，可見Ralph Litzinger (2000), Louisa Schein (2000), and Charlene Makley (2007)等研究作品。

4 欲對「關係」在中國性別關係與社會性上的社會重要性有更多了解，見Alan Smart 1999; Susan Mann 2000; M. M. H. Yang 2002; and J. Yang 2010。

5 另見Roberts 1998。

6 比方說可見Paul Stoller (1989), Renato Rosaldo (1993), and Lila Abu-Lughod (2008)等研究。

7 關於一比較性的案例，見Jack Sidnell 2000。

8 欲見「維奸」角色的探討，見Joanne Smith Finley 2013。

9 如一名維吾爾的都市設計者告訴我，「中國有句話說：把守大門好；保護你的人好。[Ch: bashou damen hao; baohu ni de ren hao]（按台灣習慣的語法：把守好大門；保護好你的人）大家覺得每個住宅小區跟每間公司都該有面牆來抵禦閒雜人等。隨著社會愈變愈複雜，圍牆的重要性也愈來愈高。在以前的鄉間，這些牆根本都不存在。但如今，就算是在鄉下，學校與小區都會有圍牆跟駐衛警。」當然出了新疆，外界認為維吾爾暴力的威脅較低的城市裡，圍牆只被保留在高檔住宅區周圍；如今其他機構的空間都常常可以自由接近。

10 當然了，維吾爾女性也被置放於高度不確定的處境中，且受制於父權主義暴力，但事實是直接暴力與系統性剖繪的威脅是嚴重朝維族男性這邊傾斜。女性通常不會被解讀為潛在的恐怖分子，而出身鄉間的男性則幾無例外地會被看作是威脅。漢族女性移民——在中國國家主導的資本主義發展中被拉進華東工廠裡的剝削式社會關係裡時——所體驗到的日常剝奪，會在此被重新導向維吾爾的身體，被視為恐怖資本主義成形的主要標的去剝削與支配。

CHAPTER 5 —— 少數政治

1 用在此處的共犯一詞，來自於陳業與他的維吾爾對等者在建立一種少數政治時所進行的一種思考。雖然他們沒有明擺著將之連結到別處的反種族歧視鬥爭上，但這些聯繫明明白白地可以經推斷而得出。對於屬於系統性不公義之處境的糾正，需要超越差異而代價高昂的團結性。關於共犯這種人設是如何被採用於美國的脈絡中，一次優秀的檢視可見於Powell

註釋

Notes

CHAPTER 3 —— 剝奪

1 關於這些壁畫所處的脈絡與所含的內容，見Byler 2017。

2 這種用典型伊斯蘭寒暄語「(阿)瑟蘭」(Assalam)，即「願平安臨於你」(Uy: assalam alaykum)與人打招呼的方式，已經被認定是宗教極端主義的具體行為，並在二〇一七年被宣告為非法。

3 比方說可見Gutiérrez-Rodríguez 2011; Vimalassery 2013; Pasternak 2015; Barker 2015; Day 2016; and Byrd et al. 2018。

4 一如常被提出的，馬克思點出了這是一種「雙重自由」，因為在資本主義系統中，勞工實際上有「自由」可以工作，也有「自由」可以捱餓(Marx [1846] 1978)。

5 蘿莎·盧森堡(Rosa Luxemburg)稱剝奪是一種「土地占領」(Landnahme)的過程，傑森·摩爾(Jason Moore)稱之是「挪用」(appropriation)，而南西·弗雷澤則形容整個剝削過程是「侵占」。我固然覺得這些理論先進的分析都有其獨到處，但在這每一種見解中，都存有著(或許在摩爾的研究中稍好一點)一種朝歐美墾殖者中心主義傾斜的趨勢，而缺少了對「知識域暴力」這個殖民剝奪之附隨產品的關注。尤其在弗雷澤的研究中，去殖民研究文獻的缺席程度高到令人失望。Luxemburg 1951; Harvey 2014; Moore 2015; Fraser 2016。

6 這兩場運動——「西北大開發」與「西部大開發」(有時候被稱為「西部大躍進」)——分別開始於一九九〇年代與二〇〇〇年代早期。由於九〇年代的第一波運動被認為成功把基礎建設跟工業化農業帶到了新疆，因此計畫後來才又被擴展到整個中國西部各區。

7 Shao Wei, "China becomes tomato industry target," *China Daily*(中國日報網), June 15, 2012, https://www.chinadaily.com.cn/china/2012-06/15/content_15506137.htm.

8 Li Weiao, "Guoji youjia dimi zhongshiyou xinjiang youtian jinnian yi kong chan 68 wan dun" [With low international oil prices, PetroChina's Xinjiang Oilfield has controlled production of 680,000 tons this year](國際油價低迷，中石油新疆油田今年已控產六十八萬桶), *Tencent Finance*, August 11, 2016, https://archive.fo/mRIaD.

9 想取得地契所有權的確切統計數據有相當之難度，但土地被少數地方菁英兼併是我訪問眾多農夫間的常識。我在此列出的估計值，就是以這些訪問為依據。另見Cappelletti 2015。

10 另見Eset Sulaiman's report "In China's Xinjiang, Some Uyghurs Are Forced into a Sharecropper's Life" for an account of what this looked like in Khotan Prefecture in 2016 (Radio Free Asia, http://www.rfa.org/english/news/uyghur/in-chinas-xinjian-some-uyghurs-11222016151601.html).

11 Lili Wu, "Xinjiang shaoshu minzu liudong renkou falu yi shi de xianzhuang fenxi" [An analysis of the legal awareness among migrants from Xinjiang ethnic minorities](新疆少數民族流動人口法律意識的現狀分析), May 22, 2013, https://c.m.163.com/news/a/FK7R622R0541LBHV.html.

12 VCD的全稱是Video Compact Discs，也就是影音光碟，屬於最早進入鄉下維吾爾原鄉的數位媒體形式。

13 欲對毒品依賴性與維吾爾人是如何被推進灰色經濟中有更多了解，可見Ilham Tohti (2009)。

視為當代全球資本主義一種模態的權威敘述。

3 當然，擁有高水準人類資本的尊榮地位，並不能徹底說明中國「創業主體」的價值體系，以及舊有與主體間關係有關，亦與家庭關係有關的文化體制，譬如「保留面子」(Kleinman, Yan, and Jing 2011, 12)，也不能徹底說明個人慾望的新興價值提升 (Rofel 2007)。但如 Anagnost (2004) 所主張，即便是這些形式的個人慾望，也往往會屈折於具有市場價值之人設的消費與生產，以及為了慾望之故而生產慾望的邏輯。

4 比方說可見 Pun 2005; Yan 2008; Anagnost 2013; and Rofel and Yanagisako 2018。

5 葉蓓指出這點，是引用了地方政府在一份報告中提到「為了讓西藏成為這個城鎮穩定的向外移民目的地，每年春節期間我們都會特別（從在西藏的成功四川移民中）邀請一名代表來與政府座談，並給他們以獎賞」(2013, 113)。座談顯示邊疆移民不能單靠追求素質的志向或移居對收入的助益。此舉還必須由在人際關係與家庭忠誠的尋常結構之外穿插犧牲的元素，藉此來創造額外的動力。

6 羅林的《北方的天空下》音樂錄影帶可以在 YouTube 上看到，網址是：https:// youtu.be/TBP_XEBpSw4。

7 更多關於漢族移民對於愛國責任的認知，見 Tom Cliff 2016b。

8 以其九千三百萬左右的人口數，河南有著世界上名列前茅的人口密度。

9 見第一與第二章來比較漢維兩族文化工作者的經驗。

10 關於對圖博流亡社群中這些觀點的討論，見 Emily Yeh 2007a。關於內亞民族是如何視原生民族或蘇菲派等詞彙為反現代主義與東方主義的投射，並且偏好強化以國家為中心對身分的解讀，相關的學術研究可見 Sneath 2007; and Brophy 2019。

11 見 Dawa Lokyitsang's essay "Are Tibetans Indigenous?" (2017) and Guldana Salimjan's article "Mapping Loss, Remembering Ancestors: Genealogical Narratives of Kazakhs in China" (2020)，當中有對西藏跟哈薩克原住民性政治如何與全球去殖民運動出現交會點的討論。一篇無名氏作者的文章 ("You Shall Sing and Dance" 2020) 描述了去殖民方法論是如何形塑了她在維吾爾原住民性上的學術研究。我與 Amy Anderson (維吾爾族) (2019) 合寫的一篇文章也探討了全球關於原住民性與反種族歧視的學術研究。薩里庫爾塔吉克族作者與社運分子 Nurdoukht Khudonazarova Taghdumbashi (2020) 也同樣觸及了去殖民理論的研究。

12 意思是只有大約六萬到十萬名維吾爾人得以取得在烏魯木齊市的永久居住權。

13 這種價值感知牽涉到國家系統是如何授予了他權利在城市裡居住，也牽涉到他如何曾與系統合作去取得認可與特權。他擔心他身為維吾爾族的地位會妨礙他與系統合作。在接下來的幾年中，這些態度開始在某種程度上有所轉變。在我跟這名官員的女兒在二〇一八年對談時，我得知了這官員已經因為貪腐的指控而遭到羈押，並被判處了有期徒刑。她說她們家終於開始明白剝奪的力量幾十年來是如何針對鄉間的維族，惟要拆解這種特權仍非易事。

14 見第四章，當中有討論到這種友誼是如何被用來表達反殖民的男性特質。

15 見引言，當中描述了這些營區的建置與所產生的效應。

法律意識的現狀分析）, May 22, 2013, https://c.m.163.com/news/a/FK7R622R0541LBHV.html.

14 Ben Dooley, "'Eradicate the Tumors': Chinese Civilians Drive Xinjiang Crackdown on Separatism," *Bangkok Post*, April 26, 2018, https://www.bangkokpost.com/news/world/1453014/eradicate-the-tumors-chinese-civilians-drive-xinjiang-crackdown; Byler 2020a.

15 Zhang Dong, "Xinjiang's Tens-of-Billion-Scale Security Market."

16 Austin Ramzy, "He Needed a Job. China Gave Him One: Locking Up His Fellow Muslims," *New York Times*, March 2, 2019, https://www.nytimes.com/2019/03/02/world/asia/china-muslim-detention-uighur-kazakh.html.

17 Austin Ramzy and Chris Buckley, "'Absolutely No Mercy': Leaked Files Expose How China Organized Mass Detentions of Muslims," *New York Times*, November 16, 2019, https://www.nytimes.com/interactive/2019/11/16/world/asia/china-xinjiang-documents.html.

18 "Ihr seid keine Menschen," *Die Zeit*, August 1, 2019, https://www.zeit.de/2019/32/zwangslager-xinjiang-muslime-china-zeugen-menschenrechte/seite-2.

19 "Ihr seid keine Menschen."

20 "Ihr seid keine Menschen."

21 "Ihr seid keine Menschen."

22 "Jiangsu yuan yi qianyan zhihui bu lingdao yanjiu nantong shi duikou yuan jiang gongzuo" [Leaders of Jiangsu aid to Yining Front headquarters investigate the paired aid to Xinjiang from Nantong City]（江蘇援伊〔寧〕前沿指揮部領導研究南通市對口援疆工作）, *Times of Nantong Aiding Xinjiang*, May 31, 2018, http://archive.md/f490v.

23 "Xinjiang: Zhongdian zhichi nan jiang fangzhi fuzhuang chanye fazhan" [Xinjiang: Focus on Supporting the Development of the Textile and Apparel Industry in Southern Xinjiang]（新疆：重點支持南疆紡織服裝產業發展）, *International Business Daily*, April 19, 2018, https://web.archive.org/web/20190525124330/http://cms.dybcotton.com/archives/2827.

24 Dominique Patton, "Xinjiang Cotton at Crossroads of China's New Silk Road," *Reuters*, January 11, 2016, https://www.reuters.com/article/us-china-xinjiang-cotton-insight-idUSKCN0UQ00320160112.

25 關於「歐洲與北美對反恐主義的布署是如何創造出其自身的真理政權與經濟體」一個比較性的討論，見 Allen Feldman 1991; Mahmood Mamdani 2002; Laura McNamara 2011; and Joseph Masco 2014.

CHAPTER 2——貶低

1 這種噓人走的聲音跟動作是短版，比較講究且文法更準確的句法應該是「出去！出去！」

2 基普尼斯曾在二〇〇七年批判過把素質視為市場自由化產品的人類學觀點，而此處他的看法似乎是改口，或是提出進一步更細緻的闡述。見 Anagnost 2004 and 2013 以了解將素質

the-leader-of-beijings-muslim-crackdown-gains-influence-11554655886.

2 綜觀全書，我都使用「(約聘)協警」(police contractor)一詞去表示大部分做為專業的輔助警力的制服警察，他們是地方警察通過私人合約雇用。這些輔助警力往往未獲授權配戴致命武器，且主要負責在中國西北部對穆斯林人口進行科技監控。直接領國家薪水且有權使用致命武器的警察在本書中被單純稱為警察或國家警察。

3 另見Cedric Robinson 1983; Silvia Federici 2004; and Nancy Fraser and Rahel Jaeggi 2018.

4 循著Byrd et al. (2018)與其他去殖民化學者的作法，我把德文裡的ursprünglich一詞翻譯為original accumulation(原初積累)，而非較為不夠精準的primitive accumulation(原始積累)。

5 Zhou Yan, Wang Pan, and Pan Ying, "'Unintentional Scream' Triggered Xinjiang Riot," *Xinhua*, July 8, 2009, http://news.xinhuanet.com/english/2009-07/08/content_11675440.htm.

6 曠視科技後來宣稱他們一部分在新疆的相關系統並未啟用。Paul Mozur, "One Month, 500,000 Face Scans: How China Is Using A.I. to Profile a Minority," *New York Times*, April 14, 2019, https://www.nytimes.com/2019/04/14/technology/china-surveillance-artificial-intelligence-racial-profiling.html.

7 "Da shuju fankong yi cheng guoji qushi" [Big data counterterrorism has become an international trend] (大數據反恐已成國際趨勢), *Xinhua*, March 28, 2014, http://news.sciencenet.cn/htmlnews/2014/3/289312.shtm.

8 一份國家預算報告顯示這讓安防支出增加了九成以上。"Guanyu 2017 nian zizhiqu yusuan zhi hang qingkuang he 2018 nian zizhiqu yusuan cao'an de baogao [Report on the implementation of the autonomous region budget in 2017 and the draft budget of the autonomous region in 2018] (關於二〇一七年自治區預算執行情況和二〇一八年自治區預算草案的報告)," Xinjiang Net, February 3, 2018, https://web.archive.org/web/20181014075113/http://www.xinjiangnet.com.cn/2018/0203/2044552.shtml.。另見Zhang Dong, "Xinjiang's Tens-of-Billion-Scale Security Market, the Integration Giant Tells You How to Get Your Share" [Ch: Shu bai yi de xinjiang anfang shichang, jicheng jutou gaosu ni ruhe caineng congzhong fen bei geng] (數百億的新疆安防市場，集成巨頭告訴你如何才能從中分杯羹), *Leiphone*, August 31, 2017, https://web.archive.org/web/20190406231923/https://www.leiphone.com/news/201708/LcdGuMZ5n7k6sepy.html.

9 "Banking body prepares list of ppp projects in Xinjiang," *China Daily*, February 24, 2017, https://archive.fo/qWSo4. See also Chin and Lin 2021.

10 Zhang Dong, "Xinjiang's Tens-of-Billion-Scale Security Market, the Integration Giant Tells You How to Get Your Share."

11 Zhang Dong, "Xinjiang's Tens-of-Billion-Scale Security Market."

12 Zhang Dong, "Xinjiang's Tens-of-Billion-Scale Security Market"; Greitens et al. 2019.

13 Lili Wu, "Xinjiang shaoshu minzu liudong renkou falu yi shi de xianzhuang fenxi" [An analysis of the legal awareness among migrants from Xinjiang ethnic minorities] (新疆少數民族流動人口

14 "Let Them Shoot Hoops," *Economist*, July 30, 2011, http://www.economist.com/node/21524940.

15 如許多學者所示，由在家庭部門或服務業之女性與少數化族裔—種族他者完成的工作，往往會在資本主義系統進行估算時，本質上被賦予較低的價值。(Federici 2004; Dawson 2016; Fraser and Jaeggi 2018).

16 Harvey and LaPlace 2019; Paul Mozur, "One Month, 500,000 Face Scans: How China Is Using A.I. to Profile a Minority," *New York Times*, April 14, 2019, https://www.nytimes.com/2019/04/14/technology/china-surveillance-artificial-intelligence-racial-profiling.html.

17 做為比較範例，關於科技使用在種族化的美國警政中的狀況，可見Brian Jordan Jefferson 2020。

18 Nancy Fraser形容社會再製空間與其所支持之資本主義生產模式間的關係，是一種「邊界鬥爭」(Fraser and Jaeggi 2018)。這一詞概念化了資本是如何被推著去變本加厲剝削那些一開始讓經濟活動變得可能的照顧與修復系統。

19 關於資本主義監控與其對少數化他者的效應，相關研究可見Simone Browne (2015); Mckenzie Wark (2017, 2019); Ruha Benjamin (2019); Lily Irani (2019); and Silvia Lindtner (2020).

20 關於以穆斯林社會中普遍的性別建構為題的學術研究，見Saba Mahmood (2005); Lila Abu-Lughod (2008); Farha Ghannam (2013); and Mayanthi Fernando (2014)。對於以維吾爾社會中的性別建構為題的研究，見Jay Dautcher 2009; Cindy Huang 2012; Ildikó Bellér-Hann 2015; and Joanne Smith Finley 2015。

21 雖然年輕的低收入女性也會移居到城市裡，嘗試在那裡找到女侍、店員與女公關的工作，但本書的重點是要討論年輕男性做為恐怖資本主義的主要目標，他們是如何具體地逃脫鄉間，也逃脫那裡的貧窮與羈押。關於維吾爾女性的城市生活描述，見Cindy Huang 2012, and Joanne Smith Finley 2015。關於漢人女性在新疆的生活描述，見Agnieszka Joniak-Lüthi 2015。

22 欲進一步了解性別的展演性，見Eve Sedgwick (1985), Judith Butler (1997), Matthew Gutmann (1997), Michael Kimmel (2004), and Andrea Cornwall and Nancy Lindisfarne (2016)。

23 同樣地，伊斯蘭的面紗也被視為是在挑戰中國國家凌駕維吾爾群體之上的主權，也不管面紗是被維吾爾男性強加在女性之上，還是女性自發性地想要配戴（Huang 2012）。由此，維吾爾女性往往會成為國家暴力在針對維吾爾男性採取行動時，所攻擊的「沉默目標」。針對性別習俗的糾察行為，將國家確立為男性特質與女性特質的終極仲裁者。

24 如其他學者所示，這種態度會偶爾導致不同形式的家暴。見Huang 2012; Smith Finley 2015; and Tynen 2019a。

CHAPTER 1 —— 圈禁

1 Chun Han Wong, "China's Hard Edge: The Leader of Beijing's Muslim Crackdown Gains Influence," *Wall Street Journal*, April 7, 2019, https://www.wsj.com/articles/chinas-hard-edge-

Dispossession"的特刊(Byrd et al. 2018).

2 另見N. P. Singh 2017; and Ananya Roy 2019.

3 欲見關於勞動力、可棄性與價值創造在亞洲脈絡下的討論，見Neferti Tadiar (2015) and Shu-mei Shih (2016). Ching Kwan Lee (2018)描述了中國經濟生產中產能過剩的效應。

4 關於在北美，被種族化的少數民族是如何被迫相互「去認同」，見Chandan Reddy 2011; and Iyko Day 2016.

5 欲見關於中國西北經濟體系如何能被視為一種新版種族化資本主義的額外討論，可見David Tobin 2020。

6 如Nikhil Singh所主張，「種族做為一種把整個群體聚集起來貶低其價值的手法，其生成」有賴於對目標群體之社會性與生物性再製價值進行評估，而此評估對照的是對已經在資本主義社會秩序中成功之人來說，他們對資本累積與對自身的再製有多大的迫切性（2017, 57–58）。

7 見Stevan Harrell (1995), Shu-mei Shih (2001), Tong Lam (2011), and Jeffrey Wasserstrom (2020)的著作，當中提及了類似的辦法，可供人理解中國與日本的殖民計畫。

8 事實上，Ann Stoler與Carole McGranahan主張清代與民國時期的中國殖民計畫，靠的是一種睥睨其他亞洲族群之「陽剛式種族民族主義」動員，且完全是參考了其他帝國的建立過程（Stoler and McGranahan 2007, 25）。中國這種族裔—種族化所受到的啟發，來自於日本與西方式的種族化，但至少在初始階段並沒有搬出優生學的偽科學來當作佐證。欲見對中國與美國之族裔—種族政治進行的比較，可參考Jin 2012。Jin的討論有助於我們去比較跟理解這些帝國強權的歷史沿革，但由於其未能思慮到維族與藏族對自身所受種族化的認知（新疆與西藏是中國的種族化經典案例），因此對我們理解中國當代的族裔—種族化助益較為有限。

9 一如歷史學者Jeffrey Wasserstrom指出：「日本在許多案例中堅稱他們不是在占人領土，而是在解放領土掙脫殖民統治，讓這些領土能終於由本地人自治。他們對上海就是這麼說的，他們在一九四〇年代宣稱上海終於從各種外國控制中被解放出來，但其實日軍與中國傀儡官員仍控制著整座城市。北京當局也一樣絕口不提什麼擁有一座帝國，但其操弄西藏與新疆的方式與東京當局當年的帝國手段，可謂異曲同工。」(2020, https://publicseminar.org/essays/hong-kong-on-the-brink/).

10 譬如可見Barry Sautman以這類理由捍衛中國對新疆的殖民(Sautman 2000)。

11 亦可見Ann Stoler and Carole McGranahan 2007, 25; Stevan Harrell 1995; and Dru Gladney 1998.

12 墾殖者殖民主義是帝國主義一種獨特的構形，其前提是墾殖者在某國的賦權下得以進入原生民族的土地、待下來，然後置換掉原生民族與他們的生活方式。這當中內含著一種支配關係、各種剝奪的程序，還有占領下的各種狀態(Simpson 2014)。

13 要比較自由派的多元文化主義是如何將西方墾殖者殖民主義脈絡下的墾殖者權力延伸出去，相關的討論見Povinelli 2002。

註釋
Notes

序文

1 Zhang Dan, "Xinjiang's Party Chief Wages 'People's War' against Terrorism," Cntv, May 26, 2014, http://english.cntv.cn/2014/05/26/ARTI1401090207808564.shtml.

2 關於一以「政治論述跟國家權力在維吾爾營區系統中所扮演之角色」做為探討重心的權威文本，見 Sean Roberts 2020, *The War on the Uyghurs*.

3 Austin Ramzy and Chris Buckley, "'Absolutely No Mercy': Leaked Files Expose How China Organized Mass Detentions of Muslims," *New York Times*, November 16, 2019, https://www.nytimes.com/interactive/2019/11/16/world/asia/china-xinjiang-documents.html.

4 Darren Byler and Carolina Sanchez Boe, "Tech-Enabled 'Terror Capitalism' Is Spreading Worldwide: The Surveillance Regimes Must Be Stopped," *Guardian*, July 24, 2020, https://www.theguardian.com/world/2020/jul/24/surveillance-tech-facial-recognition-terror-capitalism

5 Xinjiang Reform and Development Commission 2018; Zhang Dong, "Xinjiang's Tens-of-Billion-Scale Security Market, the Integration Giant Tells You How to Get Your Share" [Ch: Shu bai yi de xinjiang anfang shichang, jicheng jutou gaosu ni ruhe caineng congzhong fen bei geng]（數百億的新疆安防市場，集成巨頭告訴你如何才能從中分杯羹）, *Leiphone*, August 31, 2017, https://web.archive.org/web/20190406231923/https://www.leiphone.com/news/201708/LcdGuMZ5n7k6sepy.html。另見 Emily Feng, "Security Spending Ramped Up in China's Restive Xinjiang Region," *Financial Times*, March 12, 2018, https://www.ft.com/content/aa4465aa-2349-11e8-ae48-60d3531b7d11

6 新疆這個地名是一個帶有殖民意涵的名字，在中文裡的意思是「新的邊疆」或「新的疆域」。正因為如此，大部分維吾爾與哈薩克族只要有得選擇，都寧可不要用新疆來稱呼自己的原鄉。今天被稱為新疆的地方，幾乎涵蓋了維吾爾族、哈薩克族、蒙古族、吉爾吉斯族、薩里庫爾塔吉克族、烏茲別克族、韃靼族等民族的故土。

7 見 Dru Gladney 1998; Jay Dautcher 2009; and Rian Thum 2014，當中有對維吾爾原始神祕身分的早期探討。

引言

1 比方說可見 Christopher Chen 2013; Iyko Day 2016；還有 *Social Text* 論及 "Economies of

臉譜書房 FS0169

黑甲山的微光

中國恐怖資本主義統治下的新疆，
從科技監控、流放青年與釘子戶一窺維吾爾族的苦難與其反抗

TERROR CAPITALISM Uyghur Dispossession and Masculinity in a Chinese City

黑甲山的微光：中國恐怖資本主義統治下的
新疆，從科技監控、流放青年與釘子戶一窺
維吾爾族的苦難與其反抗／
戴倫．拜勒（Darren Byler）著；鄭煥昇譯.
－一版.－臺北市：臉譜出版，
城邦文化事業股份有限公司出版：
英屬蓋曼群島商家庭傳媒股份有限公司
城邦分公司發行，2023.07
面； 公分.－（臉譜書房；FS0169）
譯自：Terror capitalism : Uyghur
dispossession and masculinity in a Chinese
ISBN 978-626-315-331-8（平裝）
1.CST: 區域研究 2.CST: 資本主義
3.CST: 政治迫害 4.CST: 維吾爾族
5.CST: 新疆維吾爾自治區
676.1 112009303

一版一刷 2023年7月

I S B N 9786263153318（平裝）
9786263153370 (EPUB)

Printed in Taiwan
定 價 新台幣520元
本書如有缺頁、破損、裝訂錯誤，
請寄回更換

作 者 戴倫・拜勒（Darren Byler）
譯 者 鄭煥昇
責任編輯 陳雨柔
封面設計 井十二
內頁設計 黃暐鵬
行銷企畫 陳彩玉、林詩玟

發 行 人 凃玉雲
總 經 理 陳逸瑛
編輯總監 劉麗真

出 版

臉譜出版
城邦文化事業股份有限公司
台北市民生東路二段141號5樓
電話：886-2-25007696 傳真：886-2-25001952

發 行

英屬蓋曼群島商家庭傳媒股份有限公司城邦分公司
10483台北市民生東路二段141號11樓
客服專線：02-25007718；25007719
24小時傳真專線：02-25001990；25001991
服務時間：週一至週五上午09:30-12:00；
下午13:30-17:00
劃撥帳號：19863813 戶名：書虫股份有限公司
讀者服務信箱：service@readingclub.com.tw
城邦網址：http://www.cite.com.tw

香港發行所

城邦（香港）出版集團有限公司
香港灣仔駱克道193號東超商業中心1樓
電話：852-25086231
傳真：852-25789337

馬新發行所

城邦（馬新）出版集團 Cite (M) Sdn Bhd.
41-3, Jalan Radin Anum, Bandar Baru Sri Petaling,
57000 Kuala Lumpur, Malaysia.
電話: +6(03) 90563833
傳真: +6(03) 90576622
讀者服務信箱：services@cite.my